תפלת מנחה
ותפלת ערבית

לימי החול

על פי נוסח האר״י ז״ל

יוצא לאור על ידי

TEFILLAT MINCHAH AND TEFILLAT ARVIT
FOR WEEKDAYS

MERKOS L'INYONEI CHINUCH
770 Eastern Parkway / Brooklyn, New York 11213
(718) 774-4000 / FAX (718) 774-2718

ORDERS:
291 Kingston Avenue / Brooklyn, New York 11213
(718) 778-0226 / FAX (718) 778-4148 / merkos@chabad.org

ISBN 0-8266-0288-6

Manufactured in the United States of America

TEFILLAT MINCHAH
AND
TEFILLAT ARVIT
FOR WEEKDAYS

NUSACH HA-ARI ZAL

•

With an English Translation
by
Rabbi Nissen Mangel

Published and Copyright by
MERKOS L'INYONEI CHINUCH
770 Eastern Parkway • Brooklyn, N. Y. 11213

5759 • 1999

תוכן

תפלת מנחה לחול 1
קריאת התורה לתענית צבור 16
אבינו מלכנו 19
תפלת ערבית לחול 21
סדר ספירת העומר 34
סדר הבדלה 38
ויתן לך 39
סדר קידוש לבנה 42
סדר ברכות 46
סדר ברכת המזון 47
הרחמן לברית מילה 54
ברכה אחרונה 55
ברכת אירוסין ונשואין 56
מנחה לערב שבת 57
ברכות הדלקת הנרות 60
סדר קריאת שמע על המטה 61
דיני וסדר הדלקת נרות של חנוכה 68
דיני וברכות מגילה 69
משניות 70
קדיש דרבנן 75
תפלת הדרך 75

הוספה

י״ב פסוקים ומאמרי חז״ל 76

Contents

Minchah — Afternoon Prayer for Weekdays 1
Torah Reading for a Fast Day 16
Avinu Malkenu 19
Maariv — Evening Prayer for Weekdays 21
The Order of Sefirat Ha-Omer 34
Havdalah 38
For the Conclusion of Shabbat 39
Sanctification of the Moon 42
Blessings for Various Occasions 46
Blessing After a Meal 47
Additions to the Blessing After a Meal Following a Circumcision 54
Concluding Blessing After Certain Foods 55
Betrothal and Marriage Ceremony Blessing 56
Minchah for Erev Shabbat 57
Blessings for Candle Lighting 60
Prayer before Retiring at Night 61
The Order of Kindling the Chanukah Lights 68
Order of the Reading of the Megillah 69
Learning Mishnayot for a Mourner and on a Yahrzeit 70
Kaddish D'Rabbanan and Mourner's Kaddish — Transliteration 75
Prayer for Travelers 75

Twelve Torah Passages 76

וַיְדַבֵּר יְיָ אֶל מֹשֶׁה לֵּאמֹר: צַו אֶת בְּנֵי יִשְׂרָאֵל וְאָמַרְתָּ אֲלֵהֶם, אֶת קָרְבָּנִי לַחְמִי לְאִשַּׁי, רֵיחַ נִיחֹחִי תִּשְׁמְרוּ לְהַקְרִיב לִי בְּמוֹעֲדוֹ: וְאָמַרְתָּ לָהֶם, זֶה הָאִשֶּׁה אֲשֶׁר תַּקְרִיבוּ לַייָ, כְּבָשִׂים בְּנֵי שָׁנָה תְמִימִם, שְׁנַיִם לַיּוֹם, עוֹלָה תָמִיד: אֶת הַכֶּבֶשׂ אֶחָד תַּעֲשֶׂה בַבֹּקֶר, וְאֵת הַכֶּבֶשׂ הַשֵּׁנִי תַּעֲשֶׂה בֵּין הָעַרְבָּיִם: וַעֲשִׂירִית הָאֵיפָה סֹלֶת לְמִנְחָה, בְּלוּלָה בְּשֶׁמֶן כָּתִית רְבִיעִת הַהִין: עֹלַת תָּמִיד, הָעֲשֻׂיָה בְּהַר סִינַי לְרֵיחַ נִיחֹחַ אִשֶּׁה לַייָ: וְנִסְכּוֹ רְבִיעִת הַהִין לַכֶּבֶשׂ הָאֶחָד, בַּקֹּדֶשׁ הַסֵּךְ נֶסֶךְ שֵׁכָר לַייָ: וְאֵת הַכֶּבֶשׂ הַשֵּׁנִי תַּעֲשֶׂה בֵּין הָעַרְבָּיִם, כְּמִנְחַת הַבֹּקֶר וּכְנִסְכּוֹ תַּעֲשֶׂה, אִשֵּׁה רֵיחַ נִיחֹחַ לַייָ:

וְשָׁחַט אֹתוֹ עַל יֶרֶךְ הַמִּזְבֵּחַ צָפֹנָה לִפְנֵי יְיָ, וְזָרְקוּ בְּנֵי אַהֲרֹן הַכֹּהֲנִים אֶת דָּמוֹ עַל הַמִּזְבֵּחַ סָבִיב:

אַתָּה הוּא יְיָ אֱלֹהֵינוּ וֵאלֹהֵי אֲבוֹתֵינוּ, שֶׁהִקְטִירוּ אֲבוֹתֵינוּ לְפָנֶיךָ אֶת קְטֹרֶת הַסַּמִּים, בִּזְמַן שֶׁבֵּית הַמִּקְדָּשׁ קַיָּם, כַּאֲשֶׁר צִוִּיתָ אוֹתָם עַל יַד מֹשֶׁה נְבִיאֶךָ, כַּכָּתוּב בְּתוֹרָתֶךָ:

וַיֹּאמֶר יְיָ אֶל מֹשֶׁה, קַח לְךָ סַמִּים: נָטָף, וּשְׁחֵלֶת, וְחֶלְבְּנָה, סַמִּים, וּלְבֹנָה זַכָּה, בַּד בְּבַד יִהְיֶה: וְעָשִׂיתָ אֹתָהּ קְטֹרֶת, רֹקַח מַעֲשֵׂה רוֹקֵחַ, מְמֻלָּח טָהוֹר קֹדֶשׁ: וְשָׁחַקְתָּ מִמֶּנָּה הָדֵק, וְנָתַתָּה מִמֶּנָּה לִפְנֵי הָעֵדֻת בְּאֹהֶל מוֹעֵד, אֲשֶׁר אִוָּעֵד לְךָ שָׁמָּה, קֹדֶשׁ קָדָשִׁים תִּהְיֶה לָכֶם: וְנֶאֱמַר, וְהִקְטִיר עָלָיו אַהֲרֹן קְטֹרֶת סַמִּים בַּבֹּקֶר בַּבֹּקֶר, בְּהֵיטִיבוֹ אֶת הַנֵּרֹת יַקְטִירֶנָּה:

א) במדבר כח: ב) ויקרא א יא: ג) שמות ל לד: ד) שם ל ח:

וַיְדַבֵּר And the Lord spoke to Moses, saying: Command the children of Israel and say to them: My offering, My food-offering consumed by fire, a pleasing odor to Me, you shall be careful to offer Me at its appointed time. And you shall say to them: This is the fire-offering which you shall offer to the Lord — two yearling male lambs without blemish, every day, as a daily burnt-offering. You shall offer one lamb in the morning, and the other lamb toward evening; and a tenth of an *ephah* of fine flour mixed with a fourth of a *hin* of oil of crushed olives as a meal-offering. This is a daily burnt-offering, as it was made at Mount Sinai, for a pleasing odor, a fire-offering to the Lord. And its wine-offering shall be a fourth of a *hin* for the one lamb; in the Sanctuary you shall pour out a wine-offering of strong wine to the Lord. And you shall offer the other lamb toward evening, with the same meal-offering and the same wine-offering as in the morning, to be a fire-offering of pleasing odor to the Lord.[1]

וְשָׁחַט He shall slaughter it on the north side of the altar before the Lord; and Aaron's sons, the *Kohanim*, shall sprinkle its blood all around the altar.[2]

אַתָּה You are the Lord our God and God of our fathers before whom our ancestors burned the offering of incense when the Bet Hamikdash stood, as You have commanded them through Moses Your prophet, as it is written in Your Torah:

וַיֹּאמֶר The Lord said to Moses: Take fragrant spices, stacte, onycha, and galbanum; fragrant spices and pure frankincense; there shall be an equal weight of each. And you shall make it into incense, a compound expertly blended, well-mingled, pure and holy. You shall grind some of it very fine, and put some of it before the Ark in the Tabernacle, where I will meet with you; most holy shall it be to you.[3] And it is written: Aaron shall burn upon the altar the incense of fragrant spices; every morning, when he cleans the cups [of the *menorah*], he

1. Numbers 28:1-8. 2. Leviticus 1:11. 3. Exodus 30:34-36.

וּבְהַעֲלֹת אַהֲרֹן אֶת הַנֵּרֹת בֵּין הָעַרְבַּיִם יַקְטִירֶנָּה, קְטֹרֶת תָּמִיד לִפְנֵי יְיָ לְדֹרֹתֵיכֶם:

תָּנוּ רַבָּנָן, פִּטּוּם הַקְּטֹרֶת כֵּיצַד: שְׁלשׁ מֵאוֹת וְשִׁשִּׁים וּשְׁמוֹנָה מָנִים הָיוּ בָהּ. שְׁלשׁ מֵאוֹת וְשִׁשִּׁים וַחֲמִשָּׁה כְּמִנְיַן יְמוֹת הַחַמָּה, מָנֶה לְכָל יוֹם פְּרַס בְּשַׁחֲרִית, וּפְרַס בֵּין הָעַרְבָּיִם, וּשְׁלשָׁה מָנִים יְתֵרִים, שֶׁמֵּהֶם מַכְנִיס כֹּהֵן גָּדוֹל מְלֹא חָפְנָיו בְּיוֹם הַכִּפּוּרִים, וּמַחֲזִירָן לְמַכְתֶּשֶׁת בְּעֶרֶב יוֹם הַכִּפֻּרִים, וְשׁוֹחֲקָן יָפֶה יָפֶה כְּדֵי שֶׁתְּהֵא דַקָּה מִן הַדַּקָּה, וְאַחַד עָשָׂר סַמָּנִים הָיוּ בָהּ, וְאֵלּוּ הֵן: א הַצֳּרִי ב וְהַצִּפֹּרֶן ג הַחֶלְבְּנָה ד וְהַלְּבוֹנָה מִשְׁקַל שִׁבְעִים שִׁבְעִים מָנֶה, ה מוֹר ו וּקְצִיעָה ז שִׁבֹּלֶת נֵרְדְּ ח וְכַרְכֹּם מִשְׁקַל שִׁשָּׁה עָשָׂר שִׁשָּׁה עָשָׂר מָנֶה, ט הַקֹּשְׁטְ שְׁנֵים עָשָׂר, י קִלּוּפָה שְׁלשָׁה, יא קִנָּמוֹן תִּשְׁעָה. בֹּרִית כַּרְשִׁינָה תִּשְׁעָה קַבִּין, יֵין קַפְרִיסִין סְאִין תְּלָתָא וְקַבִּין תְּלָתָא, וְאִם אֵין לוֹ יֵין קַפְרִיסִין מֵבִיא חֲמַר חִוַּרְיָן עַתִּיק, מֶלַח סְדוֹמִית רֹבַע, מַעֲלֶה עָשָׁן, כָּל שֶׁהוּא. רַבִּי נָתָן הַבַּבְלִי אוֹמֵר: אַף כִּפַּת הַיַּרְדֵּן כָּל שֶׁהִיא, וְאִם נָתַן בָּהּ דְּבַשׁ פְּסָלָהּ, וְאִם חִסַּר אֶחָד מִכָּל סַמָּנֶיהָ חַיָּב מִיתָה:

רַבָּן שִׁמְעוֹן בֶּן גַּמְלִיאֵל אוֹמֵר: הַצֳּרִי אֵינוֹ אֶלָּא שְׂרָף הַנּוֹטֵף מֵעֲצֵי הַקְּטָף, בֹּרִית כַּרְשִׁינָה שֶׁשָּׁפִין בָּהּ אֶת הַצִּפֹּרֶן, כְּדֵי שֶׁתְּהֵא נָאָה; יֵין קַפְרִיסִין שֶׁשּׁוֹרִין בּוֹ אֶת הַצִּפֹּרֶן, כְּדֵי שֶׁתְּהֵא עַזָּה, וַהֲלֹא מֵי רַגְלַיִם יָפִין לָהּ, אֶלָּא שֶׁאֵין מַכְנִיסִין מֵי רַגְלַיִם בַּמִּקְדָּשׁ מִפְּנֵי הַכָּבוֹד:

תַּנְיָא רַבִּי נָתָן אוֹמֵר: כְּשֶׁהוּא שׁוֹחֵק אוֹמֵר: הָדֵק הֵיטֵב, הֵיטֵב הָדֵק, מִפְּנֵי שֶׁהַקּוֹל יָפֶה לַבְּשָׂמִים.

א) כריתות ו' ע"א, ירושלמי יומא פ"ד ה"ה:

shall burn it. And toward evening, when Aaron lights the *menorah*, he shall burn it; this is a continual incense-offering before the Lord throughout your generations.[1]

תָּנוּ The Rabbis have taught:[2] How was the incense prepared? It weighed 368 *manim* — 365 corresponding to the number of days in the solar year, one *maneh* for each day — half a *maneh* to be offered in the morning and half toward evening; and the other three *manim* from which the *Kohen Gadol* took two handfuls [into the Holy of Holies] on Yom Kippur. These [three *manim*] were put back into the mortar on the day before Yom Kippur and ground again very thoroughly so as to make the incense extremely fine. The incense contained the following eleven kinds of spices: 1) balm, 2) onycha, 3) galbanum, 4) frankincense — each one weighing seventy *maneh*; 5) myrrh, 6) cassia, 7) spikenard, 8) saffron — each weighing sixteen *maneh*; 9) costus, twelve *maneh*; 10) aromatic bark, three [*maneh*]; 11) cinnamon, nine [*maneh*.] [Also used in the preparation of the incense were:] lye of Carshina, nine *kabin*; Cyprus wine, three *se'in* and three *kabin* — if Cyprus wine was not available, strong white wine might be used instead; salt of Sodom, a fourth of a *kab* and a minute quantity of a smoke-raising herb. Rabbi Nathan the Babylonian says: A minute quantity of Jordan amber was also added. If, however, honey were added, the incense became unfit; while if one left out any one of the ingredients, he was liable to the penalty of death.

רַבָּן Rabbi Shimon ben Gamliel says: The balm is no other than a resin which exudes from the balsam tree. The lye of Carshina was used for rubbing on the onycha to refine its appearance. The Cyprus wine was used to steep the onycha in so as to make its odor more pungent. Though water of Raglayim might have served that purpose well, it would be disrespectful to bring it into the Bet Hamikdash.

תַּנְיָא It has been taught, Rabbi Nathan says: While the *Kohen* was grinding the incense, the overseer would say, "Grind it thin, grind it thin," because the [rhythmic] sound is good for the compounding of the

1. Exodus 30:7-8. 2. V. Keritot 6a, b. Yerushalmi, Yoma 4:5.

פִּטְמָה לַחֲצָאִין כְּשֵׁרָה, לִשְׁלִישׁ וְלִרְבִיעַ, לֹא שָׁמָעְנוּ. אָמַר רַבִּי יְהוּדָה זֶה הַכְּלָל, אִם כְּמִדָּתָהּ כְּשֵׁרָה לַחֲצָאִין. וְאִם חִסַּר אֶחָד מִכָּל סַמָּנֶיהָ חַיָּב מִיתָה:

תַּנְיָא בַּר קַפָּרָא אוֹמֵר. אַחַת לְשִׁשִּׁים אוֹ לְשִׁבְעִים שָׁנָה הָיְתָה בָאָה שֶׁל שִׁירַיִם לַחֲצָאִין. וְעוֹד תָּנֵי בַּר קַפָּרָא, אִלּוּ הָיָה נוֹתֵן בָּהּ קוֹרְטוֹב שֶׁל דְּבַשׁ, אֵין אָדָם יָכוֹל לַעֲמוֹד מִפְּנֵי רֵיחָהּ. וְלָמָּה אֵין מְעָרְבִין בָּהּ דְּבַשׁ, מִפְּנֵי שֶׁהַתּוֹרָה אָמְרָה, כִּי כָל שְׂאֹר וְכָל דְּבַשׁ לֹא תַקְטִירוּ מִמֶּנּוּ אִשֶּׁה לַייָ:

ג״פ יְיָ צְבָאוֹת עִמָּנוּ, מִשְׂגָּב לָנוּ אֱלֹהֵי יַעֲקֹב סֶלָה: ג״פ יְיָ צְבָאוֹת, אַשְׁרֵי אָדָם בֹּטֵחַ בָּךְ: ג״פ יְיָ הוֹשִׁיעָה, הַמֶּלֶךְ יַעֲנֵנוּ בְיוֹם קָרְאֵנוּ: וְעָרְבָה לַייָ מִנְחַת יְהוּדָה וִירוּשָׁלָיִם, כִּימֵי עוֹלָם וּכְשָׁנִים קַדְמֹנִיּוֹת:

אָנָּא בְּכֹחַ גְּדֻלַּת יְמִינְךָ תַּתִּיר צְרוּרָה׃ אב״ג ית״ץ
קַבֵּל רִנַּת עַמְּךָ שַׂגְּבֵנוּ טַהֲרֵנוּ נוֹרָא׃ קר״ע שט״ן
נָא גִבּוֹר דּוֹרְשֵׁי יִחוּדְךָ כְּבָבַת שָׁמְרֵם׃ נג״ד יכ״ש
בָּרְכֵם טַהֲרֵם רַחֲמֵי צִדְקָתְךָ תָּמִיד גָּמְלֵם׃ בט״ר צת״ג
חֲסִין קָדוֹשׁ בְּרוֹב טוּבְךָ נַהֵל עֲדָתֶךָ׃ חק״ב טנ״ע
יָחִיד גֵּאֶה לְעַמְּךָ פְּנֵה זוֹכְרֵי קְדֻשָּׁתֶךָ׃ יג״ל פז״ק
שַׁוְעָתֵנוּ קַבֵּל וּשְׁמַע צַעֲקָתֵנוּ יוֹדֵעַ תַּעֲלוּמוֹת׃ שק״ו צי״ת
בָּרוּךְ שֵׁם כְּבוֹד מַלְכוּתוֹ לְעוֹלָם וָעֶד:

אַשְׁרֵי יוֹשְׁבֵי בֵיתֶךָ, עוֹד יְהַלְלוּךָ סֶּלָה: אַשְׁרֵי הָעָם שֶׁכָּכָה לּוֹ, אַשְׁרֵי הָעָם שֶׁיְיָ אֱלֹהָיו: תְּהִלָּה לְדָוִד, אֲרוֹמִמְךָ אֱלוֹהַי הַמֶּלֶךְ, וַאֲבָרְכָה שִׁמְךָ לְעוֹלָם וָעֶד: בְּכָל יוֹם אֲבָרְכֶךָּ, וַאֲהַלְלָה שִׁמְךָ לְעוֹלָם וָעֶד: גָּדוֹל יְיָ וּמְהֻלָּל מְאֹד, וְלִגְדֻלָּתוֹ אֵין חֵקֶר: דּוֹר לְדוֹר יְשַׁבַּח מַעֲשֶׂיךָ, וּגְבוּרֹתֶיךָ

א) ויקרא ב יא: ב) תהלים מו ח: ג) שם פד יג: ד) שם כ י: ה) מלאכי ג ד:

spices. If only half the yearly required quantity of incense was prepared, it was fit for use; but we have not heard if it was permissible to prepare only a third or a fourth of it. Rabbi Yehudah said: The general rule is that if the incense was compounded in its correct proportions — it was fit for use even if only half the annually required quantity was prepared; if, however, one left out any one of its ingredients, he was liable to the penalty of death.

תַּנְיָא It has been taught, Bar Kappara says: Once in sixty or seventy years, half of the required yearly quantity of incense came from the accumulated surpluses [from the three *maneh* from which the High Priest took two handfuls on Yom Kippur.] Bar Kappara also taught: Had a minute quantity of honey been mixed into the incense no one could have resisted the scent. Why then was no honey mixed with it? Because the Torah said: You shall present no leaven nor any honey as an offering by fire to the Lord.[1]

יְיָ The Lord of hosts is with us; the God of Jacob is our stronghold forever.[2] *Say three times.*

יְיָ Lord of hosts, happy is the man who trusts in You.[3] *Say three times.*

יְיָ Lord, deliver us; may the King answer us on the day we call.[4] *Say three times.*

וְעָרְבָה Then shall the offering of Judah and Jerusalem be pleasing to the Lord, as in the days of old and as in bygone years.[5]

אָנָּא We implore You, by the great power of Your right hand, release the captive.

Accept the prayer of Your people; strengthen us, purify us, Awesome One.

Mighty one, we beseech You, guard as the apple of the eye those who seek Your Oneness.

Bless them, cleanse them; bestow upon them forever Your merciful righteousness.

Powerful, Holy One, in Your abounding goodness guide Your congregation.

Only and Exalted One, turn to Your people who are mindful of Your holiness.

Accept our supplication and hear our cry, You who knows secret thoughts.

בָּרוּךְ Blessed be the name of the glory of His kingdom forever and ever.

אַשְׁרֵי Happy are those who dwell in Your House; they will yet praise You forever.[6] Happy is the people whose lot is thus; happy is the people whose God is the Lord.[7] A Psalm of praise by David: I will exalt You, my God the King, and bless Your Name forever. Every day I will bless You, and extol Your Name forever. The Lord is great and exceedingly exalted, and there is no limit to His greatness. One generation to another will laud Your works, and tell of Your mighty acts.

1. Leviticus 2:11. 2. Psalms 46:8. 3. Ibid. 84:13. 4. Ibid. 20:10. 5. Malachi 3:4. 6. Ibid. 84:5. 7. Ibid. 144:15.

יַגִּידוּ: הֲדַר כְּבוֹד הוֹדֶךָ, וְדִבְרֵי נִפְלְאוֹתֶיךָ
אָשִׂיחָה: וֶעֱזוּז נוֹרְאוֹתֶיךָ יֹאמֵרוּ, וּגְדֻלָּתְךָ
אֲסַפְּרֶנָּה: זֵכֶר רַב טוּבְךָ יַבִּיעוּ, וְצִדְקָתְךָ יְרַנֵּנוּ:
חַנּוּן וְרַחוּם יְיָ, אֶרֶךְ אַפַּיִם וּגְדָל חָסֶד: טוֹב יְיָ לַכֹּל,
וְרַחֲמָיו עַל כָּל מַעֲשָׂיו: יוֹדוּךָ יְיָ כָּל מַעֲשֶׂיךָ
וַחֲסִידֶיךָ יְבָרְכוּכָה: כְּבוֹד מַלְכוּתְךָ יֹאמֵרוּ,
וּגְבוּרָתְךָ יְדַבֵּרוּ: לְהוֹדִיעַ לִבְנֵי הָאָדָם גְּבוּרֹתָיו,
וּכְבוֹד הֲדַר מַלְכוּתוֹ: מַלְכוּתְךָ, מַלְכוּת כָּל
עֹלָמִים, וּמֶמְשַׁלְתְּךָ בְּכָל דּוֹר וָדֹר: סוֹמֵךְ יְיָ לְכָל
הַנֹּפְלִים, וְזוֹקֵף לְכָל הַכְּפוּפִים: עֵינֵי כֹל אֵלֶיךָ
יְשַׂבֵּרוּ, וְאַתָּה נוֹתֵן לָהֶם אֶת אָכְלָם בְּעִתּוֹ: פּוֹתֵחַ
אֶת יָדֶךָ, וּמַשְׂבִּיעַ לְכָל חַי רָצוֹן: צַדִּיק יְיָ בְּכָל
דְּרָכָיו, וְחָסִיד בְּכָל מַעֲשָׂיו: קָרוֹב יְיָ לְכָל קֹרְאָיו,
לְכֹל אֲשֶׁר יִקְרָאֻהוּ בֶאֱמֶת: רְצוֹן יְרֵאָיו יַעֲשֶׂה,
וְאֶת שַׁוְעָתָם יִשְׁמַע וְיוֹשִׁיעֵם: שׁוֹמֵר יְיָ אֶת כָּל
אֹהֲבָיו, וְאֵת כָּל הָרְשָׁעִים יַשְׁמִיד: תְּהִלַּת יְיָ
יְדַבֶּר פִּי, וִיבָרֵךְ כָּל בָּשָׂר שֵׁם קָדְשׁוֹ לְעוֹלָם וָעֶד:
וַאֲנַחְנוּ נְבָרֵךְ יָהּ, מֵעַתָּה וְעַד עוֹלָם הַלְלוּיָהּ:

לש״ץ חצי קדיש:

יִתְגַּדַּל וְיִתְקַדַּשׁ שְׁמֵהּ רַבָּא. אמן בְּעָלְמָא דִּי בְרָא כִרְעוּתֵהּ וְיַמְלִיךְ מַלְכוּתֵהּ, וְיַצְמַח פּוּרְקָנֵהּ וִיקָרֵב מְשִׁיחֵהּ. אמן בְּחַיֵּיכוֹן וּבְיוֹמֵיכוֹן וּבְחַיֵּי דְכָל בֵּית יִשְׂרָאֵל, בַּעֲגָלָא וּבִזְמַן קָרִיב וְאִמְרוּ אָמֵן: יְהֵא שְׁמֵהּ רַבָּא מְבָרַךְ לְעָלַם וּלְעָלְמֵי עָלְמַיָּא. יִתְבָּרַךְ וְיִשְׁתַּבַּח, וְיִתְפָּאַר וְיִתְרוֹמַם, וְיִתְנַשֵּׂא, וְיִתְהַדָּר וְיִתְעַלֶּה וְיִתְהַלָּל, שְׁמֵהּ דְּקֻדְשָׁא בְּרִיךְ הוּא. אמן לְעֵלָּא מִן כָּל בִּרְכָתָא וְשִׁירָתָא, תֻּשְׁבְּחָתָא, וְנֶחֱמָתָא, דַּאֲמִירָן בְּעָלְמָא, וְאִמְרוּ אָמֵן:

בתענית צבור קורין ויחל, תמצא לקמן ע׳ 16:

I will speak of the splendor of Your glorious majesty and of Your wondrous deeds. They will proclaim the might of Your awesome acts, and I will recount Your greatness. They will express the remembrance of Your abounding goodness, and sing of Your righteousness. The Lord is gracious and compassionate, slow to anger and of great kindness. The Lord is good to all, and His mercies extend over all His works. Lord, all Your works will give thanks to You and Your pious ones will bless You. They will declare the glory of Your kingdom, and tell of Your strength. To make known to men His mighty acts, and the glorious majesty of His kingdom. Your kingship is a kingship over all worlds, and Your dominion is throughout all generations. The Lord supports all who fall, and makes upright all who are bent. The eyes of all look expectantly to You, and You give them their food at the proper time. You open Your hand and satisfy the desire of every living thing. The Lord is righteous in all His ways, and benevolent in all His deeds. The Lord is close to all who call upon Him, to all who call upon Him in truth. He fulfills the desire of those who fear Him, hears their cry and delivers them. The Lord watches over all who love Him, and will destroy all the wicked. My mouth will utter the praise of the Lord, and let all flesh bless His holy Name forever.[1] And we will bless the Lord from now to eternity. Praise the Lord.[2]

HALF KADDISH

יִתְגַּדַּל Exalted and hallowed be His great Name (*Cong:* Amen.) throughout the world which He has created according to His will. May He establish His kingship, bring forth His redemption and hasten the coming of His *Mashiach* (*Cong:* Amen.) in your lifetime and in your days and in the lifetime of the entire House of Israel, speedily and soon, and say, Amen. (*Cong:* Amen. May His great Name be blessed forever and to all eternity. Blessed.) May His great Name be blessed forever and to all eternity. Blessed and praised, glorified, exalted and extolled, honored, adored and lauded be the Name of the Holy One, blessed be He, (*Cong:* Amen.) beyond all the blessings, hymns, praises and consolations that are uttered in the world; and say, Amen. (*Cong:* Amen.)

On a Public Fast Day, the Torah is read, p. 16.

1. Psalm 145. 2. Ibid. 115:118.

אֲדֹנָי, שְׂפָתַי תִּפְתָּח וּפִי יַגִּיד תְּהִלָּתֶךָ:

בָּרוּךְ אַתָּה יְיָ אֱלֹהֵינוּ וֵאלֹהֵי אֲבוֹתֵינוּ, אֱלֹהֵי אַבְרָהָם, אֱלֹהֵי יִצְחָק, וֵאלֹהֵי יַעֲקֹב, הָאֵל הַגָּדוֹל הַגִּבּוֹר וְהַנּוֹרָא, אֵל עֶלְיוֹן גּוֹמֵל חֲסָדִים טוֹבִים, קוֹנֵה הַכֹּל, וְזוֹכֵר חַסְדֵי אָבוֹת, וּמֵבִיא גוֹאֵל לִבְנֵי בְנֵיהֶם, לְמַעַן שְׁמוֹ בְּאַהֲבָה:

בעשי״ת זָכְרֵנוּ לְחַיִּים, מֶלֶךְ חָפֵץ בַּחַיִּים, וְכָתְבֵנוּ בְּסֵפֶר הַחַיִּים, לְמַעַנְךָ אֱלֹהִים חַיִּים.

מֶלֶךְ עוֹזֵר וּמוֹשִׁיעַ וּמָגֵן. בָּרוּךְ אַתָּה יְיָ, מָגֵן אַבְרָהָם:

אַתָּה גִּבּוֹר לְעוֹלָם אֲדֹנָי, מְחַיֵּה מֵתִים אַתָּה, רַב לְהוֹשִׁיעַ.

בקיץ מוֹרִיד הַטָּל: בחורף מַשִּׁיב הָרוּחַ וּמוֹרִיד הַגֶּשֶׁם:

מְכַלְכֵּל חַיִּים בְּחֶסֶד, מְחַיֵּה מֵתִים בְּרַחֲמִים רַבִּים, סוֹמֵךְ נוֹפְלִים, וְרוֹפֵא חוֹלִים, וּמַתִּיר אֲסוּרִים, וּמְקַיֵּם אֱמוּנָתוֹ לִישֵׁנֵי עָפָר. מִי כָמוֹךָ בַּעַל גְּבוּרוֹת, וּמִי דּוֹמֶה לָּךְ מֶלֶךְ מֵמִית וּמְחַיֶּה וּמַצְמִיחַ יְשׁוּעָה:

בעשי״ת מִי כָמוֹךָ אַב הָרַחֲמָן זוֹכֵר יְצוּרָיו לְחַיִּים בְּרַחֲמִים:

וְנֶאֱמָן אַתָּה לְהַחֲיוֹת מֵתִים. בָּרוּךְ אַתָּה יְיָ, מְחַיֵּה הַמֵּתִים:

בחזרת הש״ץ אומרים כאן נקדישך*

אַתָּה קָדוֹשׁ וְשִׁמְךָ קָדוֹשׁ, וּקְדוֹשִׁים בְּכָל יוֹם יְהַלְלוּךָ סֶּלָה. בָּרוּךְ אַתָּה יְיָ, הָאֵל הַקָּדוֹשׁ: (בעשי״ת הַמֶּלֶךְ הַקָּדוֹשׁ):

אַתָּה חוֹנֵן לְאָדָם דַּעַת, וּמְלַמֵּד לֶאֱנוֹשׁ בִּינָה. חָנֵּנוּ מֵאִתְּךָ חָכְמָה בִּינָה וָדָעַת. בָּרוּךְ אַתָּה יְיָ, חוֹנֵן הַדָּעַת:

---

*) קדושה לש״ץ בחזרת התפלה:

נַקְדִּישָׁךְ וְנַעֲרִיצָךְ כְּנֹעַם שִׂיחַ סוֹד שַׂרְפֵי קֹדֶשׁ הַמְּשַׁלְּשִׁים לְךָ קְדֻשָּׁה, כַּכָּתוּב עַל יַד נְבִיאֶךָ וְקָרָא זֶה אֶל זֶה וְאָמַר: קו״ח קָדוֹשׁ קָדוֹשׁ קָדוֹשׁ יְיָ צְבָאוֹת מְלֹא כָל הָאָרֶץ כְּבוֹדוֹ. חזן לְעֻמָּתָם מְשַׁבְּחִים וְאוֹמְרִים: קו״ח בָּרוּךְ כְּבוֹד יְיָ מִמְּקוֹמוֹ. חזן וּבְדִבְרֵי קָדְשְׁךָ כָּתוּב לֵאמֹר: קו״ח יִמְלֹךְ יְיָ לְעוֹלָם, אֱלֹהַיִךְ צִיּוֹן לְדֹר וָדֹר, הַלְלוּיָהּ:

אתה קדוש

AMIDAH

אֲדֹנָי My Lord, open my lips, and my mouth shall declare Your praise.[1]

בָּרוּךְ Blessed are You, Lord our God and God of our fathers, God of Abraham, God of Isaac and God of Jacob, the great, mighty and awesome God, exalted God, who bestows bountiful kindness, who creates all things, who remembers the piety of the Patriarchs, and who, in love, brings a redeemer to their children's children, for the sake of His Name.

During the Ten Days of Penitence add:

זָכְרֵנוּ Remember us for life, King who desires life; inscribe us in the Book of Life, for Your sake, O living God.

מֶלֶךְ O King, [You are] a helper, a savior and a shield. Blessed are You Lord, Shield of Abraham.

אַתָּה You are mighty forever, my Lord; You resurrect the dead; You are powerful to save.

In summer,[2] say:

מוֹרִיד He causes the dew to descend.

In winter,[2] say:

מַשִּׁיב He causes the wind to blow and the rain to fall.

מְכַלְכֵּל He sustains the living with lovingkindness, resurrects the dead with great mercy, supports the falling, heals the sick, releases the bound, and fulfills His trust to those who sleep in the dust. Who is like You, mighty One! And who can be compared to You, King, who brings death and restores life, and causes deliverance to spring forth!

During the Ten Days of Penitence add:

מִי Who is like You, merciful Father, who in compassion remembers His creatures for life.

וְנֶאֱמָן You are trustworthy to revive the dead. Blessed are You Lord, who revives the dead.

When the Chazzan repeats Shemoneh Esreh (Amidah), Kedushah *is recited here.**

אַתָּה You are holy and Your Name is holy, and holy beings praise You daily for all eternity. Blessed are You Lord, the holy God. (*During the Ten Days of Penitence substitute:* the holy King.)

אַתָּה You graciously bestow knowledge upon man and teach mortals understanding. Graciously bestow upon us from You, wisdom, understanding and knowledge. Blessed are You Lord, who graciously bestows knowledge.

---

* *When the Chazzan repeats* Shemoneh Esreh, *the following is recited:*

נְקַדֵּישָׁךְ We will hallow and adore You as the sweet words of the assembly of the holy *Seraphim* who thrice repeat "holy" unto You, as it is written by Your prophet: And they call one to another and say, *(Cong. and Chazzan:)* "Holy, holy, holy is the Lord of hosts; the whole earth is full of His glory."[3] *(Chazzan:)* Those facing them offer praise and say, *(Cong. and Chazzan:)* "Blessed be the glory of the Lord from its place."[4] *(Chazzan:)* And in Your holy Scriptures it is written thus: *(Cong. and Chazzan:)* The Lord shall reign forever; your G-d, O Zion, throughout all generations. Praise the Lord.[5]

The Chazzan then continues אתה קדוש *(You are holy...), above.*

1. Psalms 51:17. 2. See *Siddur*, p. 51, "*Shulchan Aruch HaRav,*" sections 1, 2. 3. Isaiah 6:3. 4. Ezekiel 3:12. 5. Psalms 146:10.

הֲשִׁיבֵנוּ אָבִינוּ לְתוֹרָתֶךָ, וְקָרְבֵנוּ מַלְכֵּנוּ לַעֲבוֹדָתֶךָ, וְהַחֲזִירֵנוּ בִּתְשׁוּבָה שְׁלֵמָה לְפָנֶיךָ. בָּרוּךְ אַתָּה יְיָ, הָרוֹצֶה בִּתְשׁוּבָה:

סְלַח לָנוּ אָבִינוּ כִּי חָטָאנוּ, מְחוֹל לָנוּ מַלְכֵּנוּ כִּי פָשָׁעְנוּ, כִּי אֵל טוֹב וְסַלָּח אָתָּה. בָּרוּךְ אַתָּה יְיָ, חַנּוּן, הַמַּרְבֶּה לִסְלוֹחַ:

רְאֵה נָא בְעָנְיֵנוּ וְרִיבָה רִיבֵנוּ, וּגְאָלֵנוּ מְהֵרָה לְמַעַן שְׁמֶךָ, כִּי אֵל גּוֹאֵל חָזָק אָתָּה. בָּרוּךְ אַתָּה יְיָ, גּוֹאֵל יִשְׂרָאֵל:

בתענית צבור אומר הש״ץ כאן עננו*

רְפָאֵנוּ יְיָ וְנֵרָפֵא, הוֹשִׁיעֵנוּ וְנִוָּשֵׁעָה, כִּי תְהִלָּתֵנוּ אָתָּה, וְהַעֲלֵה אֲרוּכָה וּרְפוּאָה שְׁלֵמָה לְכָל מַכּוֹתֵינוּ, כִּי אֵל מֶלֶךְ רוֹפֵא נֶאֱמָן וְרַחֲמָן אָתָּה. בָּרוּךְ אַתָּה יְיָ, רוֹפֵא חוֹלֵי עַמּוֹ יִשְׂרָאֵל:

בָּרֵךְ עָלֵינוּ יְיָ אֱלֹהֵינוּ אֶת הַשָּׁנָה הַזֹּאת, וְאֶת כָּל מִינֵי תְבוּאָתָהּ לְטוֹבָה, וְתֵן (בקיץ בְּרָכָה) (בחורף טַל וּמָטָר לִבְרָכָה) עַל פְּנֵי הָאֲדָמָה, וְשַׂבְּעֵנוּ מִטּוּבֶךָ, וּבָרֵךְ שְׁנָתֵנוּ כַּשָּׁנִים הַטּוֹבוֹת לִבְרָכָה. כִּי אֵל טוֹב וּמֵטִיב אַתָּה וּמְבָרֵךְ הַשָּׁנִים. בָּרוּךְ אַתָּה יְיָ, מְבָרֵךְ הַשָּׁנִים:

תְּקַע בְּשׁוֹפָר גָּדוֹל לְחֵרוּתֵנוּ, וְשָׂא נֵס לְקַבֵּץ גָּלֻיּוֹתֵינוּ, וְקַבְּצֵנוּ יַחַד מֵאַרְבַּע כַּנְפוֹת הָאָרֶץ לְאַרְצֵנוּ. בָּרוּךְ אַתָּה יְיָ, מְקַבֵּץ נִדְחֵי עַמּוֹ יִשְׂרָאֵל:

---

*) עננו לש״ץ בחזרת התפלה:

עֲנֵנוּ יְיָ עֲנֵנוּ בְּיוֹם צוֹם תַּעֲנִיתֵנוּ, כִּי בְצָרָה גְדוֹלָה אֲנָחְנוּ, אַל תֵּפֶן אֶל רִשְׁעֵנוּ, וְאַל תַּסְתֵּר פָּנֶיךָ מִמֶּנּוּ, וְאַל תִּתְעַלַּם מִתְּחִנָּתֵנוּ, הֱיֵה נָא קָרוֹב לְשַׁוְעָתֵנוּ, יְהִי נָא חַסְדְּךָ לְנַחֲמֵנוּ, טֶרֶם נִקְרָא אֵלֶיךָ עֲנֵנוּ, כַּדָּבָר שֶׁנֶּאֱמַר: וְהָיָה טֶרֶם יִקְרָאוּ וַאֲנִי אֶעֱנֶה, עוֹד הֵם מְדַבְּרִים וַאֲנִי אֶשְׁמָע, כִּי אַתָּה יְיָ הָעוֹנֶה בְּעֵת צָרָה, פּוֹדֶה וּמַצִּיל בְּכָל עֵת צָרָה וְצוּקָה. בָּרוּךְ אַתָּה יְיָ, הָעוֹנֶה לְעַמּוֹ יִשְׂרָאֵל בְּעֵת צָרָה:

רפאנו

הֲשִׁיבֵנוּ Cause us to return, our Father, to Your Torah; draw us near, our King, to Your service; and bring us back to You in whole-hearted repentance. Blessed are You Lord, who desires penitence.

סְלַח Pardon us, our Father, for we have sinned; forgive us, our King, for we have transgressed; for You are a good and forgiving God. Blessed are You Lord, gracious One who pardons abundantly.

רְאֵה O behold our affliction and wage our battle; redeem us speedily for the sake of Your Name, for You God are the mighty redeemer. Blessed are You Lord, Redeemer of Israel.

On Fast Days the Chazzan, in his repetition of Shemoneh Esreh, *says here* עננו *(Answer us...)**

רְפָאֵנוּ Heal us, O Lord, and we will be healed; help us and we will be saved; for You are our praise. Grant complete cure and healing to all our wounds; for You, Almighty King, are a faithful and merciful healer. Blessed are You Lord, who heals the sick of His people Israel.

בָּרֵךְ Bless for us, Lord our God, this year and all the varieties of its produce for good; and bestow (*During the summer*[1] *season say:* blessing) (*During the winter*[1] *season say:* dew and rain for blessing) upon the face of the earth. Satisfy us from Your bounty and bless our year like other good years, for blessing; for You are a generous God who bestows goodness and blesses the years. Blessed are You Lord, who blesses the years.

תְּקַע Sound the great *shofar* for our freedom; raise a banner to gather our exiles, and bring us together from the four corners of the earth into our land. Blessed are You Lord, who gathers the dispersed of His people Israel.

---

* *On Fast Days, the Chazzan says the following:*

עֲנֵנוּ Answer us, O Lord, answer us on our fast day, for we are in great distress. Do not turn to our wickedness, do not conceal Your countenance from us, and do not disregard our supplications. Be near to our cry; let Your lovingkindness console us; answer us even before we call to You, as it is said: And it shall be that before they call, I will answer; while they are yet speaking, I will hear.[2] For You, Lord, are He who answers in time of distress, who redeems and rescues in all times of distress and tribulation. Blessed are You Lord, who answers His people Israel in time of distress.

Continue: רפאנו *(Heal us...), above.*

1. See *Siddur*, p. 54, "*Shulchan Aruch HaRav.*" 2. Isaiah 65:24.

הָשִׁיבָה שׁוֹפְטֵינוּ כְּבָרִאשׁוֹנָה, וְיוֹעֲצֵינוּ כְּבַתְּחִלָּה, וְהָסֵר מִמֶּנּוּ יָגוֹן וַאֲנָחָה, וּמְלוֹךְ עָלֵינוּ אַתָּה יְיָ לְבַדְּךָ בְּחֶסֶד וּבְרַחֲמִים בְּצֶדֶק וּבְמִשְׁפָּט. בָּרוּךְ אַתָּה יְיָ, מֶלֶךְ אוֹהֵב צְדָקָה וּמִשְׁפָּט (בעשי״ת הַמֶּלֶךְ הַמִּשְׁפָּט):

וְלַמַּלְשִׁינִים אַל תְּהִי תִקְוָה, וְכָל הַמִּינִים וְכָל הַזֵּדִים כְּרֶגַע יֹאבֵדוּ וְכָל אֹיְבֵי עַמְּךָ מְהֵרָה יִכָּרֵתוּ, וּמַלְכוּת הָרִשְׁעָה מְהֵרָה תְעַקֵּר וּתְשַׁבֵּר וּתְמַגֵּר, וְתַכְנִיעַ בִּמְהֵרָה בְיָמֵינוּ. בָּרוּךְ אַתָּה יְיָ, שֹׁבֵר אֹיְבִים וּמַכְנִיעַ זֵדִים:

עַל הַצַּדִּיקִים וְעַל הַחֲסִידִים וְעַל זִקְנֵי עַמְּךָ בֵּית יִשְׂרָאֵל, וְעַל פְּלֵיטַת בֵּית סוֹפְרֵיהֶם וְעַל גֵּרֵי הַצֶּדֶק וְעָלֵינוּ, יֶהֱמוּ נָא רַחֲמֶיךָ יְיָ אֱלֹהֵינוּ, וְתֵן שָׂכָר טוֹב לְכָל הַבּוֹטְחִים בְּשִׁמְךָ בֶּאֱמֶת, וְשִׂים חֶלְקֵנוּ עִמָּהֶם וּלְעוֹלָם לֹא נֵבוֹשׁ כִּי בְךָ בָטָחְנוּ. בָּרוּךְ אַתָּה יְיָ, מִשְׁעָן וּמִבְטָח לַצַּדִּיקִים:

וְלִירוּשָׁלַיִם עִירְךָ בְּרַחֲמִים תָּשׁוּב, וְתִשְׁכּוֹן בְּתוֹכָהּ כַּאֲשֶׁר דִּבַּרְתָּ, וְכִסֵּא דָוִד עַבְדְּךָ מְהֵרָה בְּתוֹכָהּ תָּכִין, וּבְנֵה אוֹתָהּ בְּקָרוֹב בְּיָמֵינוּ בִּנְיַן עוֹלָם. (בתשעה באב במנחה אומרים כאן נחם*) בָּרוּךְ אַתָּה יְיָ, בּוֹנֵה יְרוּשָׁלָיִם:

---

*) בתשעה באב במנחה אומרים זה:

נַחֵם יְיָ אֱלֹהֵינוּ, אֶת אֲבֵלֵי צִיּוֹן, וְאֶת אֲבֵלֵי יְרוּשָׁלַיִם, וְאֶת הָעִיר הָאֲבֵלָה וְהַחֲרֵבָה, וְהַבְּזוּיָה וְהַשּׁוֹמֵמָה. הָאֲבֵלָה מִבְּלִי בָנֶיהָ, וְהַחֲרֵבָה מִמְּעוֹנוֹתֶיהָ, וְהַבְּזוּיָה מִכְּבוֹדָהּ, וְהַשּׁוֹמֵמָה מֵאֵין יוֹשֵׁב. וְהִיא יוֹשֶׁבֶת וְרֹאשָׁהּ חָפוּי, כְּאִשָּׁה עֲקָרָה שֶׁלֹּא יָלָדָה, וַיְבַלְּעוּהָ לִגְיוֹנוֹת, וַיִּירָשׁוּהָ עוֹבְדֵי זָרִים, וַיָּטִילוּ אֶת עַמְּךָ יִשְׂרָאֵל לֶחָרֶב, וַיַּהַרְגוּ בְזָדוֹן חֲסִידֵי עֶלְיוֹן. עַל כֵּן צִיּוֹן בְּמַר תִּבְכֶּה, וִירוּשָׁלַיִם תִּתֵּן קוֹלָהּ, לִבִּי לִבִּי, עַל חַלְלֵיהֶם. מֵעַי מֵעַי, עַל חַלְלֵיהֶם. כִּי אַתָּה יְיָ

הָשִׁיבָה Restore our judges as in former times, and our counsellors as of yore; remove from us sorrow and sighing, and reign over us, You alone, O Lord, with kindness and compassion, with righteousness and justice. Blessed are You Lord, King who loves righteousness and justice. (*During the Ten Days of Penitence, substitute:* the King of Judgment.)

וְלַמַּלְשִׁינִים Let there be no hope for informers, and may all the heretics and all the wicked instantly perish; may all the enemies of Your people be speedily extirpated; and may You swiftly uproot, break, crush and subdue the reign of wickedness speedily in our days. Blessed are You Lord, who crushes enemies and subdues the wicked.

עַל May Your mercies be aroused, Lord our God, upon the righteous, upon the pious, upon the elders of Your people, the House of Israel, upon the remnant of their sages, upon the righteous proselytes and upon us. Grant ample reward to all who truly trust in Your Name, and place our lot among them; may we never be disgraced, for we have put our trust in You. Blessed are You Lord, the support and security of the righteous.

וְלִירוּשָׁלַיִם Return in mercy to Jerusalem Your city and dwell therein as You have promised; speedily establish therein the throne of David Your servant, and rebuild it, soon in our days, as an everlasting edifice. *(On Tishah b'Av in* Minchah, נַחֵם *(Console...) is recited here*)* Blessed are You Lord, who rebuilds Jerusalem.

---

* *On Tishah b'Av in* Minchah, *the following is said:*

נַחֵם Console, Lord our God, those who mourn for Zion, those who mourn for Jerusalem, and the city that is in mourning and in ruins, despised and desolate — mourning because she is bereft of her children, ruined of her dwellings, despised in the loss of her glory, desolate without inhabitants. She sits with her head covered in shame like a barren woman who never gave birth. Legions have devoured her, worshippers of alien gods have possessed her; they put Your people Israel to the sword, and wantonly murdered the pious ones of the Most High. Therefore, Zion weeps bitterly and Jerusalem raises her voice, "O my heart, my heart [breaks] for their slain! O my innards, my innards [ache] for their slain!" For You, O Lord, consumed her with fire, and with fire You will

אֶת צֶמַח דָּוִד עַבְדְּךָ מְהֵרָה תַצְמִיחַ, וְקַרְנוֹ תָּרוּם בִּישׁוּעָתֶךָ, כִּי לִישׁוּעָתְךָ קִוִּינוּ כָּל הַיּוֹם. בָּרוּךְ אַתָּה יְיָ, מַצְמִיחַ קֶרֶן יְשׁוּעָה:

שְׁמַע קוֹלֵנוּ יְיָ אֱלֹהֵינוּ, אָב הָרַחֲמָן רַחֵם עָלֵינוּ, וְקַבֵּל בְּרַחֲמִים וּבְרָצוֹן אֶת תְּפִלָּתֵנוּ, כִּי אֵל שׁוֹמֵעַ תְּפִלּוֹת וְתַחֲנוּנִים אָתָּה, וּמִלְּפָנֶיךָ מַלְכֵּנוּ רֵיקָם אַל תְּשִׁיבֵנוּ.

יחיד בתעניתו וכן הש״ץ בתפלת לחש אומר כאן עננו[א]

כִּי אַתָּה שׁוֹמֵעַ תְּפִלַּת כָּל פֶּה. בָּרוּךְ אַתָּה יְיָ, שׁוֹמֵעַ תְּפִלָּה:

רְצֵה יְיָ אֱלֹהֵינוּ בְּעַמְּךָ יִשְׂרָאֵל וְלִתְפִלָּתָם שְׁעֵה, וְהָשֵׁב הָעֲבוֹדָה לִדְבִיר בֵּיתֶךָ, וְאִשֵּׁי יִשְׂרָאֵל וּתְפִלָּתָם בְּאַהֲבָה תְקַבֵּל בְּרָצוֹן, וּתְהִי לְרָצוֹן תָּמִיד עֲבוֹדַת יִשְׂרָאֵל עַמֶּךָ:

בראש חודש ובחול המועד אומרים כאן יעלה ויבא[ב]

בָּאֵשׁ הִצַּתָּהּ, וּבָאֵשׁ אַתָּה עָתִיד לִבְנוֹתָהּ. כָּאָמוּר: וַאֲנִי אֶהְיֶה לָּהּ נְאֻם יְיָ חוֹמַת אֵשׁ סָבִיב, וּלְכָבוֹד אֶהְיֶה בְתוֹכָהּ. בָּרוּךְ אַתָּה יְיָ, מְנַחֵם צִיּוֹן וּבוֹנֵה יְרוּשָׁלָיִם:

את צמח

א) בתענית צבור אומרים זה:

עֲנֵנוּ יְיָ עֲנֵנוּ בְּיוֹם צוֹם תַּעֲנִיתֵנוּ, כִּי בְצָרָה גְדוֹלָה אֲנָחְנוּ, אַל תֵּפֶן אֶל רִשְׁעֵנוּ, וְאַל תַּסְתֵּר פָּנֶיךָ מִמֶּנּוּ, וְאַל תִּתְעַלַּם מִתְּחִנָּתֵנוּ, הֱיֵה נָא קָרוֹב לְשַׁוְעָתֵנוּ, יְהִי נָא חַסְדְּךָ לְנַחֲמֵנוּ, טֶרֶם נִקְרָא אֵלֶיךָ עֲנֵנוּ, כַּדָּבָר שֶׁנֶּאֱמַר, וְהָיָה טֶרֶם יִקְרָאוּ וַאֲנִי אֶעֱנֶה, עוֹד הֵם מְדַבְּרִים וַאֲנִי אֶשְׁמָע, כִּי אַתָּה יְיָ הָעוֹנֶה בְּעֵת צָרָה, פּוֹדֶה וּמַצִּיל בְּכָל עֵת צָרָה וְצוּקָה: כי אתה שומע

ב) בראש חודש וחול המועד אומרים זה:

אֱלֹהֵינוּ וֵאלֹהֵי אֲבוֹתֵינוּ, יַעֲלֶה וְיָבֹא וְיַגִּיעַ, וְיֵרָאֶה וְיֵרָצֶה וְיִשָּׁמַע, וְיִפָּקֵד וְיִזָּכֵר זִכְרוֹנֵנוּ וּפִקְדוֹנֵנוּ, וְזִכְרוֹן אֲבוֹתֵינוּ, וְזִכְרוֹן מָשִׁיחַ בֶּן דָּוִד עַבְדֶּךָ, וְזִכְרוֹן יְרוּשָׁלַיִם עִיר קָדְשֶׁךָ, וְזִכְרוֹן כָּל עַמְּךָ

א) זכרי׳ ב ט:

אֶת צֶמַח Speedily cause the scion of David Your servant to flourish, and increase his power by Your salvation, for we hope for Your salvation all day. Blessed are You Lord, who causes the power of salvation to flourish.

שְׁמַע Hear our voice, Lord our God; merciful Father, have compassion upon us and accept our prayers in mercy and favor, for You are God who hears prayers and supplications; do not turn us away empty-handed from You, our King —

On a Fast Day, an individual, as well as the Chazzan in the silent Shemoneh Esreh, *recites here* עננו *(Answer us...).**

for You hear the prayer of everyone. Blessed are You Lord, who hears prayer.

רְצֵה Look with favor, Lord our God, on Your people Israel and pay heed to their prayer; restore the service to Your Sanctuary and accept with love and favor Israel's fire-offerings and prayer; and may the service of Your people Israel always find favor.

On Rosh Chodesh and Chol HaMoed, יעלה ויבא *(Our God ... may there ascend) is recited here.***

---

rebuild her, as it is said: I will be to her, says the Lord, a surrounding wall of fire and I will be for a glory within her midst.[1] Blessed are You Lord, who consoles Zion and rebuilds Jerusalem. *Continue* את צמח *(Speedily cause...), above.*

** On a Fast Day, the following is said before* כי אתה שומע *(for You hear...):*

עֲנֵנוּ Answer us, O Lord, answer us on our fast day, for we are in great distress. Do not turn to our wickedness, do not conceal Your countenance from us, and do not disregard our supplications. Be near to our cry; let Your lovingkindness console us... answer us even before we call to You, as it is said: And it shall be that before they call, I will answer; while they are yet speaking, I will hear.[2] For You, Lord, are He who answers in time of distress, who redeems and rescues in all times of distress and tribulation.

Continue כי אתה שומע *(for You hear...), above.*

*** On Rosh Chodesh and Chol HaMoed, the following is said:*

אֱלֹהֵינוּ Our God and God of our fathers, may there ascend, come and reach, be seen, accepted, and heard, recalled and remembered before You, the remembrance and recollection of us, the remembrance of our fathers, the remembrance of *Mashiach* the son of David Your servant, the remembrance of Jerusalem Your holy city, and the remembrance of all Your people the House of

1. Zechariah 2:9. 2. Isaiah 65:24.

וְתֶחֱזֶינָה עֵינֵינוּ בְּשׁוּבְךָ לְצִיּוֹן בְּרַחֲמִים. בָּרוּךְ אַתָּה יְיָ, הַמַּחֲזִיר שְׁכִינָתוֹ לְצִיּוֹן:

מוֹדִים אֲנַחְנוּ לָךְ, שָׁאַתָּה הוּא יְיָ אֱלֹהֵינוּ וֵאלֹהֵי אֲבוֹתֵינוּ לְעוֹלָם וָעֶד, צוּר חַיֵּינוּ מָגֵן יִשְׁעֵנוּ. אַתָּה הוּא לְדוֹר וָדוֹר, נוֹדֶה לְּךָ וּנְסַפֵּר תְּהִלָּתֶךָ, עַל חַיֵּינוּ הַמְּסוּרִים בְּיָדֶךָ, וְעַל נִשְׁמוֹתֵינוּ הַפְּקוּדוֹת לָךְ, וְעַל נִסֶּיךָ שֶׁבְּכָל יוֹם עִמָּנוּ, וְעַל נִפְלְאוֹתֶיךָ וְטוֹבוֹתֶיךָ שֶׁבְּכָל עֵת, עֶרֶב וָבֹקֶר וְצָהֳרָיִם, הַטּוֹב, כִּי לֹא כָלוּ רַחֲמֶיךָ, הַמְרַחֵם, כִּי לֹא תַמּוּ חֲסָדֶיךָ, כִּי מֵעוֹלָם קִוִּינוּ לָךְ:

מודים דרבנן:

מוֹדִים אֲנַחְנוּ לָךְ. שָׁאַתָּה הוּא יְיָ אֱלֹהֵינוּ וֵאלֹהֵי אֲבוֹתֵינוּ. אֱלֹהֵי כָל בָּשָׂר. יוֹצְרֵנוּ. יוֹצֵר בְּרֵאשִׁית. בְּרָכוֹת וְהוֹדָאוֹת לְשִׁמְךָ הַגָּדוֹל וְהַקָּדוֹשׁ. עַל שֶׁהֶחֱיִיתָנוּ וְקִיַּמְתָּנוּ. כֵּן תְּחַיֵּנוּ וּתְקַיְּמֵנוּ וְתֶאֱסוֹף גָּלֻיּוֹתֵינוּ לְחַצְרוֹת קָדְשֶׁךָ. וְנָשׁוּב אֵלֶיךָ לִשְׁמוֹר חֻקֶּיךָ. וְלַעֲשׂוֹת רְצוֹנֶךָ. וּלְעָבְדְּךָ בְּלֵבָב שָׁלֵם עַל שֶׁאֲנוּ מוֹדִים לָךְ. בָּרוּךְ אֵל הַהוֹדָאוֹת:

בחנוכה ובפורים אומרים כאן ועל הנסים· ועל

בֵּית יִשְׂרָאֵל לְפָנֶיךָ, לִפְלֵיטָה לְטוֹבָה, לְחֵן וּלְחֶסֶד וּלְרַחֲמִים וּלְחַיִּים טוֹבִים וּלְשָׁלוֹם בְּיוֹם לראש חודש רֹאשׁ הַחֹדֶשׁ הַזֶּה. לחוה״מ פסח חַג הַמַּצּוֹת הַזֶּה. לחוה״מ סוכות חַג הַסֻּכּוֹת הַזֶּה. זָכְרֵנוּ יְיָ אֱלֹהֵינוּ בּוֹ לְטוֹבָה. וּפָקְדֵנוּ בוֹ לִבְרָכָה. וְהוֹשִׁיעֵנוּ בוֹ לְחַיִּים טוֹבִים. וּבִדְבַר יְשׁוּעָה וְרַחֲמִים, חוּס וְחָנֵּנוּ, וְרַחֵם עָלֵינוּ וְהוֹשִׁיעֵנוּ, כִּי אֵלֶיךָ עֵינֵינוּ, כִּי אֵל מֶלֶךְ חַנּוּן וְרַחוּם אָתָּה: ותחזינה

*) בחנוכה ובפורים אומרים זה:

וְעַל הַנִּסִּים וְעַל הַפֻּרְקָן וְעַל הַגְּבוּרוֹת וְעַל הַתְּשׁוּעוֹת וְעַל הַנִּפְלָאוֹת שֶׁעָשִׂיתָ לַאֲבוֹתֵינוּ בַּיָּמִים הָהֵם בִּזְמַן הַזֶּה:

לחנוכה:

בִּימֵי מַתִּתְיָהוּ בֶּן יוֹחָנָן כֹּהֵן גָּדוֹל, חַשְׁמוֹנָאִי וּבָנָיו, כְּשֶׁעָמְדָה מַלְכוּת יָוָן הָרְשָׁעָה, עַל עַמְּךָ יִשְׂרָאֵל, לְהַשְׁכִּיחָם תּוֹרָתֶךָ וּלְהַעֲבִירָם מֵחֻקֵּי רְצוֹנֶךָ, וְאַתָּה בְּרַחֲמֶיךָ הָרַבִּים, עָמַדְתָּ לָהֶם בְּעֵת צָרָתָם. רַבְתָּ אֶת רִיבָם, דַּנְתָּ

לפורים:

בִּימֵי מָרְדְּכַי וְאֶסְתֵּר בְּשׁוּשַׁן הַבִּירָה, כְּשֶׁעָמַד עֲלֵיהֶם הָמָן הָרָשָׁע, בִּקֵּשׁ לְהַשְׁמִיד לַהֲרוֹג וּלְאַבֵּד אֶת כָּל הַיְּהוּדִים, מִנַּעַר וְעַד זָקֵן, טַף וְנָשִׁים, בְּיוֹם אֶחָד, בִּשְׁלשָׁה עָשָׂר לְחֹדֶשׁ שְׁנֵים עָשָׂר, הוּא חֹדֶשׁ אֲדָר וּשְׁלָלָם

וְתֶחֱזֶינָה May our eyes behold Your return to Zion in mercy. Blessed are You Lord, who restores His Divine Presence to Zion.

מוֹדִים We thankfully acknowledge that You are the Lord our God and God of our fathers forever. You are the strength of our life, the shield of our salvation in every generation. We will give thanks to You and recount Your praise, evening, morning and noon, for our lives which are committed into Your hand, for our souls which are entrusted to You, for Your miracles which are with us daily, and for Your continual wonders and beneficences. You are the Beneficent One, for Your mercies never cease; the Merciful One, for Your kindnesses never end; for we always place our hope in You.

MODIM D'RABBANAN

[While the Chazzan recites the adjacent מודים*, the Congregation responds by saying the following in an undertone:]*

מוֹדִים We thankfully acknowledge that You are the Lord our God and God of our fathers, the God of all flesh, our Creator and the Creator of all existence. We offer blessings and thanks to Your great and holy Name, for You have given us life and sustained us; so may You continue to grant us life and sustain us — gather our dispersed to the courtyards of Your Sanctuary and we shall return to You to keep Your laws, to do Your will, and to serve You with a perfect heart — for we thankfully acknowledge You. Blessed is God, who is worthy of thanks.

On Chanukah and Purim, ועל הנסים *(And ... for the miracles) is recited here.**

Israel, for deliverance, well-being, grace, kindness, mercy, good life and peace, on this day of

On Rosh Chodesh: Rosh Chodesh. *On Pesach:* the Festival of Matzot. *On Sukkot:* the Festival of Sukkot.

Remember us on this [day], Lord our God, for good; be mindful of us on this [day] for blessing; help us on this [day] for good life. With the promise of deliverance and compassion, spare us and be gracious to us; have mercy upon us and deliver us; for our eyes are directed to You, for You, God, are a gracious and merciful King. *Continue* ותחזינה *(May our eyes behold...), above.*

** On Chanukah and Purim, the following is said:*

וְעַל And [we thank You] for the miracles, for the redemption, for the mighty deeds, for the saving acts, and for the wonders which You have wrought for our ancestors in those days, at this time —

On Chanukah:

בִּימֵי In the days of Matityahu, the son of Yochanan the High Priest, the Hasmonean and his sons, when the wicked Hellenic government rose up against Your people Israel to make them forget Your Torah and violate the decrees of Your will. But You, in Your abounding mercies, stood by them in the time of their distress. You waged their

On Purim:

בִּימֵי In the days of Mordechai and Esther, in Shushan the capital, when the wicked Haman rose up against them, and sought to destroy, slaughter and annihilate all the Jews, young and old, infants and women, in one day, on the thirteenth day of the twelfth month, the month of Adar, and to

וְעַל כֻּלָּם יִתְבָּרַךְ וְיִתְרוֹמַם וְיִתְנַשֵּׂא שִׁמְךָ מַלְכֵּנוּ תָּמִיד לְעוֹלָם וָעֶד:

בעשי"ת וּכְתוֹב לְחַיִּים טוֹבִים כָּל בְּנֵי בְרִיתֶךָ.

וְכָל הַחַיִּים יוֹדוּךָ סֶּלָה, וִיהַלְלוּ שִׁמְךָ הַגָּדוֹל לְעוֹלָם כִּי טוֹב, הָאֵל יְשׁוּעָתֵנוּ וְעֶזְרָתֵנוּ סֶלָה הָאֵל הַטּוֹב. בָּרוּךְ אַתָּה יְיָ, הַטּוֹב שִׁמְךָ וּלְךָ נָאֶה לְהוֹדוֹת:

בתענית צבור אומר הש"ץ כאן אלהינו*

שִׂים שָׁלוֹם, טוֹבָה וּבְרָכָה, חַיִּים חֵן וָחֶסֶד וְרַחֲמִים, עָלֵינוּ וְעַל כָּל יִשְׂרָאֵל עַמֶּךָ. בָּרְכֵנוּ אָבִינוּ כֻּלָּנוּ כְּאֶחָד בְּאוֹר פָּנֶיךָ, כִּי בְאוֹר פָּנֶיךָ, נָתַתָּ לָּנוּ יְיָ אֱלֹהֵינוּ תּוֹרַת חַיִּים וְאַהֲבַת חֶסֶד, וּצְדָקָה וּבְרָכָה וְרַחֲמִים וְחַיִּים וְשָׁלוֹם. וְטוֹב בְּעֵינֶיךָ לְבָרֵךְ אֶת עַמְּךָ יִשְׂרָאֵל, בְּכָל עֵת וּבְכָל שָׁעָה בִּשְׁלוֹמֶךָ. בעשי"ת ובספר בָּרוּךְ אַתָּה יְיָ, הַמְבָרֵךְ אֶת עַמּוֹ יִשְׂרָאֵל בַּשָּׁלוֹם:

אֶת דִּינָם, נָקַמְתָּ אֶת נִקְמָתָם, מָסַרְתָּ גִבּוֹרִים בְּיַד חַלָּשִׁים, וְרַבִּים בְּיַד מְעַטִּים, וּטְמֵאִים בְּיַד טְהוֹרִים, וּרְשָׁעִים בְּיַד צַדִּיקִים, וְזֵדִים בְּיַד עוֹסְקֵי תוֹרָתֶךָ. וּלְךָ עָשִׂיתָ שֵׁם

לָבוֹז. וְאַתָּה בְּרַחֲמֶיךָ הָרַבִּים הֵפַרְתָּ אֶת עֲצָתוֹ, וְקִלְקַלְתָּ אֶת מַחֲשַׁבְתּוֹ, וַהֲשֵׁבוֹתָ לּוֹ גְמוּלוֹ בְרֹאשׁוֹ. וְתָלוּ אוֹתוֹ וְאֶת בָּנָיו עַל הָעֵץ: ועל כלם

גָּדוֹל וְקָדוֹשׁ בְּעוֹלָמֶךָ, וּלְעַמְּךָ יִשְׂרָאֵל עָשִׂיתָ תְּשׁוּעָה גְדוֹלָה וּפֻרְקָן כְּהַיּוֹם הַזֶּה. וְאַחַר כֵּן בָּאוּ בָנֶיךָ לִדְבִיר בֵּיתֶךָ, וּפִנּוּ אֶת הֵיכָלֶךָ, וְטִהֲרוּ אֶת מִקְדָּשֶׁךָ, וְהִדְלִיקוּ נֵרוֹת בְּחַצְרוֹת קָדְשֶׁךָ. וְקָבְעוּ שְׁמוֹנַת יְמֵי חֲנֻכָּה אֵלּוּ, לְהוֹדוֹת וּלְהַלֵּל לְשִׁמְךָ הַגָּדוֹל: ועל כלם

---

*) לש"ץ בת"צ אֱלֹהֵינוּ וֵאלֹהֵי אֲבוֹתֵינוּ. בָּרְכֵנוּ בַבְּרָכָה הַמְשֻׁלֶּשֶׁת בַּתּוֹרָה הַכְּתוּבָה עַל יְדֵי מֹשֶׁה עַבְדֶּךָ. הָאֲמוּרָה מִפִּי אַהֲרֹן וּבָנָיו כֹּהֲנִים עַם קְדוֹשֶׁךָ כָּאָמוּר: יְבָרֶכְךָ יְיָ וְיִשְׁמְרֶךָ: אמן יָאֵר יְיָ פָּנָיו אֵלֶיךָ וִיחֻנֶּךָּ: אמן יִשָּׂא יְיָ פָּנָיו אֵלֶיךָ וְיָשֵׂם לְךָ שָׁלוֹם אמן: שים שלום

וְעַל And for all these, may Your Name, our King, be continually blessed, exalted and extolled forever and all time.

During the Ten Days of Penitence, add:

וּכְתוֹב Inscribe all the children of Your Covenant for a good life.

וְכֹל And all living things shall forever thank You, and praise Your great Name eternally, for You are good. God, You are our everlasting salvation and help, O benevolent God. Blessed are You Lord, Beneficent is Your Name, and to You it is fitting to offer thanks.

On a Public Fast Day, in the repetition of Shemoneh Esreh, *the Chazzan recites the Priestly Blessing here.**

שִׂים Bestow peace, goodness and blessing, life, graciousness, kindness and mercy, upon us and upon all Your people Israel. Bless us, our Father, all of us as one, with the light of Your countenance. For by the light of Your countenance You gave us, Lord our God, the Torah of life and loving-kindness, righteousness, blessing, mercy, life and peace. May it be favorable in Your eyes to bless Your people Israel, at all times and at every moment, with Your peace. (*During the Ten Days of Penitence add* ובספר *(and in the Book. . .)*, on next page) Blessed are You Lord, who blesses His people Israel with peace.

On Chanukah:

battles, defended their rights and avenged the wrong done to them. You delivered the mighty into the hands of the weak, the many into the hands of the few, the impure into the hands of the pure, the wicked into the hands of the righteous, and the wanton sinners into the hands of those who occupy themselves with Your Torah. You made a great and holy name for Yourself in Your world, and effected a great deliverance and redemption for Your people to this very day. Then Your children entered the shrine of Your House, cleansed Your Temple, purified Your Sanctuary, kindled lights in Your holy courtyards, and instituted these eight days of Chanukah to give thanks and praise to Your great Name. *Continue* ועל כולם, *(And for all these...), above.*

On Purim:

take their spoil for plunder. But You, in Your abounding mercies, foiled his counsel and frustrated his intention, and caused the evil he planned — to recoil on his own head, and they hanged him and his sons upon the gallows.

Continue ועל כולם *(And for all these...), above.*

---

* *On a Public Fast Day, in the repetition of* Shemoneh Esreh, *the Chazzan says:*

אֱלֹהֵינוּ Our God and God of our fathers, bless us with the threefold blessing written in the Torah by Moses, Your servant, and pronounced by Aaron and his sons, the *Kohanim*, Your consecrated people, as it is said: May the Lord bless you and guard you. (*Cong. Amen.*) May the Lord make His countenance shine upon you and be gracious to you. (*Cong. Amen.*) May the Lord turn His countenance toward you and grant you peace.[1] (*Cong. Amen.*) *Continue* שים שלום *(Bestow peace...), above.*

1. Numbers 6:24-26.

בעשי"ת וּבְסֵפֶר חַיִּים בְּרָכָה וְשָׁלוֹם וּפַרְנָסָה טוֹבָה, יְשׁוּעָה וְנֶחָמָה וּגְזֵרוֹת טוֹבוֹת נִזָּכֵר וְנִכָּתֵב לְפָנֶיךָ, אֲנַחְנוּ וְכָל עַמְּךָ בֵּית יִשְׂרָאֵל, לְחַיִּים טוֹבִים וּלְשָׁלוֹם. בָּרוּךְ אַתָּה יְיָ, הַמְבָרֵךְ אֶת עַמּוֹ יִשְׂרָאֵל בַּשָּׁלוֹם:

יִהְיוּ לְרָצוֹן אִמְרֵי פִי וְהֶגְיוֹן לִבִּי לְפָנֶיךָ, יְיָ צוּרִי וְגוֹאֲלִי:

אֱלֹהַי, נְצוֹר לְשׁוֹנִי מֵרָע, וּשְׂפָתַי מִדַּבֵּר מִרְמָה, וְלִמְקַלְלַי נַפְשִׁי תִדּוֹם, וְנַפְשִׁי כֶּעָפָר לַכֹּל תִּהְיֶה. פְּתַח לִבִּי בְּתוֹרָתֶךָ, וּבְמִצְוֹתֶיךָ תִּרְדּוֹף נַפְשִׁי, וְכָל הַחוֹשְׁבִים עָלַי רָעָה, מְהֵרָה הָפֵר עֲצָתָם וְקַלְקֵל מַחֲשַׁבְתָּם. יִהְיוּ כְּמוֹץ לִפְנֵי רוּחַ וּמַלְאַךְ יְיָ דּוֹחֶה. לְמַעַן יֵחָלְצוּן יְדִידֶיךָ, הוֹשִׁיעָה יְמִינְךָ וַעֲנֵנִי. עֲשֵׂה לְמַעַן שְׁמֶךָ, עֲשֵׂה לְמַעַן יְמִינֶךָ, עֲשֵׂה לְמַעַן תּוֹרָתֶךָ, עֲשֵׂה לְמַעַן קְדֻשָּׁתֶךָ, יִהְיוּ לְרָצוֹן אִמְרֵי פִי, וְהֶגְיוֹן לִבִּי, לְפָנֶיךָ, יְיָ צוּרִי וְגוֹאֲלִי: עֹשֶׂה שָׁלוֹם (בעשי"ת הַשָּׁלוֹם) בִּמְרוֹמָיו, הוּא יַעֲשֶׂה שָׁלוֹם עָלֵינוּ, וְעַל כָּל יִשְׂרָאֵל, וְאִמְרוּ אָמֵן:

יְהִי רָצוֹן מִלְּפָנֶיךָ, יְיָ אֱלֹהֵינוּ וֵאלֹהֵי אֲבוֹתֵינוּ, שֶׁיִּבָּנֶה בֵּית הַמִּקְדָּשׁ בִּמְהֵרָה בְיָמֵינוּ, וְתֵן חֶלְקֵנוּ בְּתוֹרָתֶךָ:

בימים שאין אומרים תחנון אומר הש"ץ קדיש שלם:

אֱלֹהֵינוּ וֵאלֹהֵי אֲבוֹתֵינוּ, תָּבֹא לְפָנֶיךָ תְּפִלָּתֵנוּ, וְאַל תִּתְעַלַּם מִתְּחִנָּתֵנוּ, שֶׁאֵין אָנוּ עַזֵּי פָנִים וּקְשֵׁי עֹרֶף, לוֹמַר לְפָנֶיךָ יְיָ אֱלֹהֵינוּ וֵאלֹהֵי אֲבוֹתֵינוּ, צַדִּיקִים אֲנַחְנוּ וְלֹא חָטָאנוּ, אֲבָל אֲנַחְנוּ וַאֲבוֹתֵינוּ חָטָאנוּ:

אָשַׁמְנוּ, בָּגַדְנוּ, גָּזַלְנוּ, דִּבַּרְנוּ דֹפִי. הֶעֱוִינוּ, וְהִרְשַׁעְנוּ, זַדְנוּ, חָמַסְנוּ, טָפַלְנוּ שֶׁקֶר. יָעַצְנוּ רָע, כִּזַּבְנוּ, לַצְנוּ, מָרַדְנוּ, נִאַצְנוּ, סָרַרְנוּ, עָוִינוּ, פָּשַׁעְנוּ, צָרַרְנוּ, קִשִּׁינוּ עֹרֶף. רָשַׁעְנוּ, שִׁחַתְנוּ, תִּעַבְנוּ, תָּעִינוּ, תִּעְתָּעְנוּ:

סַרְנוּ מִמִּצְוֹתֶיךָ וּמִמִּשְׁפָּטֶיךָ הַטּוֹבִים וְלֹא שָׁוָה לָנוּ. וְאַתָּה צַדִּיק עַל כָּל הַבָּא עָלֵינוּ, כִּי אֱמֶת עָשִׂיתָ וַאֲנַחְנוּ הִרְשָׁעְנוּ:

During the Ten Days of Penitence add:

וּבְסֵפֶר And in the Book of life, blessing, peace and prosperity, deliverance, consolation and favorable decrees, may we and all Your people the House of Israel be remembered and inscribed before You for a happy life and for peace. Blessed are You Lord, who blesses His people Israel with peace.

יִהְיוּ May the words of my mouth and the meditation of my heart be acceptable before You, Lord, my Strength and my Redeemer.[1]

אֱלֹהַי My God, guard my tongue from evil and my lips from speaking deceitfully. Let my soul be silent to those who curse me; let my soul be as dust to all. Open my heart to Your Torah, and let my soul eagerly pursue Your commandments. As for all those who plot evil against me, hasten to annul their counsel and frustrate their design. Let them be as chaff before the wind; let the angel of the Lord thrust them away.[2] That Your beloved ones may be delivered, help with Your right hand and answer me.[3] Do it for the sake of Your Name; do it for the sake of Your right hand; do it for the sake of Your Torah; do it for the sake of Your holiness. May the words of my mouth and the meditations of my heart be acceptable before You, Lord, my Strength and my Redeemer.[1] He who makes peace (*During the Ten Days of Penitence say:* the peace) in His heavens, may He make peace for us and for all Israel; and say, Amen.

יְהִי May it be Your will, Lord our God and God of our fathers, that the Bet Hamikdash be speedily rebuilt in our days, and grant us our portion in Your Torah.[4]

On days when Tachnun *is not said,*[5] *the Chazzan recites Whole Kaddish, p. 16.*

אֱלֹהֵינוּ Our God and God of our fathers, may our prayers come before You, and do not turn away from our supplication, for we are not so impudent and obdurate as to declare before You, Lord our God and God of our fathers, that we are righteous and have not sinned. Indeed, we and our fathers have sinned.

אָשַׁמְנוּ We have transgressed, we have acted perfidiously, we have robbed, we have slandered. We have acted perversely and wickedly, we have willfully sinned, we have done violence, we have imputed falsely. We have given evil counsel, we have lied, we have scoffed, we have rebelled, we have provoked, we have been disobedient, we have committed iniquity, we have wantonly transgressed, we have oppressed, we have been obstinate. We have committed evil, we have acted perniciously, we have acted abominably, we have gone astray, we have led others astray.

סַרְנוּ We have strayed from Your good precepts and ordinances, and it has not profited us. But You are just in all that has come upon us, for You have acted truthfully, and it is we who have acted wickedly.[6]

---

1. Psalms 19:15. 2. Ibid. 35:5. 3. Ibid. 60:7; 108:7. 4. Pirke Avot 5:20. 5. See *Siddur*, p. 71. 6. Nechemiah 9:33.

אֵל אֶֽרֶךְ אַפַּֽיִם אַתָּה וּבַֽעַל הָרַחֲמִים נִקְרֵֽאתָ, וְדֶֽרֶךְ תְּשׁוּבָה הוֹרֵֽיתָ. גְּדֻלַּת רַחֲמֶֽיךָ וַחֲסָדֶֽיךָ, תִּזְכּוֹר הַיּוֹם וּבְכָל יוֹם לְזֶֽרַע יְדִידֶֽיךָ. תֵּפֶן אֵלֵֽינוּ בְּרַחֲמִים, כִּי אַתָּה הוּא בַּֽעַל הָרַחֲמִים. בְּתַחֲנוּן וּבִתְפִלָּה פָּנֶֽיךָ נְקַדֵּם, כְּהוֹדַֽעְתָּ לֶעָנָיו מִקֶּֽדֶם. מֵחֲרוֹן אַפְּךָ שׁוּב, כְּמוֹ בְּתוֹרָתְךָ כָּתוּב. וּבְצֵל כְּנָפֶֽיךָ נֶחֱסֶה וְנִתְלוֹנָן, כְּיוֹם וַיֵּֽרֶד יְיָ בֶּעָנָן. תַּעֲבוֹר עַל פֶּֽשַׁע וְתִמְחֶה אָשָׁם, כְּיוֹם וַיִּתְיַצֵּב עִמּוֹ שָׁם. תַּאֲזִין שַׁוְעָתֵֽנוּ וְתַקְשִׁיב מֶֽנּוּ מַאֲמָר, כְּיוֹם וַיִּקְרָא בְשֵׁם יְיָ וְשָׁם נֶאֱמַר:

המתפלל ביחיד אין אומר זה:

וַיַּעֲבֹר יְיָ עַל פָּנָיו וַיִּקְרָא

יְיָ יְיָ אֵל רַחוּם וְחַנּוּן אֶֽרֶךְ אַפַּֽיִם וְרַב חֶֽסֶד וֶאֱמֶת: נֹצֵר חֶֽסֶד לָאֲלָפִים נֹשֵׂא עָוֹן וָפֶֽשַׁע וְחַטָּאָה וְנַקֵּה:

רַחוּם וְחַנּוּן חָטָֽאנוּ לְפָנֶֽיךָ רַחֵם עָלֵֽינוּ וְהוֹשִׁיעֵֽנוּ:

א לְדָוִד אֵלֶֽיךָ יְיָ נַפְשִׁי אֶשָּׂא: ב אֱלֹהַי בְּךָ בָטַֽחְתִּי אַל אֵבֽוֹשָׁה, אַל יַעַלְצוּ
אוֹיְבַי לִי: ג גַּם כָּל קוֶֹֽיךָ לֹא יֵבֹֽשׁוּ, יֵבֹֽשׁוּ הַבּוֹגְדִים רֵיקָם: ד דְּרָכֶֽיךָ יְיָ
הוֹדִיעֵֽנִי, אֹרְחוֹתֶֽיךָ לַמְּדֵֽנִי: ה הַדְרִיכֵֽנִי בַאֲמִתֶּֽךָ וְלַמְּדֵֽנִי כִּי אַתָּה אֱלֹהֵי יִשְׁעִי,
אוֹתְךָ קִוִּֽיתִי כָּל הַיּוֹם: ו זְכֹר רַחֲמֶֽיךָ יְיָ וַחֲסָדֶֽיךָ כִּי מֵעוֹלָם הֵֽמָּה: ז חַטֹּאות נְעוּרַי
וּפְשָׁעַי אַל תִּזְכּוֹר כְּחַסְדְּךָ זְכָר לִי אַתָּה, לְמַֽעַן טוּבְךָ יְיָ: ח טוֹב וְיָשָׁר יְיָ עַל כֵּן
יוֹרֶה חַטָּאִים בַּדָּֽרֶךְ: ט יַדְרֵךְ עֲנָוִים בַּמִּשְׁפָּט וִילַמֵּד עֲנָוִים דַּרְכּוֹ: י כָּל אָרְחוֹת
יְיָ חֶֽסֶד וֶאֱמֶת, לְנֹצְרֵי בְרִיתוֹ וְעֵדֹתָיו: יא לְמַֽעַן שִׁמְךָ יְיָ וְסָלַחְתָּ לַעֲוֹנִי כִּי רַב
הוּא: יב מִי זֶה הָאִישׁ יְרֵא יְיָ, יוֹרֶֽנּוּ בְּדֶֽרֶךְ יִבְחָר: יג נַפְשׁוֹ בְּטוֹב תָּלִין וְזַרְעוֹ יִֽירַשׁ
אָֽרֶץ: יד סוֹד יְיָ לִירֵאָיו, וּבְרִיתוֹ לְהוֹדִיעָם: טו עֵינַי תָּמִיד אֶל יְיָ, כִּי הוּא יוֹצִיא
מֵרֶֽשֶׁת רַגְלָי: טז פְּנֵה אֵלַי וְחָנֵּֽנִי, כִּי יָחִיד וְעָנִי אָֽנִי: יז צָרוֹת לְבָבִי הִרְחִֽיבוּ,
מִמְּצוּקוֹתַי הוֹצִיאֵֽנִי: יח רְאֵה עָנְיִי וַעֲמָלִי, וְשָׂא לְכָל חַטֹּאותָי: יט רְאֵה אוֹיְבַי
כִּי רָֽבּוּ, וְשִׂנְאַת חָמָס שְׂנֵאֽוּנִי: כ שָׁמְרָה נַפְשִׁי וְהַצִּילֵֽנִי, אַל אֵבוֹשׁ כִּי
חָסִֽיתִי בָךְ: כא תֹּם וָיֹֽשֶׁר יִצְּרֽוּנִי, כִּי קִוִּיתִֽיךָ: כב פְּדֵה אֱלֹהִים אֶת יִשְׂרָאֵל
מִכֹּל צָרוֹתָיו: וְהוּא יִפְדֶּה אֶת יִשְׂרָאֵל מִכֹּל עֲוֹנוֹתָיו:

בעשי״ת ובתענית צבור אומרים א״מ הארוך, תמצא לקמן ע׳ 19.

אֵל God, You are slow to anger, You are called the All-Merciful One, and You have taught the way of repentance. Remember this day and every day the greatness of Your compassion and loving-kindness toward the descendants of Your beloved. Turn to us in mercy, for You are the All-Merciful One. With supplication and prayer we approach You, as You have made known to [Moses] the humble one in days gone by. Turn from Your fierce anger, as it is written in Your Torah.[1] May we find shelter and lodge in the shadow of Your wings, as on the day when "the Lord descended in a cloud."[2] Overlook [our] transgression and erase [our] trespass, as on the day when "He stood with him [Moses] there."[2] Heed our plea and hearken to our supplication, as on the day when "he [Moses] invoked the Name of the Lord;"[3] and there it is said:

The following two verses are recited only when praying with a quorum of ten.

וַיַּעֲבֹר And the Lord passed before him and proclaimed:

יְיָ Lord, Lord, benevolent God, compassionate and gracious, slow to anger and abounding in kindness and truth; He preserves kindness for two thousand generations, forgiving iniquity, transgression and sin, and He cleanses.[3]

רחום Merciful and Gracious One, we have sinned before You; have mercy upon us and save us.

לְדָוִד [A Psalm] by David. To You, O Lord, I lift my soul. My God, I have put my trust in You; may I not be put to shame, may my enemies not exult over me. Indeed, may all who hope in You not be put to shame; let those be shamed who act treacherously without provocation. Lord, make Your ways known to me; teach me Your paths. Lead me in Your truth and teach me, for You are the God of my deliverance; I yearn for You all day. Lord, remember Your mercies and Your kindnesses, for they have existed for all time. Do not bring to mind the sins of my youth, nor my transgressions; remember me in accordance with Your loving-kindness, because of Your goodness, O Lord. Good and upright is the Lord, therefore He instructs the sinners in the [right] path. He guides the humble in the path of justice, and teaches the humble His way. All the Lord's paths are kindness and truth to those who observe His covenant and testimonies. For the sake of Your Name, O Lord, pardon my iniquity, for it is great. He who is a God-fearing man, him He instructs the path to choose. His soul shall abide in well-being, and his children shall inherit the earth. The secrets of the Lord He reveals to those who fear Him; He makes His covenant known to them. My eyes are always directed toward the Lord, for He sets free my feet from the snare. Turn to me and be gracious to me, for I am alone and afflicted. The sufferings of my heart have increased; deliver me from my tribulations. Behold my affliction and suffering, and forgive all my sins. See how numerous my enemies have become; they hate me with a violent hatred. Guard my soul and deliver me; may I not be put to shame, for I place my trust in You. Let integrity and uprightness guard me, for my hope is in You. God, redeem Israel from all its afflictions.[4] And He will redeem Israel from all its iniquities.[5]

On a Public Fast Day and during the Ten Days of Penitence, the long אבינו מלכנו *(Our Father, our King...), p. 19, is recited here instead of the following paragraph, then continue* ואנחנו *(We know...).*

1. Exodus 32:12. 2. Ibid. 34:5. 3. Ibid. 34:6-7. 4. Psalm 25. 5. Ibid. 130-8.

אָבִינוּ מַלְכֵּנוּ אָבִינוּ אָתָּה. אָבִינוּ מַלְכֵּנוּ אֵין לָנוּ מֶלֶךְ אֶלָּא אָתָּה. אָבִינוּ מַלְכֵּנוּ רַחֵם עָלֵינוּ. אָבִינוּ מַלְכֵּנוּ חָנֵּנוּ וַעֲנֵנוּ כִּי אֵין בָּנוּ מַעֲשִׂים עֲשֵׂה עִמָּנוּ צְדָקָה וָחֶסֶד לְמַעַן שִׁמְךָ הַגָּדוֹל וְהוֹשִׁיעֵנוּ:

וַאֲנַחְנוּ לֹא נֵדַע מַה נַּעֲשֶׂה, כִּי עָלֶיךָ עֵינֵינוּ. זְכֹר רַחֲמֶיךָ יְיָ וַחֲסָדֶיךָ, כִּי מֵעוֹלָם הֵמָּה. יְהִי חַסְדְּךָ יְיָ עָלֵינוּ, כַּאֲשֶׁר יִחַלְנוּ לָךְ. אַל תִּזְכָּר לָנוּ עֲוֹנוֹת רִאשֹׁנִים, מַהֵר יְקַדְּמוּנוּ רַחֲמֶיךָ, כִּי דַלּוֹנוּ מְאֹד. חָנֵּנוּ יְיָ חָנֵּנוּ, כִּי רַב שָׂבַעְנוּ בוּז. בְּרֹגֶז רַחֵם תִּזְכּוֹר, בְּרֹגֶז עֲקֵדָה תִּזְכּוֹר, בְּרֹגֶז תְּמִימוּת תִּזְכּוֹר, בְּרֹגֶז אַהֲבָה תִּזְכּוֹר: יְיָ הוֹשִׁיעָה הַמֶּלֶךְ יַעֲנֵנוּ בְיוֹם קָרְאֵנוּ. כִּי הוּא יָדַע יִצְרֵנוּ, זָכוּר כִּי עָפָר אֲנָחְנוּ. עָזְרֵנוּ אֱלֹהֵי יִשְׁעֵנוּ עַל דְּבַר כְּבוֹד שְׁמֶךָ, וְהַצִּילֵנוּ וְכַפֵּר עַל חַטֹּאתֵינוּ לְמַעַן שְׁמֶךָ:

השׁ״ץ אומר ק״ש:

יִתְגַּדַּל וְיִתְקַדַּשׁ שְׁמֵהּ רַבָּא. אמן בְּעָלְמָא דִּי בְרָא כִרְעוּתֵהּ וְיַמְלִיךְ מַלְכוּתֵהּ, וְיַצְמַח פּוּרְקָנֵהּ וִיקָרֵב מְשִׁיחֵהּ. אמן בְּחַיֵּיכוֹן וּבְיוֹמֵיכוֹן וּבְחַיֵּי דְכָל בֵּית יִשְׂרָאֵל, בַּעֲגָלָא וּבִזְמַן קָרִיב וְאִמְרוּ אָמֵן: יְהֵא שְׁמֵהּ רַבָּא מְבָרַךְ לְעָלַם וּלְעָלְמֵי עָלְמַיָּא. יִתְבָּרַךְ וְיִשְׁתַּבַּח, וְיִתְפָּאַר וְיִתְרוֹמַם, וְיִתְנַשֵּׂא, וְיִתְהַדָּר וְיִתְעַלֶּה וְיִתְהַלָּל, שְׁמֵהּ דְּקֻדְשָׁא בְּרִיךְ הוּא. אמן לְעֵלָּא מִן כָּל בִּרְכָתָא וְשִׁירָתָא, תֻּשְׁבְּחָתָא, וְנֶחֱמָתָא, דַּאֲמִירָן בְּעָלְמָא, וְאִמְרוּ אָמֵן:

תִּתְקַבֵּל צְלוֹתְהוֹן וּבָעוּתְהוֹן דְּכָל בֵּית יִשְׂרָאֵל, קֳדָם אֲבוּהוֹן דִּי בִשְׁמַיָּא, וְאִמְרוּ אָמֵן:

יְהֵא שְׁלָמָא רַבָּא מִן שְׁמַיָּא וְחַיִּים טוֹבִים עָלֵינוּ וְעַל כָּל יִשְׂרָאֵל וְאִמְרוּ אָמֵן:

עֹשֶׂה שָׁלוֹם (בעשי״ת הַשָּׁלוֹם) בִּמְרוֹמָיו, הוּא יַעֲשֶׂה שָׁלוֹם עָלֵינוּ וְעַל כָּל יִשְׂרָאֵל וְאִמְרוּ אָמֵן:

מיום א׳ דר״ח אלול עד אחר הושענה רבה אומרים זה קודם עלינו:

לְדָוִד, יְיָ אוֹרִי וְיִשְׁעִי מִמִּי אִירָא, יְיָ מָעוֹז חַיַּי מִמִּי אֶפְחָד: בִּקְרֹב עָלַי מְרֵעִים לֶאֱכֹל אֶת בְּשָׂרִי

א) תהלים כז:

אָבִינוּ Our Father, our King, You are our Father. Our Father, our King, we have no King except You. Our Father, our King, have mercy upon us. Our Father, our King, be gracious to us and answer us, for we have no meritorious deeds; for the sake of Your great Name, deal charitably and kindly with us and deliver us.

וַאֲנַחְנוּ We know not what to do; but our eyes are upon You.[1] Lord, remember Your mercies and kindnesses, for they have existed for all time.[2] May Your kindness, Lord, be upon us, as we have put our hope in You.[3] Do not bring to mind our former wrongdoings; let Your mercies come swiftly toward us, for we have been brought very low.[4] Be gracious to us, Lord, be gracious to us, for we have been surfeited with humiliation.[5] When in anger, remember the compassion [of Abraham]; when in anger, remember the binding [of Isaac upon the altar]; when in anger, remember the uprightness [of Jacob]; when in anger, remember the love [of David for You]. Deliver us, O lord; may the King answer us on the day we call.[6] For he knows our nature; He is mindful that we are but dust.[7] Help us, God of our deliverance, for the sake of the glory of Your Name; save us and pardon our sins for the sake of Your Name.[8]

The Chazzan recites Whole Kaddish

COMPLETE KADDISH:

יִתְגַּדַּל Exalted and hallowed be His great Name (*Cong:* Amen.) throughout the world which He has created according to His will. May He establish His kingship, bring forth His redemption and hasten the coming of His *Mashiach* (*Cong:* Amen.) in your lifetime and in your days and in the lifetime of the entire House of Israel, speedily and soon, and say, Amen. (*Cong:* Amen. May His great Name be blessed forever and to all eternity. Blessed.) May His great Name be blessed forever and to all eternity. Blessed and praised, glorified, exalted and extolled, honored, adored and lauded be the Name of the Holy One, blessed be He, (*Cong:* Amen.) beyond all the blessings, hymns, praises and consolations that are uttered in the world; and say, Amen. (*Cong:* Amen.)

May the prayers and supplications of the entire House of Israel be accepted before their Father in heaven; and say, Amen. (*Cong:* Amen.)

May there be abundant peace from heaven, and a good life for us and for all Israel; and say, Amen. (*Cong:* Amen.)

He who makes peace (*During the Ten Days of Penitence say:* the peace) in His heavens, may He make peace for us and for all Israel; and say, Amen. (*Cong:* Amen.)

From Rosh Chodesh Elul through Hosha'ana Rabbah, לדוד ה' אורי (By David. The Lord is my light...), is recited here.

לְדָוִד By David. The Lord is my light and my salvation — whom shall I fear? The Lord is the strength of my life — whom shall I dread?

1. II Chronicles 20:12. 2. Psalms 25:6. 3. Ibid. 33:22. 4. Ibid. 79:8. 5. Ibid. 123:3. 6. Ibid. 20:10. 7. Ibid. 103:14. 8. Ibid. 79:9.

צָרַי וְאֹיְבַי לִי, הֵמָּה כָשְׁלוּ וְנָפָלוּ: אִם תַּחֲנֶה עָלַי מַחֲנֶה לֹא יִירָא לִבִּי, אִם תָּקוּם עָלַי מִלְחָמָה, בְּזֹאת אֲנִי בוֹטֵחַ: אַחַת שָׁאַלְתִּי מֵאֵת יְיָ אוֹתָהּ אֲבַקֵּשׁ, שִׁבְתִּי בְּבֵית יְיָ כָּל יְמֵי חַיַּי, לַחֲזוֹת בְּנֹעַם יְיָ וּלְבַקֵּר בְּהֵיכָלוֹ: כִּי יִצְפְּנֵנִי בְּסֻכֹּה בְּיוֹם רָעָה יַסְתִּרֵנִי בְּסֵתֶר אָהֳלוֹ, בְּצוּר יְרוֹמְמֵנִי: וְעַתָּה יָרוּם רֹאשִׁי עַל אֹיְבַי סְבִיבוֹתַי, וְאֶזְבְּחָה בְאָהֳלוֹ זִבְחֵי תְרוּעָה, אָשִׁירָה וַאֲזַמְּרָה לַייָ: שְׁמַע יְיָ קוֹלִי אֶקְרָא, וְחָנֵּנִי וַעֲנֵנִי: לְךָ אָמַר לִבִּי, בַּקְּשׁוּ פָנָי, אֶת פָּנֶיךָ יְיָ אֲבַקֵּשׁ: אַל תַּסְתֵּר פָּנֶיךָ מִמֶּנִּי, אַל תַּט בְּאַף עַבְדֶּךָ עֶזְרָתִי הָיִיתָ, אַל תִּטְּשֵׁנִי וְאַל תַּעַזְבֵנִי אֱלֹהֵי יִשְׁעִי: כִּי אָבִי וְאִמִּי עֲזָבוּנִי, וַייָ יַאַסְפֵנִי: הוֹרֵנִי יְיָ דַּרְכֶּךָ וּנְחֵנִי בְּאֹרַח מִישׁוֹר, לְמַעַן שׁוֹרְרָי: אַל תִּתְּנֵנִי בְּנֶפֶשׁ צָרָי, כִּי קָמוּ בִי עֵדֵי שֶׁקֶר וִיפֵחַ חָמָס: לוּלֵא הֶאֱמַנְתִּי לִרְאוֹת בְּטוּב יְיָ בְּאֶרֶץ חַיִּים: קַוֵּה אֶל יְיָ חֲזַק וְיַאֲמֵץ לִבֶּךָ וְקַוֵּה אֶל יְיָ:

עָלֵינוּ לְשַׁבֵּחַ לַאֲדוֹן הַכֹּל, לָתֵת גְּדֻלָּה לְיוֹצֵר בְּרֵאשִׁית, שֶׁלֹּא עָשָׂנוּ כְּגוֹיֵי הָאֲרָצוֹת, וְלֹא שָׂמָנוּ כְּמִשְׁפְּחוֹת הָאֲדָמָה, שֶׁלֹּא שָׂם חֶלְקֵנוּ כָּהֶם, וְגֹרָלֵנוּ כְּכָל הֲמוֹנָם שֶׁהֵם מִשְׁתַּחֲוִים לְהֶבֶל וָרִיק. וַאֲנַחְנוּ כּוֹרְעִים וּמִשְׁתַּחֲוִים וּמוֹדִים, לִפְנֵי מֶלֶךְ, מַלְכֵי הַמְּלָכִים, הַקָּדוֹשׁ, בָּרוּךְ הוּא. שֶׁהוּא נוֹטֶה שָׁמַיִם וְיוֹסֵד אָרֶץ, וּמוֹשַׁב יְקָרוֹ בַּשָּׁמַיִם מִמַּעַל, וּשְׁכִינַת עֻזּוֹ בְּגָבְהֵי מְרוֹמִים, הוּא אֱלֹהֵינוּ אֵין עוֹד. אֱמֶת מַלְכֵּנוּ, אֶפֶס זוּלָתוֹ, כַּכָּתוּב בְּתוֹרָתוֹ: וְיָדַעְתָּ הַיּוֹם וַהֲשֵׁבֹתָ אֶל לְבָבֶךָ, כִּי יְיָ הוּא הָאֱלֹהִים בַּשָּׁמַיִם מִמַּעַל, וְעַל הָאָרֶץ מִתָּחַת, אֵין עוֹד:

When evildoers approached me to devour my flesh, my oppressors and my foes, they stumbled and fell. If an army were to beleaguer me, my heart would not fear; if war were to arise against me, in this[1] I trust. One thing I have asked of the Lord, this I seek, that I may dwell in the House of the Lord all the days of my life, to behold the pleasantness of the Lord, and to visit in His Sanctuary. For He will hide me in His tabernacle on a day of adversity; He will conceal me in the hidden places of His tent; He will lift me upon a rock. And then my head will be raised above my enemies around me, and I will offer in His tabernacle sacrifices of jubilation; I will sing and chant to the Lord. Lord, hear my voice as I call; be gracious to me and answer me. In Your behalf my heart says, "Seek My countenance;" Your countenance, Lord, I seek. Do not conceal Your countenance from me; do not cast aside Your servant in wrath; You have been my help; do not abandon me nor forsake me, God of my deliverance. Though my father and mother have forsaken me, the Lord has taken me in. Lord, teach me Your way and lead me in the path of righteousness because of my watchful enemies. Do not give me over to the will of my oppressors, for there have risen against me false witnesses and they speak evil. [They would have crushed me] had I not believed that I would see the goodness of the Lord in the land of the living. Hope in the Lord, be strong and let your heart be valiant, and hope in the Lord.[2]

עָלֵינוּ It is incumbent upon us to praise the Master of all things, to exalt the Creator of all existence, that He has not made us like the nations of the world, nor caused us to be like the families of the earth; that He has not assigned us a portion like theirs, nor a lot like that of all their multitudes, for they bow to vanity and nothingness. But we bend the knee, bow down, and offer praise before the supreme King of kings, the Holy One, blessed be He, who stretches forth the heavens and establishes the earth, the seat of whose glory is in the heavens above and the abode of whose majesty is in the loftiest heights. He is our God; there is none else. Truly, He is our King; there is nothing besides Him, as it is written in His Torah:[3] Know this day and take unto your heart that the Lord is God; in the heavens above and upon the earth below there is nothing else.[4]

1. I.e. that, "the Lord is my light and my salvation," etc. 2. Psalm 27. 3. Deuteronomy 4:39. 4. For further elucidation, see *Tanya*, Part II, Ch. 6.

וְעַל־כֵּן נְקַוֶּה לְךָ יְהוָה אֱלֹהֵינוּ לִרְאוֹת מְהֵרָה בְּתִפְאֶרֶת עֻזֶּךָ לְהַעֲבִיר גִּלּוּלִים מִן הָאָרֶץ וְהָאֱלִילִים כָּרוֹת יִכָּרֵתוּן לְתַקֵּן עוֹלָם בְּמַלְכוּת שַׁדַּי וְכָל־בְּנֵי־בָשָׂר יִקְרְאוּ בִשְׁמֶךָ לְהַפְנוֹת אֵלֶיךָ כָּל־רִשְׁעֵי אָרֶץ ׳ יַכִּירוּ וְיֵדְעוּ כָּל־יוֹשְׁבֵי תֵבֵל כִּי לְךָ תִּכְרַע כָּל־בֶּרֶךְ תִּשָּׁבַע כָּל־לָשׁוֹן ׳ לְפָנֶיךָ יְהוָה אֱלֹהֵינוּ יִכְרְעוּ וְיִפֹּלוּ וְלִכְבוֹד שִׁמְךָ יְקָר יִתֵּנוּ ׳ וִיקַבְּלוּ כֻלָּם עֲלֵיהֶם אֶת־עֹל מַלְכוּתֶךָ ׳ וְתִמְלוֹךְ עֲלֵיהֶם מְהֵרָה לְעוֹלָם וָעֶד ׳ כִּי הַמַּלְכוּת שֶׁלְּךָ הִיא וּלְעוֹלְמֵי עַד תִּמְלוֹךְ בְּכָבוֹד כַּכָּתוּב בְּתוֹרָתֶךָ יְהוָה יִמְלֹךְ לְעֹלָם וָעֶד: וְנֶאֱמַר וְהָיָה יְהוָה לְמֶלֶךְ עַל־כָּל־הָאָרֶץ בַּיּוֹם הַהוּא יִהְיֶה יְהוָה אֶחָד וּשְׁמוֹ אֶחָד:

קדיש יתום:

יִתְגַּדַּל וְיִתְקַדַּשׁ שְׁמֵהּ רַבָּא. אמן בְּעָלְמָא דִּי בְרָא כִרְעוּתֵהּ וְיַמְלִיךְ מַלְכוּתֵהּ, וְיַצְמַח פּוּרְקָנֵהּ וִיקָרֵב מְשִׁיחֵהּ. אמן בְּחַיֵּיכוֹן וּבְיוֹמֵיכוֹן וּבְחַיֵּי דְכָל בֵּית יִשְׂרָאֵל, בַּעֲגָלָא וּבִזְמַן קָרִיב וְאִמְרוּ אָמֵן: יְהֵא שְׁמֵהּ רַבָּא מְבָרַךְ לְעָלַם וּלְעָלְמֵי עָלְמַיָּא. יִתְבָּרַךְ וְיִשְׁתַּבַּח, וְיִתְפָּאַר וְיִתְרוֹמַם, וְיִתְנַשֵּׂא, וְיִתְהַדַּר וְיִתְעַלֶּה וְיִתְהַלָּל, שְׁמֵהּ דְּקֻדְשָׁא בְּרִיךְ הוּא. אמן לְעֵלָּא מִן כָּל בִּרְכָתָא וְשִׁירָתָא, תֻּשְׁבְּחָתָא, וְנֶחֱמָתָא, דַּאֲמִירָן בְּעָלְמָא, וְאִמְרוּ אָמֵן:

יְהֵא שְׁלָמָא רַבָּא מִן שְׁמַיָּא וְחַיִּים טוֹבִים עָלֵינוּ וְעַל כָּל יִשְׂרָאֵל וְאִמְרוּ אָמֵן:

עֹשֶׂה שָׁלוֹם (בעש״ת הַשָּׁלוֹם) בִּמְרוֹמָיו, הוּא יַעֲשֶׂה שָׁלוֹם עָלֵינוּ וְעַל כָּל יִשְׂרָאֵל וְאִמְרוּ אָמֵן:

אַל תִּירָא מִפַּחַד פִּתְאֹם, וּמִשֹּׁאַת רְשָׁעִים כִּי תָבֹא: עֻצוּ עֵצָה וְתֻפָר, דַּבְּרוּ דָבָר וְלֹא יָקוּם כִּי עִמָּנוּ אֵל: וְעַד זִקְנָה אֲנִי הוּא, וְעַד שֵׂיבָה אֲנִי אֶסְבֹּל; אֲנִי עָשִׂיתִי וַאֲנִי אֶשָּׂא וַאֲנִי אֶסְבֹּל וַאֲמַלֵּט:

אַךְ צַדִּיקִים יוֹדוּ לִשְׁמֶךָ יֵשְׁבוּ יְשָׁרִים אֶת פָּנֶיךָ:

משניות וקדיש דרבנן תמצא לקמן ע׳ 70.

וְעַל And therefore we hope to You, Lord our God, that we may speedily behold the splendor of Your might, to banish idolatry from the earth — and false gods will be utterly destroyed; to perfect the world under the sovereignty of the Almighty. All mankind shall invoke Your Name, to turn to You all the wicked of the earth. Then all the inhabitants of the world will recognize and know that every knee should bend to You, every tongue should swear [by Your Name]. Before You, Lord our God, they will bow and prostrate themselves, and give honor to the glory of Your Name; and they will all take upon themselves the yoke of Your kingdom. May You soon reign over them forever and ever, for Kingship is Yours, and to all eternity You will reign in glory, as it is written in Your Torah: The Lord will reign forever and ever.[1] And it is said: The Lord shall be King over the entire earth; on that day the Lord shall be One and His Name One.[2]

MOURNER'S KADDISH

יִתְגַּדַּל Exalted and hallowed be His great Name (*Cong:* Amen.) throughout the world which He has created according to His will. May He establish His kingship, bring forth His redemption and hasten the coming of His *Mashiach* (*Cong:* Amen.) in your lifetime and in your days and in the lifetime of the entire House of Israel, speedily and soon, and say, Amen. (*Cong:* Amen. May His great Name be blessed forever and to all eternity. Blessed.) May His great Name be blessed forever and to all eternity. Blessed and praised, glorified, exalted and extolled, honored, adored and lauded be the Name of the Holy One, blessed be He, (*Cong:* Amen.) beyond all the blessings, hymns, praises and consolations that are uttered in the world; and say, Amen. (*Cong:* Amen.)

May there be abundant peace from heaven, and a good life for us and for all Israel; and say, Amen. (*Cong:* Amen.)

He who makes peace (*During the Ten Days of Penitence say:* the peace) in His heavens, may He make peace for us and for all Israel; and say, Amen. (*Cong:* Amen.)

אַל תִּירָא Do not fear sudden terror, nor the destruction of the wicked when it comes.[3] Contrive a scheme, but it will be foiled; conspire a plot but it will not materialize, for God is with us.[4] To your old age I am [with you]; to your hoary years I will sustain you; I have made you, and I will carry you; I will sustain you and deliver you.[5]

אַךְ Indeed, the righteous will extol Your Name; the upright will dwell in Your presence.[6]

Mishnayot for a Mourner and Kaddish D'Rabbanan on p. 70.

1. Exodus 15:18. 2. Zechariah 14:9. 3. Proverbs 3:25. 4. Isaiah 8:10. 5. Ibid. 46:4. 6. Psalms 140:14.

קריאה לתענית צבור

כשפותחין ארון הקדש אומרים זה:

וַיְהִי בִּנְסֹעַ הָאָרֹן וַיֹּאמֶר מֹשֶׁה קוּמָה ׀ יְהוָה וְיָפֻצוּ אֹיְבֶיךָ וְיָנֻסוּ מְשַׂנְאֶיךָ מִפָּנֶיךָ׃ כִּי מִצִּיּוֹן תֵּצֵא תוֹרָה וּדְבַר־יְהוָה מִירוּשָׁלָםִ׃

בָּרוּךְ שֶׁנָּתַן תּוֹרָה לְעַמּוֹ יִשְׂרָאֵל בִּקְדֻשָּׁתוֹ׃

בְּרִיךְ שְׁמֵיהּ דְּמָרֵא עָלְמָא בְּרִיךְ כִּתְרָךְ וְאַתְרָךְ יְהֵא רְעוּתָךְ עִם עַמָּךְ יִשְׂרָאֵל לְעָלַם וּפוּרְקַן יְמִינָךְ אַחֲזֵי לְעַמָּךְ בְּבֵי מַקְדְּשָׁךְ׃ וּלְאַמְטוּיֵי לָנָא מְטוּב נְהוֹרָךְ וּלְקַבֵּל צְלוֹתָנָא בְּרַחֲמִין יְהֵא רַעֲוָא קֳדָמָךְ דְּתוֹרִיךְ לָן חַיִּין בְּטִיבוּ וְלֶהֱוֵא אֲנָא פְּקִידָא בְּגוֹ צַדִּיקַיָּא לְמִרְחַם עָלַי וּלְמִנְטַר יָתִי וְיַת כָּל־דִּי לִי וְדִי לְעַמָּךְ יִשְׂרָאֵל אַנְתְּ הוּא זָן לְכֹלָּא וּמְפַרְנֵס לְכֹלָּא אַנְתְּ הוּא שַׁלִּיט עַל כֹּלָּא אַנְתְּ הוּא דְשַׁלִּיט עַל מַלְכַיָּא וּמַלְכוּתָא דִילָךְ הִיא אֲנָא עַבְדָּא דְקוּדְשָׁא בְּרִיךְ הוּא דְּסָגִידְנָא קַמֵּהּ וּמִקַּמֵּי דִּיקַר אוֹרַיְתֵהּ׃ בְּכָל־עִדָּן וְעִדָּן לָא עַל אֱנָשׁ רָחִיצְנָא וְלָא עַל בַּר אֱלָהִין סָמִיכְנָא׃ אֶלָּא בֶּאֱלָהָא דִשְׁמַיָּא דְּהוּא אֱלָהָא קְשׁוֹט ׀ וְאוֹרַיְתֵהּ קְשׁוֹט ׀ וּנְבִיאוֹהִי קְשׁוֹט ׀ וּמַסְגֵּא לְמֶעְבַּד טַבְוָן וּקְשׁוֹט בֵּהּ אֲנָא רָחִיץ׃ וְלִשְׁמֵיהּ קַדִּישָׁא יַקִּירָא אֲנָא אֵמַר תֻּשְׁבְּחָן יְהֵא רַעֲוָא קֳדָמָךְ דְּתִפְתַּח לִבָּאִי בְּאוֹרַיְתָא וְתַשְׁלִים מִשְׁאֲלִין דְּלִבָּאִי וְלִבָּא דְכָל עַמָּךְ יִשְׂרָאֵל לְטַב וּלְחַיִּין וְלִשְׁלָם׃

חזן גַּדְּלוּ לַייָ אִתִּי, וּנְרוֹמְמָה שְׁמוֹ יַחְדָּו׃

והקהל עונין לְךָ יְיָ הַגְּדֻלָּה וְהַגְּבוּרָה וְהַתִּפְאֶרֶת וְהַנֵּצַח וְהַהוֹד. כִּי־כֹל בַּשָּׁמַיִם וּבָאָרֶץ. לְךָ יְיָ הַמַּמְלָכָה וְהַמִּתְנַשֵּׂא לְכֹל לְרֹאשׁ. רוֹמְמוּ יְיָ אֱלֹהֵינוּ, וְהִשְׁתַּחֲווּ לַהֲדֹם רַגְלָיו, קָדוֹשׁ הוּא. רוֹמְמוּ יְיָ אֱלֹהֵינוּ וְהִשְׁתַּחֲווּ לְהַר קָדְשׁוֹ, כִּי קָדוֹשׁ יְיָ אֱלֹהֵינוּ׃

אַב הָרַחֲמִים. הוּא יְרַחֵם עַם עֲמוּסִים. וְיִזְכֹּר בְּרִית אֵיתָנִים. וְיַצִּיל נַפְשׁוֹתֵינוּ מִן הַשָּׁעוֹת הָרָעוֹת. וְיִגְעַר בְּיֵצֶר הָרָע מִן הַנְּשׂוּאִים. וְיָחֹן אוֹתָנוּ לִפְלֵיטַת עוֹלָמִים. וִימַלֵּא מִשְׁאֲלוֹתֵינוּ בְּמִדָּה טוֹבָה יְשׁוּעָה וְרַחֲמִים׃

On opening the Holy Ark, the following is said:

וַיְהִי Whenever the Ark set out, Moses would say, "Arise, O Lord, and Your enemies will be dispersed, and Your foes will flee before You."[1] For from Zion shall go forth the Torah, and the word of the Lord from Jerusalem.[2] Blessed is He who in His holiness gave the Torah to His people Israel.

בְּרִיךְ Blessed is the Name of the Master of the universe! Blessed is Your crown and the place [of Your majesty]. May Your goodwill always be with Your people Israel; show Your people the redemption of Your right hand through [the rebuilding of] Your Bet Hamikdash. Bestow upon us of Your beneficent light, and accept our prayer with compassion. May it be Your will to prolong our life in well-being. May I be counted among the righteous, so that You may have mercy upon me and protect me and all that belongs to me and to Your people Israel. It is You who feeds all and sustains all. It is You who rules over all; it is You who rules over kings, and sovereignty is Yours. I am the servant of the Holy One, blessed be He, before whom and before whose glorious Torah I bow at all times. I do not put my trust in man, nor do I place my reliance on an angel, but only in the God of heaven who is the true God, whose Torah is truth, whose prophets are true, and who performs numerous deeds of goodness and truth. In Him I put my trust, and to His holy and glorious Name I utter praises. May it be Your will to open my heart to the Torah, and to fulfill the desire of my heart and the hearts of all Your people Israel for good, for life, and for peace.[3]

Chazzan:

גַּדְּלוּ Exalt the Lord with me, and let us extol His Name together.[4]

Congregation responds:

לְךָ Lord, Yours is the greatness, the power, the glory, the victory, and the majesty; for all in heaven and on earth [is Yours]. Lord, Yours is the kingship and You are exalted, supreme over all rulers.[5] Exalt the Lord our God, and bow down at His footstool; holy is He.[6] Exalt the Lord our God, and bow down at His holy mountain, for the Lord our God is holy.[7]

אַב May the All-Merciful Father have compassion on the people borne [by Him][8] and remember the covenant with the mighty ones [Patriarchs]; may He deliver our souls from evil times and banish the evil impulse from the ones carried [by Him];[8] may He graciously grant us eternal survival and fulfill our wishes in ample measure for salvation and mercy.

1. Numbers 10:35. 2. Isaiah 2:3. 3. Zohar II, 206a. 4. Psalms 34:4. 5. I Chronicles 29:11. 6. Psalms 99:5. 7. Ibid. 99:9. 8. Cf. Isaiah 46:3.

חזן
וְתִגָּלֶה וְתֵרָאֶה מַלְכוּתוֹ עָלֵינוּ בִּזְמַן קָרוֹב, וְיָחֹן פְּלֵטָתֵנוּ וּפְלֵטַת עַמּוֹ בֵּית
יִשְׂרָאֵל לְחֵן וּלְחֶסֶד וּלְרַחֲמִים וּלְרָצוֹן וְנֹאמַר אָמֵן. הַכֹּל הָבוּ גֹדֶל
לֵאלֹהֵינוּ וּתְנוּ כָבוֹד לַתּוֹרָה, כֹּהֵן קְרָב, יַעֲמֹד (פב״פ) הַכֹּהֵן. בָּרוּךְ שֶׁנָּתַן תּוֹרָה
לְעַמּוֹ יִשְׂרָאֵל בִּקְדֻשָּׁתוֹ. קהל וְאַתֶּם הַדְּבֵקִים בַּיְיָ אֱלֹהֵיכֶם, חַיִּים כֻּלְּכֶם הַיּוֹם:

שמות לב יא־יד; לד א:

וַיְחַל מֹשֶׁה אֶת־פְּנֵי יְהוָה אֱלֹהָיו וַיֹּאמֶר לָמָה יְהוָה יֶחֱרֶה אַפְּךָ בְּעַמֶּךָ אֲשֶׁר
הוֹצֵאתָ מֵאֶרֶץ מִצְרַיִם בְּכֹחַ גָּדוֹל וּבְיָד חֲזָקָה: לָמָּה יֹאמְרוּ מִצְרַיִם לֵאמֹר
בְּרָעָה הוֹצִיאָם לַהֲרֹג אֹתָם בֶּהָרִים וּלְכַלֹּתָם מֵעַל פְּנֵי הָאֲדָמָה שׁוּב מֵחֲרוֹן אַפֶּךָ
וְהִנָּחֵם עַל־הָרָעָה לְעַמֶּךָ: זְכֹר לְאַבְרָהָם לְיִצְחָק וּלְיִשְׂרָאֵל עֲבָדֶיךָ אֲשֶׁר נִשְׁבַּעְתָּ
לָהֶם בָּךְ וַתְּדַבֵּר אֲלֵהֶם אַרְבֶּה אֶת־זַרְעֲכֶם כְּכוֹכְבֵי הַשָּׁמָיִם וְכָל־הָאָרֶץ הַזֹּאת
אֲשֶׁר אָמַרְתִּי אֶתֵּן לְזַרְעֲכֶם וְנָחֲלוּ לְעֹלָם: וַיִּנָּחֶם יְהוָה עַל־הָרָעָה אֲשֶׁר דִּבֶּר
לַעֲשׂוֹת לְעַמּוֹ: לוי וַיֹּאמֶר יְהוָה אֶל־מֹשֶׁה פְּסָל־לְךָ שְׁנֵי־לֻחֹת אֲבָנִים כָּרִאשֹׁנִים
וְכָתַבְתִּי עַל־הַלֻּחֹת אֶת־הַדְּבָרִים אֲשֶׁר הָיוּ עַל־הַלֻּחֹת הָרִאשֹׁנִים אֲשֶׁר שִׁבַּרְתָּ:
וֶהְיֵה נָכוֹן לַבֹּקֶר וְעָלִיתָ בַבֹּקֶר אֶל־הַר סִינַי וְנִצַּבְתָּ לִי שָׁם עַל־רֹאשׁ הָהָר:
וְאִישׁ לֹא־יַעֲלֶה עִמָּךְ וְגַם־אִישׁ אַל־יֵרָא בְּכָל־הָהָר גַּם־הַצֹּאן וְהַבָּקָר אַל־יִרְעוּ
אֶל־מוּל הָהָר הַהוּא: ישראל וַיִּפְסֹל שְׁנֵי־לֻחֹת אֲבָנִים כָּרִאשֹׁנִים וַיַּשְׁכֵּם מֹשֶׁה
בַבֹּקֶר וַיַּעַל אֶל־הַר סִינַי כַּאֲשֶׁר צִוָּה יְהוָה אֹתוֹ וַיִּקַּח בְּיָדוֹ שְׁנֵי לֻחֹת אֲבָנִים:
וַיֵּרֶד יְהוָה בֶּעָנָן וַיִּתְיַצֵּב עִמּוֹ שָׁם וַיִּקְרָא בְשֵׁם יְהוָה: וַיַּעֲבֹר יְהוָה ׀ עַל־פָּנָיו
וַיִּקְרָא יְהוָה ׀ יְהוָה אֵל רַחוּם וְחַנּוּן אֶרֶךְ אַפַּיִם וְרַב־חֶסֶד וֶאֱמֶת: נֹצֵר חֶסֶד
לָאֲלָפִים נֹשֵׂא עָוֹן וָפֶשַׁע וְחַטָּאָה וְנַקֵּה לֹא יְנַקֶּה פֹּקֵד ׀ עֲוֹן אָבוֹת עַל־בָּנִים
וְעַל־בְּנֵי בָנִים עַל־שִׁלֵּשִׁים וְעַל־רִבֵּעִים: וַיְמַהֵר מֹשֶׁה וַיִּקֹּד אַרְצָה וַיִּשְׁתָּחוּ:
וַיֹּאמֶר אִם־נָא מָצָאתִי חֵן בְּעֵינֶיךָ אֲדֹנָי יֵלֶךְ־נָא אֲדֹנָי בְּקִרְבֵּנוּ כִּי עַם־קְשֵׁה־
עֹרֶף הוּא וְסָלַחְתָּ לַעֲוֹנֵנוּ וּלְחַטָּאתֵנוּ וּנְחַלְתָּנוּ: וַיֹּאמֶר הִנֵּה אָנֹכִי כֹּרֵת בְּרִית
נֶגֶד כָּל־עַמְּךָ אֶעֱשֶׂה נִפְלָאֹת אֲשֶׁר לֹא־נִבְרְאוּ בְכָל־הָאָרֶץ וּבְכָל־הַגּוֹיִם וְרָאָה
כָל־הָעָם אֲשֶׁר־אַתָּה בְקִרְבּוֹ אֶת־מַעֲשֵׂה יְהוָה כִּי־נוֹרָא הוּא אֲשֶׁר אֲנִי עֹשֶׂה עִמָּךְ:

כשמגביהין הספר תורה אומרים זה:

וְזֹאת הַתּוֹרָה אֲשֶׁר שָׂם מֹשֶׁה לִפְנֵי בְּנֵי יִשְׂרָאֵל:

עֵץ חַיִּים הִיא לַמַּחֲזִיקִים בָּהּ, וְתֹמְכֶיהָ מְאֻשָּׁר. דְּרָכֶיהָ דַרְכֵי נֹעַם, וְכָל
נְתִיבוֹתֶיהָ שָׁלוֹם. אֹרֶךְ יָמִים בִּימִינָהּ, בִּשְׂמֹאלָהּ עֹשֶׁר וְכָבוֹד. יְיָ חָפֵץ
לְמַעַן צִדְקוֹ, יַגְדִּיל תּוֹרָה וְיַאְדִּיר:

ברכות הפטרה

קודם קריאת ההפטרה יאמר ברכה זו:

בָּרוּךְ אַתָּה יְהוָה אֱלֹהֵינוּ מֶלֶךְ הָעוֹלָם אֲשֶׁר בָּחַר בִּנְבִיאִים טוֹבִים וְרָצָה
בְדִבְרֵיהֶם הַנֶּאֱמָרִים בֶּאֱמֶת. בָּרוּךְ אַתָּה יְהוָה הַבּוֹחֵר בַּתּוֹרָה וּבְמֹשֶׁה עַבְדּוֹ
וּבְיִשְׂרָאֵל עַמּוֹ וּבִנְבִיאֵי הָאֱמֶת וָצֶדֶק:

The one who calls up to the Sefer Torah says:

וְתִגָּלֶה And may His kingship over us soon be revealed and made visible, and may He graciously grant to our remnant and the remnant of His people, the House of Israel, grace, kindness, mercy and goodwill; and let us say, Amen. Let all render glory to our God and give honor to the Torah. Let the *Kohen* come forward. Arise *[Call out the Hebrew name of the person called to the Torah and that of his father]* the *Kohen*. Blessed is He who in His holiness gave the Torah to His people Israel. Cong. responds: And you who cleave to the Lord your God are all alive today.[1]

Exodus 32:11-14; 34:1-10

וַיְחַל Moses implored the Lord his God, saying: Lord, why should Your wrath blaze against Your people whom You brought out from the land of Egypt with great strength and with a mighty hand? Why should the Egyptians say: With evil intent did He bring them out, to kill them in the mountains and to annihilate them from upon the face of the earth? Turn from Your blazing wrath and renounce the thought of bringing evil upon Your people. Remember Abraham, Isaac and Israel Your servants, to whom You swore by Your Self and said to them: I will make your descendants as numerous as the stars of heaven, and all this land which I promised, I will give to your descendants, and they will inherit [it] forever. And the Lord renounced the thought of the evil He said He would do to His people. *Levi:* The Lord said to Moses: Hew for yourself two tablets of stone like the first ones, and I will write upon the tablets the words which were on the first tablets that you broke. Be ready for the morning, and in the morning ascend Mount Sinai and stand before Me there, on the top of the mountain. No man shall go up with you, nor shall any man be seen on the whole mountain, nor shall the flocks or the herds graze before that mountain. *Israelite:* And he hewed two tablets of stone like the first ones, and Moses rose early in the morning and ascended Mount Sinai as the Lord had commanded him; and he took in his hand the two tablets of stone. The Lord descended in a cloud and stood with him there, and he invoked the Name of the Lord. And the Lord passed before him and proclaimed: Lord, Lord, benevolent God, compassionate and gracious, slow to anger and abounding in kindness and truth. He reserves kindness for two thousand generations, forgiving iniquity, transgression and sin, acquitting [the penitent] and not acquitting [the impenitent], remembering the iniquity of the fathers for the children and children's children, for the third and for the fourth generation. Moses hastened to bow to the ground, prostrated himself, and said: If I have found favor in Your eyes, my Lord, may my Lord go in our midst, for this is a stiff-necked people; pardon our wrongdoings and our sins, and take us as Your own possession. And He said: I hereby make a covenant; before all your people I will perform wonders such as have not been performed on all the earth or for any nation; and all the people in whose midst you are shall see how awesome is the deed of the Lord which I will perform for you.

When the Sefer Torah is raised, say:

וְזֹאת This is the Torah which Moses placed before the children of Israel.[2]

עֵץ It is a tree of life for those who hold fast to it, and those who support it are fortunate.[3] Its ways are pleasant ways, and all its paths are peace.[4] Long life is at its right, riches and honor at its left.[5] The Lord desired, for the sake of its [Israel's] righteousness, to make the Torah great and glorious.[6]

BERACHAH BEFORE THE HAFTARAH:

Before the Haftarah *is recited, the following* Berachah *is said by the* Maftir:

בָּרוּךְ Blessed are You, Lord our God, King of the universe, who has chosen good prophets and found favor with their words which were spoken in truth. Blessed are You Lord, who has chosen the Torah, Moses His servant, Israel His people, and the prophets of truth and righteousness.

1. Deuteronomy 4:4. 2. Deuteronomy 4:44. 3. Proverbs 3:18. 4. Ibid. 3:17. 5. Ibid. 3:16. 6. Isaiah 42:21.

ישעיה נה ו:

דִּרְשׁוּ יְהוָה בְּהִמָּצְאוֹ קְרָאֻהוּ בִּהְיוֹתוֹ קָרוֹב: יַעֲזֹב רָשָׁע דַּרְכּוֹ וְאִישׁ אָוֶן מַחְשְׁבֹתָיו וְיָשֹׁב אֶל־יְהוָה וִירַחֲמֵהוּ וְאֶל־אֱלֹהֵינוּ כִּי־יַרְבֶּה לִסְלוֹחַ: כִּי לֹא מַחְשְׁבוֹתַי מַחְשְׁבוֹתֵיכֶם וְלֹא דַרְכֵיכֶם דְּרָכָי נְאֻם יְהוָה: כִּי־גָבְהוּ שָׁמַיִם מֵאָרֶץ כֵּן גָּבְהוּ דְרָכַי מִדַּרְכֵיכֶם וּמַחְשְׁבֹתַי מִמַּחְשְׁבֹתֵיכֶם: כִּי כַּאֲשֶׁר יֵרֵד הַגֶּשֶׁם וְהַשֶּׁלֶג מִן־הַשָּׁמַיִם וְשָׁמָּה לֹא יָשׁוּב כִּי אִם־הִרְוָה אֶת־הָאָרֶץ וְהוֹלִידָהּ וְהִצְמִיחָהּ וְנָתַן זֶרַע לַזֹּרֵעַ וְלֶחֶם לָאֹכֵל: כֵּן יִהְיֶה דְבָרִי אֲשֶׁר יֵצֵא מִפִּי לֹא־יָשׁוּב אֵלַי רֵיקָם כִּי אִם־עָשָׂה אֶת־אֲשֶׁר חָפַצְתִּי וְהִצְלִיחַ אֲשֶׁר שְׁלַחְתִּיו: כִּי־בְשִׂמְחָה תֵצֵאוּ וּבְשָׁלוֹם תּוּבָלוּן הֶהָרִים וְהַגְּבָעוֹת יִפְצְחוּ לִפְנֵיכֶם רִנָּה וְכָל־עֲצֵי הַשָּׂדֶה יִמְחֲאוּ־כָף: תַּחַת הַנַּעֲצוּץ יַעֲלֶה בְרוֹשׁ וְתַחַת הַסִּרְפַּד יַעֲלֶה הֲדַס וְהָיָה לַיהוָה לְשֵׁם לְאוֹת עוֹלָם לֹא יִכָּרֵת: כֹּה אָמַר יְהוָה שִׁמְרוּ מִשְׁפָּט וַעֲשׂוּ צְדָקָה כִּי־קְרוֹבָה יְשׁוּעָתִי לָבוֹא וְצִדְקָתִי לְהִגָּלוֹת: אַשְׁרֵי אֱנוֹשׁ יַעֲשֶׂה־זֹּאת וּבֶן־אָדָם יַחֲזִיק בָּהּ שֹׁמֵר שַׁבָּת מֵחַלְּלוֹ וְשֹׁמֵר יָדוֹ מֵעֲשׂוֹת כָּל־רָע: וְאַל־יֹאמַר בֶּן־הַנֵּכָר הַנִּלְוָה אֶל־יְהוָה לֵאמֹר הַבְדֵּל יַבְדִּילַנִי יְהוָה מֵעַל עַמּוֹ וְאַל־יֹאמַר הַסָּרִיס הֵן אֲנִי עֵץ יָבֵשׁ: כִּי־כֹה אָמַר יְהוָה לַסָּרִיסִים אֲשֶׁר יִשְׁמְרוּ אֶת־שַׁבְּתוֹתַי וּבָחֲרוּ בַּאֲשֶׁר חָפָצְתִּי וּמַחֲזִיקִים בִּבְרִיתִי: וְנָתַתִּי לָהֶם בְּבֵיתִי וּבְחוֹמֹתַי יָד וָשֵׁם טוֹב מִבָּנִים וּמִבָּנוֹת שֵׁם עוֹלָם אֶתֶּן־לוֹ אֲשֶׁר לֹא יִכָּרֵת: וּבְנֵי הַנֵּכָר הַנִּלְוִים עַל־יְהוָה לְשָׁרְתוֹ וּלְאַהֲבָה אֶת־שֵׁם יְהוָה לִהְיוֹת לוֹ לַעֲבָדִים כָּל־שֹׁמֵר שַׁבָּת מֵחַלְּלוֹ וּמַחֲזִיקִים בִּבְרִיתִי: וַהֲבִיאוֹתִים אֶל־הַר קָדְשִׁי וְשִׂמַּחְתִּים בְּבֵית תְּפִלָּתִי עוֹלֹתֵיהֶם וְזִבְחֵיהֶם לְרָצוֹן עַל־מִזְבְּחִי כִּי בֵיתִי בֵּית־תְּפִלָּה יִקָּרֵא לְכָל־הָעַמִּים: נְאֻם אֲדֹנָי יֱהוִה מְקַבֵּץ נִדְחֵי יִשְׂרָאֵל עוֹד אֲקַבֵּץ עָלָיו לְנִקְבָּצָיו:

אחר קריאת ההפטרה יאמר ברכות אלו:

בָּרוּךְ אַתָּה יְיָ אֱלֹהֵינוּ מֶלֶךְ הָעוֹלָם צוּר כָּל־הָעוֹלָמִים צַדִּיק בְּכָל הַדּוֹרוֹת · הָאֵל הַנֶּאֱמָן הָאוֹמֵר וְעוֹשֶׂה · הַמְדַבֵּר וּמְקַיֵּם · שֶׁכָּל דְּבָרָיו אֱמֶת וָצֶדֶק: נֶאֱמָן אַתָּה הוּא יְיָ אֱלֹהֵינוּ וְנֶאֱמָנִים דְּבָרֶיךָ וְדָבָר אֶחָד מִדְּבָרֶיךָ אָחוֹר לֹא־יָשׁוּב רֵיקָם כִּי אֵל מֶלֶךְ נֶאֱמָן וְרַחֲמָן אָתָּה · בָּרוּךְ אַתָּה יְיָ הָאֵל הַנֶּאֱמָן בְּכָל־דְּבָרָיו:

רַחֵם עַל־צִיּוֹן כִּי הִיא בֵּית חַיֵּינוּ וְלַעֲלוּבַת נֶפֶשׁ תּוֹשִׁיעַ וּתְשַׂמַּח בִּמְהֵרָה בְיָמֵינוּ. בָּרוּךְ אַתָּה יְיָ מְשַׂמֵּחַ צִיּוֹן בְּבָנֶיהָ:

שַׂמְּחֵנוּ יְיָ אֱלֹהֵינוּ בְּאֵלִיָּהוּ הַנָּבִיא עַבְדֶּךָ · וּבְמַלְכוּת בֵּית דָּוִד מְשִׁיחֶךָ · בִּמְהֵרָה יָבֹא וְיָגֵל לִבֵּנוּ עַל־כִּסְאוֹ לֹא־יֵשֶׁב זָר וְלֹא יִנְחֲלוּ עוֹד אֲחֵרִים אֶת־כְּבוֹדוֹ כִּי בְשֵׁם קָדְשְׁךָ נִשְׁבַּעְתָּ לוֹ שֶׁלֹּא יִכְבֶּה נֵרוֹ לְעוֹלָם וָעֶד: בָּרוּךְ אַתָּה יְיָ מָגֵן דָּוִד:

כשמחזירין הספר תורה להיכל אומרים זה:

חזן יְהַלְלוּ אֶת שֵׁם יְיָ, כִּי נִשְׂגָּב שְׁמוֹ לְבַדּוֹ:

והקהל אומרים הוֹדוֹ עַל אֶרֶץ וְשָׁמָיִם: וַיָּרֶם קֶרֶן לְעַמּוֹ, תְּהִלָּה לְכָל חֲסִידָיו לִבְנֵי יִשְׂרָאֵל עַם קְרֹבוֹ, הַלְלוּיָהּ: חצי קדיש.

Isaiah 55:6-56:8

דִּרְשׁוּ Seek the Lord while He may be found, call upon Him while He is near. Let the wicked abandon his way, and the man of iniquity his thoughts; let him return to the Lord, and He will have compassion upon him, and to our God, for He will abundantly pardon. For My thoughts are not your thoughts, nor are your ways My ways, says the Lord. For as the heavens are higher than the earth, so are My ways higher than your ways, and My thoughts than your thoughts. For as the rain or the snow comes down from heaven and does not return there until it waters the earth, making it bring forth and bud, giving seed to the sower and bread to the eater, so shall be My word that goes forth out of My mouth — it shall not return to Me void, but it shall accomplish that which I desire, and succeed in that for which I had sent it. For you will go out with joy, and be led forth in peace; the mountains and the hills will burst into song before you, and all the trees of the field will clap hands. Instead of the thorn shall come up the cypress; instead of the briar shall come up the myrtle; and it shall be to the Lord for renown, for an everlasting sign which shall not be cut off. Thus says the Lord: Keep justice, and do righteousness, for soon My deliverance will come and My righteousness [to you] will be revealed. Happy is the man who does this, and the human who holds fast to it; who keeps the Shabbat, by not desecrating it, and keeps his hand from doing any evil. Let the son of the foreigner [the righteous proselyte] who adheres to the Lord not say: The Lord will surely separate me from His people; and let the eunuch not say: Indeed, I am a dry tree. For thus says the Lord concerning the eunuchs who observe My Sabbaths, who choose the things that please Me, and hold fast to My covenant — I will give to them in My house and within My walls a monument and a memorial better than sons and daughters; I will give them an everlasting memorial which shall not be cut off. And the sons of the foreigners who adhere to the Lord, to serve Him, and to love the Name of the Lord, to be His servants — every one who keeps the Shabbat by not desecrating it, and holds fast to My covenant, I will bring them to My holy mountain and make them rejoice in My house of prayer; their burnt offerings and their sacrifices shall be favorably accepted upon My altar, for My House shall be called a house of prayer for all the nations. Says the Lord God who gathers the dispersed of Israel: I will yet gather others to him besides those already gathered.

Upon concluding the Haftarah, *the* Maftir *recites the following blessings:*

בָּרוּךְ Blessed are You, Lord our God, King of the universe, Creator of all the worlds, righteous in all generations, faithful God, who says and does, who speaks and fulfills, for all His words are true and just. You are trustworthy, Lord our God, and Your words are trustworthy; not one of Your words returns unfulfilled, for You, Almighty King, are trustworthy and compassionate. Blessed are You Lord, the God who is trustworthy in all His words.

רַחֵם Have mercy on Zion, for it is the abode of our life; bring deliverance and joy to the humiliated spirit speedily in our days. Blessed are You Lord, who causes Zion to rejoice in her children.

שַׂמְּחֵנוּ Gladden us, Lord our God, with [the coming of] Your servant Elijah the Prophet, and with the kingdom of the house of David Your anointed. May he soon come and delight our heart; no stranger shall sit on his throne, nor shall others any longer inherit his glory, for You have sworn to him by Your holy Name that his light will never be extinguished. Blessed are You Lord, Shield of David.

As the Sefer Torah is returned to the Ark, the following is said:

Chazzan:

יְהַלְלוּ Let them praise the Name of the Lord, for His Name is sublimely exalted.[1]

Congregation responds:

הוֹדוֹ His radiance is upon the earth and heavens. He shall raise the glory of His people, the praise of all His pious ones, the children of Israel, the people close to Him. Praise the Lord.[2] *The Chazzan recites Half Kaddish.*

1. Psalms 148:13. 2. Ibid. 148:13-14.

בתענית צבור ועשרת ימי תשובה, בשחרית ובמנחה, בתחנון במקום אמירת א״מ אבינו אתה וכו׳ אומרים זה:

פותחין הארון

אָבִינוּ מַלְכֵּנוּ חָטָאנוּ לְפָנֶיךָ:
אָבִינוּ מַלְכֵּנוּ אֵין לָנוּ מֶלֶךְ אֶלָּא אָתָּה:
אָבִינוּ מַלְכֵּנוּ עֲשֵׂה עִמָּנוּ לְמַעַן שְׁמֶךָ:
אָבִינוּ מַלְכֵּנוּ חַדֵּשׁ (בת״צ בָּרֵךְ) עָלֵינוּ שָׁנָה טוֹבָה:
אָבִינוּ מַלְכֵּנוּ בַּטֵּל מֵעָלֵינוּ כָּל גְּזֵרוֹת קָשׁוֹת:
אָבִינוּ מַלְכֵּנוּ בַּטֵּל מַחְשְׁבוֹת שׂוֹנְאֵינוּ:
אָבִינוּ מַלְכֵּנוּ הָפֵר עֲצַת אוֹיְבֵינוּ:
אָבִינוּ מַלְכֵּנוּ כַּלֵּה כָּל־צַר וּמַסְטִין מֵעָלֵינוּ:
אָבִינוּ מַלְכֵּנוּ סְתוֹם פִּיוֹת מַסְטִינֵנוּ וּמְקַטְרִיגֵנוּ:
אָבִינוּ מַלְכֵּנוּ כַּלֵּה דֶּבֶר וְחֶרֶב וְרָעָב וּשְׁבִי וּמַשְׁחִית מִבְּנֵי בְרִיתֶךָ:
אָבִינוּ מַלְכֵּנוּ מְנַע מַגֵּפָה מִנַּחֲלָתֶךָ:
אָבִינוּ מַלְכֵּנוּ סְלַח וּמְחוֹל לְכָל־עֲוֹנוֹתֵינוּ:
אָבִינוּ מַלְכֵּנוּ מְחֵה וְהַעֲבֵר פְּשָׁעֵינוּ מִנֶּגֶד עֵינֶיךָ:
אָבִינוּ מַלְכֵּנוּ מְחוֹק בְּרַחֲמֶיךָ הָרַבִּים כָּל שִׁטְרֵי חוֹבוֹתֵינוּ:
אָבִינוּ מַלְכֵּנוּ הַחֲזִירֵנוּ בִּתְשׁוּבָה שְׁלֵמָה לְפָנֶיךָ:
אָבִינוּ מַלְכֵּנוּ שְׁלַח רְפוּאָה שְׁלֵמָה לְחוֹלֵי עַמֶּךָ:
אָבִינוּ מַלְכֵּנוּ קְרַע רוֹעַ גְּזַר דִּינֵנוּ:
אָבִינוּ מַלְכֵּנוּ זָכְרֵנוּ בְּזִכָּרוֹן טוֹב לְפָנֶיךָ:

לעשרת ימי תשובה:

אָבִינוּ מַלְכֵּנוּ כָּתְבֵנוּ בְּסֵפֶר חַיִּים טוֹבִים:
אָבִינוּ מַלְכֵּנוּ כָּתְבֵנוּ בְּסֵפֶר גְּאֻלָּה וִישׁוּעָה:
אָבִינוּ מַלְכֵּנוּ כָּתְבֵנוּ בְּסֵפֶר פַּרְנָסָה וְכַלְכָּלָה:

לתענית צבור:

אָבִינוּ מַלְכֵּנוּ זָכְרֵנוּ לְחַיִּים טוֹבִים:
אָבִינוּ מַלְכֵּנוּ זָכְרֵנוּ לִגְאֻלָּה וִישׁוּעָה:
אָבִינוּ מַלְכֵּנוּ זָכְרֵנוּ לְפַרְנָסָה וְכַלְכָּלָה:

The Ark is opened.

אָבִינוּ Our Father, our King, we have sinned before You.

Our Father, our King, we have no King but You.

Our Father, our King, act [benevolently] with us for the sake of Your Name.

Our Father, our King, renew for us (*During the Ten Days of Penitence:* bless us with) a good year.

Our Father, our King, remove from us all harsh decrees.

Our Father, our King, annul the intentions of our enemies.

Our Father, our King, foil the plans of our foes.

Our Father, our King, wipe out every oppressor and adversary from against us.

Our Father, our King, close the mouths of our adversaries and accusers.

Our Father, our King, remove pestilence, sword, famine, captivity and destruction from the members of Your covenant.

Our Father, our King, withhold the plague from Your inheritance.

Our Father, our King, pardon and forgive all our iniquities.

Our Father, our King, blot out and remove our transgressions from before Your eyes.

Our Father, our King, erase in Your abounding mercies all the records of our debts [sins].

Our Father, our King, bring us back to You in wholehearted repentance.

Our Father, our King, send a complete healing to the sick of Your people.

Our Father, our King, rend the evil [aspect] of the verdict decreed against us.

Our Father, our King, remember us with a favorable remembrance before You.

During the Ten Days of Penitence:

Our Father, our King, inscribe us in the Book of good life.

Our Father, our King, inscribe us in the Book of redemption and deliverance.

Our Father, our King, inscribe us in the Book of livelihood and sustenance.

On Public Fast Days

Our Father, our King, remember us for a good life.

Our Father, our King, remember us for redemption and deliverance.

Our Father, our King, remember us for livelihood and sustenance.

לעשרת ימי תשובה:

אָבִינוּ מַלְכֵּנוּ כָּתְבֵנוּ בְּסֵפֶר זְכֻיּוֹת:

אָבִינוּ מַלְכֵּנוּ כָּתְבֵנוּ בְּסֵפֶר סְלִיחָה וּמְחִילָה:

לתענית צבור:

אָבִינוּ מַלְכֵּנוּ זָכְרֵנוּ לִזְכֻיּוֹת:

אָבִינוּ מַלְכֵּנוּ זָכְרֵנוּ לִסְלִיחָה וּמְחִילָה:

אָבִינוּ מַלְכֵּנוּ הַצְמַח לָנוּ יְשׁוּעָה בְּקָרוֹב:
אָבִינוּ מַלְכֵּנוּ הָרֵם קֶרֶן יִשְׂרָאֵל עַמֶּךָ:
אָבִינוּ מַלְכֵּנוּ הָרֵם קֶרֶן מְשִׁיחֶךָ:
אָבִינוּ מַלְכֵּנוּ מַלֵּא יָדֵינוּ מִבִּרְכוֹתֶיךָ:
אָבִינוּ מַלְכֵּנוּ מַלֵּא אֲסָמֵינוּ שָׂבָע:
אָבִינוּ מַלְכֵּנוּ שְׁמַע קוֹלֵנוּ חוּס וְרַחֵם עָלֵינוּ:
אָבִינוּ מַלְכֵּנוּ קַבֵּל בְּרַחֲמִים וּבְרָצוֹן אֶת־תְּפִלָּתֵנוּ:
אָבִינוּ מַלְכֵּנוּ פְּתַח שַׁעֲרֵי שָׁמַיִם לִתְפִלָּתֵנוּ:
אָבִינוּ מַלְכֵּנוּ זָכוֹר כִּי עָפָר אֲנָחְנוּ:
אָבִינוּ מַלְכֵּנוּ נָא אַל־תְּשִׁיבֵנוּ רֵיקָם מִלְּפָנֶיךָ:
אָבִינוּ מַלְכֵּנוּ תְּהֵא הַשָּׁעָה הַזֹּאת שְׁעַת רַחֲמִים וְעֵת רָצוֹן מִלְּפָנֶיךָ:
אָבִינוּ מַלְכֵּנוּ חֲמוֹל עָלֵינוּ וְעַל עוֹלָלֵינוּ וְטַפֵּנוּ:
אָבִינוּ מַלְכֵּנוּ עֲשֵׂה לְמַעַן הֲרוּגִים עַל שֵׁם קָדְשֶׁךָ:
אָבִינוּ מַלְכֵּנוּ עֲשֵׂה לְמַעַן טְבוּחִים עַל יִחוּדֶךָ:
אָבִינוּ מַלְכֵּנוּ עֲשֵׂה לְמַעַן בָּאֵי בָאֵשׁ וּבַמַּיִם עַל קִדּוּשׁ שְׁמֶךָ:
אָבִינוּ מַלְכֵּנוּ נְקוֹם נִקְמַת דַּם עֲבָדֶיךָ הַשָּׁפוּךְ:
אָבִינוּ מַלְכֵּנוּ עֲשֵׂה לְמַעַנְךָ אִם לֹא לְמַעֲנֵנוּ:
אָבִינוּ מַלְכֵּנוּ עֲשֵׂה לְמַעַנְךָ וְהוֹשִׁיעֵנוּ:
אָבִינוּ מַלְכֵּנוּ עֲשֵׂה לְמַעַן רַחֲמֶיךָ הָרַבִּים:
אָבִינוּ מַלְכֵּנוּ עֲשֵׂה לְמַעַן שִׁמְךָ הַגָּדוֹל הַגִּבּוֹר וְהַנּוֹרָא שֶׁנִּקְרָא עָלֵינוּ:
אָבִינוּ מַלְכֵּנוּ חָנֵּנוּ וַעֲנֵנוּ כִּי אֵין בָּנוּ מַעֲשִׂים עֲשֵׂה עִמָּנוּ צְדָקָה וָחֶסֶד וְהוֹשִׁיעֵנוּ: סוגרין הארון.

ואנחנו לא נדע וכו׳ — תמצא לעיל ע׳ 13.

During the Ten Days of Penitence:

Our Father, our King, inscribe us in the Book of merits.

Our Father, our King, inscribe us in the Book of pardon and forgiveness.

On Public Fast Days

Our Father, our King, remember us for merits.

Our Father, our King, remember us for pardon and forgiveness.

Our Father, our King, cause deliverance to flourish for us soon.

Our Father, our King, exalt the glory of Israel Your people.

Our Father, our King, exalt the glory of Your anointed one.

Our Father, our King, fill our hands with Your blessings.

Our Father, our King, fill our storehouses with plenty.

Our Father, our King, hear our voice, have pity and compassion upon us.

Our Father, our King, accept our prayer with mercy and with favor.

Our Father, our King, open the gates of heaven to our prayer.

Our Father, our King, let it be remembered that we are but dust.

Our Father, our King, we beseech You, do not turn us away from You empty-handed.

Our Father, our King, may this hour be an hour of mercy and a time of favor before You.

Our Father, our King, have compassion upon us, and upon our infants and children.

Our Father, our King, do it for the sake of those who were slain for Your holy Name.

Our Father, our King, do it for the sake of those who were slaughtered for Your Oneness.

Our Father, our King, do it for the sake of those who went through fire and water for the sanctification of Your Name.

Our Father, our King, avenge the spilled blood of Your servants.

Our Father, our King, do it for Your sake, if not for ours.

Our Father, our King, do it for Your sake, and deliver us.

Our Father, our King, do it for the sake of Your abounding mercies.

Our Father, our King, do it for the sake of Your great, mighty and awesome Name which is proclaimed over us.

Our Father, our King, be gracious to us and answer us, for we have no meritorious deeds; deal charitably and kindly with us and deliver us.

The Ark is closed.

Continue: ואנחנו לא נדע *(We know not . . .), p. 13.*

וְהוּא רַחוּם, יְכַפֵּר עָוֹן וְלֹא יַשְׁחִית. וְהִרְבָּה לְהָשִׁיב אַפּוֹ. וְלֹא יָעִיר כָּל חֲמָתוֹ. יְיָ הוֹשִׁיעָה, הַמֶּלֶךְ יַעֲנֵנוּ בְיוֹם קָרְאֵנוּ:

שִׁיר הַמַּעֲלוֹת הִנֵּה בָּרְכוּ אֶת יְיָ כָּל עַבְדֵי יְיָ הָעֹמְדִים בְּבֵית יְיָ בַּלֵּילוֹת: שְׂאוּ יְדֵיכֶם קֹדֶשׁ וּבָרְכוּ אֶת יְיָ: יְבָרֶכְךָ יְיָ מִצִּיּוֹן עֹשֵׂה שָׁמַיִם וָאָרֶץ:

יוֹמָם יְצַוֶּה יְיָ חַסְדּוֹ וּבַלַּיְלָה שִׁירֹה עִמִּי תְּפִלָּה לְאֵל חַיָּי: וּתְשׁוּעַת צַדִּיקִים מֵיְיָ מָעוּזָּם בְּעֵת צָרָה: וַיַּעְזְרֵם יְיָ וַיְפַלְּטֵם יְפַלְּטֵם מֵרְשָׁעִים וְיוֹשִׁיעֵם כִּי חָסוּ בוֹ: יְיָ צְבָאוֹת עִמָּנוּ מִשְׂגָּב לָנוּ אֱלֹהֵי יַעֲקֹב סֶלָה ג״פ: יְיָ צְבָאוֹת אַשְׁרֵי אָדָם בֹּטֵחַ בָּךְ ג״פ: יְיָ הוֹשִׁיעָה הַמֶּלֶךְ יַעֲנֵנוּ בְיוֹם קָרְאֵנוּ ג״פ:

ש״ץ:

יִתְגַּדַּל וְיִתְקַדַּשׁ שְׁמֵהּ רַבָּא. אמן בְּעָלְמָא דִּי בְרָא כִרְעוּתֵהּ וְיַמְלִיךְ מַלְכוּתֵהּ, וְיַצְמַח פּוּרְקָנֵהּ וִיקָרֵב מְשִׁיחֵהּ. אמן בְּחַיֵּיכוֹן וּבְיוֹמֵיכוֹן וּבְחַיֵּי דְכָל בֵּית יִשְׂרָאֵל, בַּעֲגָלָא וּבִזְמַן קָרִיב וְאִמְרוּ אָמֵן: יְהֵא שְׁמֵהּ רַבָּא מְבָרַךְ לְעָלַם וּלְעָלְמֵי עָלְמַיָּא. יִתְבָּרַךְ וְיִשְׁתַּבַּח, וְיִתְפָּאַר וְיִתְרוֹמַם, וְיִתְנַשֵּׂא, וְיִתְהַדָּר וְיִתְעַלֶּה וְיִתְהַלָּל, שְׁמֵהּ דְּקֻדְשָׁא בְּרִיךְ הוּא. אמן לְעֵלָּא מִן כָּל בִּרְכָתָא וְשִׁירָתָא, תֻּשְׁבְּחָתָא, וְנֶחֱמָתָא, דַּאֲמִירָן בְּעָלְמָא, וְאִמְרוּ אָמֵן:

חזן. **בָּרְכוּ אֶת יְיָ הַמְבֹרָךְ:** קו״ח **בָּרוּךְ יְיָ הַמְבֹרָךְ לְעוֹלָם וָעֶד:** ואין עונין אחריו אמן:

בָּרוּךְ אַתָּה יְיָ אֱלֹהֵינוּ מֶלֶךְ הָעוֹלָם, אֲשֶׁר בִּדְבָרוֹ מַעֲרִיב עֲרָבִים, בְּחָכְמָה פּוֹתֵחַ שְׁעָרִים, וּבִתְבוּנָה מְשַׁנֶּה עִתִּים, וּמַחֲלִיף אֶת הַזְּמַנִּים וּמְסַדֵּר אֶת הַכּוֹכָבִים, בְּמִשְׁמְרוֹתֵיהֶם בָּרָקִיעַ, כִּרְצוֹנוֹ. בּוֹרֵא יוֹם וָלָיְלָה, גּוֹלֵל אוֹר מִפְּנֵי חֹשֶׁךְ, וְחֹשֶׁךְ מִפְּנֵי אוֹר, וּמַעֲבִיר יוֹם וּמֵבִיא לָיְלָה, וּמַבְדִּיל בֵּין יוֹם וּבֵין לָיְלָה, יְיָ צְבָאוֹת שְׁמוֹ. בָּרוּךְ אַתָּה יְיָ, הַמַּעֲרִיב עֲרָבִים:

וְהוּא He, being compassionate, pardons iniquity, and does not destroy; time and again He turns away His anger, and does not arouse all His wrath.[1] Lord, deliver us; may the King answer us on the day we call.[2]

שִׁיר A Song of Ascents. Bless the Lord, all servants of the Lord who stand in the house of the Lord at night. Raise your hands in holiness and bless the Lord. May the Lord, Maker of heaven and earth, bless you from Zion.[3] By day the Lord ordains His kindness, and at night His song is with me, a prayer to the God of my life.[4] The deliverance of the righteous is from the Lord; He is their strength in time of distress. The Lord helps them and delivers them; He delivers them from the wicked and saves them, because they have put their trust in Him.[5]

יְיָ The Lord of Hosts is with us; the God of Jacob is our stronghold forever.[6] *Say three times.*

יְיָ Lord of hosts, happy is the man who trusts in You.[7] *Say three times.*

יְיָ Lord deliver us; may the King answer us on the day we call.[8] *Say three times.*

HALF KADDISH

יִתְגַּדַּל Exalted and hallowed be His great Name (*Cong:* Amen.) throughout the world which He has created according to His will. May He establish His kingship, bring forth His redemption and hasten the coming of His *Mashiach* (*Cong:* Amen.) in your lifetime and in your days and in the lifetime of the entire House of Israel, speedily and soon, and say, Amen. (*Cong:* Amen. May His great Name be blessed forever and to all eternity. Blessed.) May His great Name be blessed forever and to all eternity. Blessed and praised, glorified, exalted and extolled, honored, adored and lauded be the Name of the Holy One, blessed be He, (*Cong:* Amen.) beyond all the blessings, hymns, praises and consolations that are uttered in the world; and say, Amen. (*Cong:* Amen.)

Chazzan:

בָּרְכוּ Bless the Lord who is blessed.

Congregation and Chazzan:

בָּרוּךְ Blessed be the Lord who is blessed for all eternity.

Amen is not responded.

בָּרוּךְ Blessed are You, Lord our God, King of the universe, who by His word causes the evenings to become dark. With wisdom He opens the [heavenly] gates; with understanding He changes the periods [of the day], varies the times, and arranges the stars in their positions in the sky according to His will. He creates day and night; He rolls away light before darkness and darkness before light; He causes the day to pass and brings on the night, and separates between day and night; the Lord of Hosts is His Name. Blessed are You Lord, who causes the evenings to become dark.

1. Ibid. 78:38. 2. Ibid. 20:10. 3. 134. 4. Ibid. 42:9. 5. Ibid. 37:39-40. 6. Ibid. 46:8. 7. Ibid. 84:13. 8. Ibid. 20:10.

אַהֲבַת עוֹלָם בֵּית יִשְׂרָאֵל עַמְּךָ אָהָבְתָּ, תּוֹרָה וּמִצְוֹת חֻקִּים וּמִשְׁפָּטִים אוֹתָנוּ לִמַּדְתָּ. עַל כֵּן יְיָ אֱלֹהֵינוּ, בְּשָׁכְבֵנוּ וּבְקוּמֵנוּ נָשִׂיחַ בְּחֻקֶּיךָ, וְנִשְׂמַח בְּדִבְרֵי תוֹרָתֶךָ וּבְמִצְוֹתֶיךָ לְעוֹלָם וָעֶד. כִּי הֵם חַיֵּינוּ וְאֹרֶךְ יָמֵינוּ, וּבָהֶם נֶהְגֶּה יוֹמָם וָלָיְלָה, וְאַהֲבָתְךָ לֹא תָסוּר (נ״א אַל תָּסִיר) מִמֶּנּוּ לְעוֹלָמִים. בָּרוּךְ אַתָּה יְיָ, אוֹהֵב עַמּוֹ יִשְׂרָאֵל:

שְׁמַע יִשְׂרָאֵל יְיָ אֱלֹהֵינוּ יְיָ | אֶחָד:

בָּרוּךְ שֵׁם כְּבוֹד מַלְכוּתוֹ לְעוֹלָם וָעֶד:

וְאָהַבְתָּ אֵת יְיָ אֱלֹהֶיךָ, בְּכָל לְבָבְךָ, וּבְכָל נַפְשְׁךָ, וּבְכָל מְאֹדֶךָ: וְהָיוּ הַדְּבָרִים הָאֵלֶּה אֲשֶׁר אָנֹכִי מְצַוְּךָ הַיּוֹם עַל לְבָבֶךָ: וְשִׁנַּנְתָּם לְבָנֶיךָ וְדִבַּרְתָּ בָּם, בְּשִׁבְתְּךָ בְּבֵיתֶךָ, וּבְלֶכְתְּךָ בַדֶּרֶךְ, וּבְשָׁכְבְּךָ, וּבְקוּמֶךָ: וּקְשַׁרְתָּם לְאוֹת עַל יָדֶךָ, וְהָיוּ לְטֹטָפֹת בֵּין עֵינֶיךָ: וּכְתַבְתָּם עַל מְזֻזוֹת בֵּיתֶךָ, וּבִשְׁעָרֶיךָ:

וְהָיָה אִם שָׁמֹעַ תִּשְׁמְעוּ אֶל מִצְוֹתַי אֲשֶׁר אָנֹכִי מְצַוֶּה אֶתְכֶם הַיּוֹם, לְאַהֲבָה אֶת יְיָ אֱלֹהֵיכֶם וּלְעָבְדוֹ, בְּכָל לְבַבְכֶם וּבְכָל נַפְשְׁכֶם: וְנָתַתִּי מְטַר אַרְצְכֶם בְּעִתּוֹ יוֹרֶה וּמַלְקוֹשׁ, וְאָסַפְתָּ דְגָנֶךָ וְתִירֹשְׁךָ וְיִצְהָרֶךָ: וְנָתַתִּי עֵשֶׂב בְּשָׂדְךָ לִבְהֶמְתֶּךָ, וְאָכַלְתָּ וְשָׂבָעְתָּ: הִשָּׁמְרוּ לָכֶם פֶּן יִפְתֶּה לְבַבְכֶם, וְסַרְתֶּם וַעֲבַדְתֶּם אֱלֹהִים אֲחֵרִים וְהִשְׁתַּחֲוִיתֶם לָהֶם: וְחָרָה אַף יְיָ בָּכֶם וְעָצַר אֶת הַשָּׁמַיִם וְלֹא יִהְיֶה מָטָר וְהָאֲדָמָה לֹא תִתֵּן אֶת יְבוּלָהּ, וַאֲבַדְתֶּם מְהֵרָה מֵעַל הָאָרֶץ הַטֹּבָה אֲשֶׁר יְיָ נֹתֵן לָכֶם: וְשַׂמְתֶּם אֶת דְּבָרַי אֵלֶּה עַל לְבַבְכֶם וְעַל נַפְשְׁכֶם וּקְשַׁרְתֶּם אֹתָם לְאוֹת עַל יֶדְכֶם וְהָיוּ לְטוֹטָפֹת בֵּין עֵינֵיכֶם: וְלִמַּדְתֶּם אֹתָם אֶת בְּנֵיכֶם לְדַבֵּר בָּם, בְּשִׁבְתְּךָ בְּבֵיתֶךָ וּבְלֶכְתְּךָ בַדֶּרֶךְ

אַהֲבַת With everlasting love have You loved the House of Israel Your people. You have taught us Torah and *mitzvot*, decrees and laws. Therefore, Lord our God, when we lie down and when we rise, we will speak of Your statutes and rejoice in the words of Your Torah and in Your *mitzvot* forever. For they are our life and the length of our days, and we will meditate on them day and night. May Your love never depart* from us. Blessed are You Lord, who loves His people Israel.

שְׁמַע Hear, O Israel, the Lord is our God, the Lord is One.[1]

בָּרוּךְ Blessed be the Name of the glory of His kingdom forever and ever.[2]

וְאָהַבְתָּ You shall love the Lord your God with all your heart, with all your soul, and with all your might. And these words which I command you today shall be upon your heart. You shall teach them thoroughly to your children, and you shall speak of them when you sit in your house and when you walk on the road, when you lie down and when you rise. You shall bind them as a sign upon your hand, and they shall be for a reminder between your eyes. And you shall write them upon the doorposts of your house and upon your gates.[3]

וְהָיָה And it will be, if you will diligently obey My commandments which I enjoin upon you this day, to love the Lord your God and to serve Him with all your heart and with all your soul, I will give rain for your land at the proper time, the early rain and the late rain, and you will gather in your grain, your wine and your oil. And I will give grass in your fields for your cattle, and you will eat and be sated. Take care lest your heart be lured away, and you turn astray and worship alien gods and bow down to them. For then the Lord's wrath will flare up against you, and He will close the heavens so that there will be no rain and the earth will not yield its produce, and you will swiftly perish from the good land which the Lord gives you. Therefore, place these words of Mine upon your heart and upon your soul, and bind them for a sign on your hand, and they shall be for a reminder between your eyes. You shall teach them to your children, to speak of them when you sit in your house and when

* Another version: May You never remove Your love from us.
1. Deuteronomy 6:4. 2. Pesachim 56a. Deuteronomy Rabbah 2:31,35,36. 3. Deuteronomy 6:5-9.

וּבְשָׁכְבְּךָ וּבְקוּמֶךָ: וּכְתַבְתָּם עַל מְזֻזוֹת בֵּיתֶךָ וּבִשְׁעָרֶיךָ: לְמַעַן יִרְבּוּ יְמֵיכֶם וִימֵי בְנֵיכֶם עַל הָאֲדָמָה אֲשֶׁר נִשְׁבַּע יְיָ לַאֲבֹתֵיכֶם לָתֵת לָהֶם, כִּימֵי הַשָּׁמַיִם עַל הָאָרֶץ:

וַיֹּאמֶר יְיָ אֶל מֹשֶׁה לֵּאמֹר: דַּבֵּר אֶל בְּנֵי יִשְׂרָאֵל וְאָמַרְתָּ אֲלֵהֶם וְעָשׂוּ לָהֶם צִיצִת עַל כַּנְפֵי בִגְדֵיהֶם לְדֹרֹתָם, וְנָתְנוּ עַל צִיצִת הַכָּנָף פְּתִיל תְּכֵלֶת: וְהָיָה לָכֶם לְצִיצִת, וּרְאִיתֶם אֹתוֹ, וּזְכַרְתֶּם אֶת כָּל מִצְוֹת יְיָ, וַעֲשִׂיתֶם אֹתָם, וְלֹא תָתוּרוּ אַחֲרֵי לְבַבְכֶם וְאַחֲרֵי עֵינֵיכֶם אֲשֶׁר אַתֶּם זֹנִים אַחֲרֵיהֶם: לְמַעַן תִּזְכְּרוּ וַעֲשִׂיתֶם אֶת כָּל מִצְוֹתָי, וִהְיִיתֶם קְדֹשִׁים לֵאלֹהֵיכֶם: אֲנִי יְיָ אֱלֹהֵיכֶם אֲשֶׁר הוֹצֵאתִי אֶתְכֶם מֵאֶרֶץ מִצְרַיִם לִהְיוֹת לָכֶם לֵאלֹהִים, אֲנִי יְיָ אֱלֹהֵיכֶם:

אֱמֶת וֶאֱמוּנָה כָּל זֹאת, וְקַיָּם עָלֵינוּ, כִּי הוּא יְיָ אֱלֹהֵינוּ וְאֵין זוּלָתוֹ, וַאֲנַחְנוּ יִשְׂרָאֵל עַמּוֹ, הַפּוֹדֵנוּ מִיַּד מְלָכִים, מַלְכֵּנוּ הַגּוֹאֲלֵנוּ מִכַּף כָּל הֶעָרִיצִים. הָאֵל הַנִּפְרָע לָנוּ מִצָּרֵינוּ, וְהַמְשַׁלֵּם גְּמוּל לְכָל אֹיְבֵי נַפְשֵׁנוּ, הָעֹשֶׂה גְדֹלוֹת עַד אֵין חֵקֶר, וְנִפְלָאוֹת עַד אֵין מִסְפָּר. הַשָּׂם נַפְשֵׁנוּ בַּחַיִּים, וְלֹא נָתַן לַמּוֹט רַגְלֵנוּ, הַמַּדְרִיכֵנוּ עַל בָּמוֹת אוֹיְבֵנוּ, וַיָּרֶם קַרְנֵנוּ עַל כָּל שׂוֹנְאֵינוּ. הָאֵל הָעֹשֶׂה לָּנוּ נְקָמָה בְּפַרְעֹה, וְאוֹתוֹת וּמוֹפְתִים בְּאַדְמַת בְּנֵי חָם. הַמַּכֶּה בְעֶבְרָתוֹ כָּל בְּכוֹרֵי מִצְרָיִם, וַיּוֹצֵא אֶת עַמּוֹ

א) איוב ט י: ב) תהלים סו ט:

you walk on the road, when you lie down and when you rise. And you shall inscribe them on the doorposts of your house and on your gates — so that your days and the days of your children may be prolonged on the land which the Lord swore to your fathers to give to them for as long as the heavens are above the earth.[1]

וַיֹּאמֶר The Lord spoke to Moses, saying: Speak to the children of Israel and tell them to make for themselves fringes on the corners of their garments throughout their generations, and to attach a thread of blue on the fringe of each corner. They shall be to you as *tzitzit*, and you shall look upon them and remember all the commandments of the Lord and fulfill them, and you will not follow after your heart and after your eyes by which you go astray — so that you may remember and fulfill all My commandments and be holy to your God. I am the Lord your God who brought you out of the Land of Egypt to be your God; I, the Lord, am your God.[2]

אֱמֶת Truth and belief is all this[3]; it is established with us that He is the Lord our God, there is no other, and that we Israel are His people. It is He who redeems us from the hand of kings; our King, who delivers us from the grip of all the tyrants; the benevolent God, who avenges us against our persecutors, and brings retribution on all our mortal enemies. He does great things beyond limit, and wonders beyond number.[4] He has kept us alive, and did not allow our feet to falter.[5] He led us upon the high places of our foes, and increased our strength over all our adversaries. He is the benevolent God who, in our behalf, brought retribution upon Pharaoh, and signs and miracles in the land of the Hamites; who, in His wrath, struck all the first-born of Egypt and

1. Deuteronomy 11:13-21. 2. Numbers 15:37-41. 3. That which we have affirmed in the *Shema*. 4. Job 9:10. 5. Psalms 66:9.

יִשְׂרָאֵל מִתּוֹכָם לְחֵרוּת עוֹלָם. הַמַּעֲבִיר בָּנָיו בֵּין גִּזְרֵי יַם סוּף, וְאֶת רוֹדְפֵיהֶם וְאֶת שׂוֹנְאֵיהֶם בִּתְהוֹמוֹת טִבַּע, וְרָאוּ בָנָיו גְּבוּרָתוֹ, שִׁבְּחוּ וְהוֹדוּ לִשְׁמוֹ. וּמַלְכוּתוֹ בְּרָצוֹן קִבְּלוּ עֲלֵיהֶם. מֹשֶׁה וּבְנֵי יִשְׂרָאֵל לְךָ עָנוּ שִׁירָה בְּשִׂמְחָה רַבָּה, וְאָמְרוּ כֻלָּם:

[א] מִי כָמֹכָה בָּאֵלִם יְיָ, מִי כָּמֹכָה נֶאְדָּר בַּקֹּדֶשׁ, נוֹרָא תְהִלֹּת עֹשֵׂה פֶלֶא: מַלְכוּתְךָ רָאוּ בָנֶיךָ, בּוֹקֵעַ יָם לִפְנֵי מֹשֶׁה, [ב] זֶה אֵלִי עָנוּ וְאָמְרוּ: יְיָ יִמְלֹךְ לְעֹלָם וָעֶד. וְנֶאֱמַר: [ג] כִּי פָדָה יְיָ אֶת יַעֲקֹב, וּגְאָלוֹ מִיַּד חָזָק מִמֶּנּוּ. בָּרוּךְ אַתָּה יְיָ, גָּאַל יִשְׂרָאֵל:

הַשְׁכִּיבֵנוּ אָבִינוּ לְשָׁלוֹם, וְהַעֲמִידֵנוּ מַלְכֵּנוּ לְחַיִּים טוֹבִים וּלְשָׁלוֹם וְתַקְּנֵנוּ בְּעֵצָה טוֹבָה מִלְּפָנֶיךָ, וְהוֹשִׁיעֵנוּ מְהֵרָה לְמַעַן שְׁמֶךָ, וּפְרוֹשׂ עָלֵינוּ סֻכַּת שְׁלוֹמֶךָ. וְהָגֵן בַּעֲדֵנוּ, וְהָסֵר מֵעָלֵינוּ: אוֹיֵב, דֶּבֶר, וְחֶרֶב, וְרָעָב, וְיָגוֹן. וְהָסֵר שָׂטָן מִלְּפָנֵינוּ וּמֵאַחֲרֵינוּ, וּבְצֵל כְּנָפֶיךָ תַּסְתִּירֵנוּ, וּשְׁמוֹר צֵאתֵנוּ וּבוֹאֵנוּ לְחַיִּים טוֹבִים

א) שמות טו יא: ב) שם שם יח: ג) ירמיה לא י:

brought out His people Israel from their midst to everlasting freedom; who led His children through the divided parts of the Sea of Reeds, and drowned their pursuers and their enemies in the depths. As His children beheld His might, they extolled and offered praise to His Name, and willingly accepted His sovereignty; Moses and the children of Israel with great joy raised their voices in song to You, and they all proclaimed:

מִי Who is like You among the supernal beings, O Lord! Who is like You, resplendent in holiness, awesome in praise, performing wonders![1] Your children beheld Your sovereignty as You split the sea before Moses. "This is my God!"[2] they exclaimed, and declared, "The Lord shall reign forever and ever."[3] And it is said: For the Lord has redeemed Jacob, and delivered him from a power mightier than he.[4] Blessed are You Lord, who has delivered Israel.

הַשְׁכִּיבֵנוּ Our Father, let us lie down in peace; our King, raise us up to a good life and peace. Improve us with Your good counsel, help us speedily for the sake of Your Name, and spread over us the shelter of Your peace. Protect us and remove from us the enemy, pestilence, sword, famine and sorrow. Remove the adversary from before us and from behind us; shelter us in the shadow of Your wings; and guard our going out and our coming in for a good life and peace

1. Exodus 15:11. 2. Ibid. 15:2. 3. Ibid. 15:18. 4. Jeremiah 31:10.

וּלְשָׁלוֹם מֵעַתָּה וְעַד עוֹלָם. כִּי אֵל שׁוֹמְרֵנוּ וּמַצִּילֵנוּ אָתָּה. בָּרוּךְ אַתָּה יְיָ, שׁוֹמֵר אֶת עַמּוֹ יִשְׂרָאֵל לָעַד:

לש״ץ חצי קדיש:

יִתְגַּדַּל וְיִתְקַדַּשׁ שְׁמֵהּ רַבָּא. אמן בְּעָלְמָא דִּי בְרָא כִרְעוּתֵהּ וְיַמְלִיךְ מַלְכוּתֵהּ, וְיַצְמַח פּוּרְקָנֵהּ וִיקָרֵב מְשִׁיחֵהּ. אמן בְּחַיֵּיכוֹן וּבְיוֹמֵיכוֹן וּבְחַיֵּי דְכָל בֵּית יִשְׂרָאֵל, בַּעֲגָלָא וּבִזְמַן קָרִיב וְאִמְרוּ אָמֵן: יְהֵא שְׁמֵהּ רַבָּא מְבָרַךְ לְעָלַם וּלְעָלְמֵי עָלְמַיָּא. יִתְבָּרַךְ וְיִשְׁתַּבַּח, וְיִתְפָּאַר וְיִתְרוֹמַם, וְיִתְנַשֵּׂא, וְיִתְהַדַּר וְיִתְעַלֶּה וְיִתְהַלָּל, שְׁמֵהּ דְּקֻדְשָׁא בְּרִיךְ הוּא. אמן לְעֵלָּא מִן כָּל בִּרְכָתָא וְשִׁירָתָא, תֻּשְׁבְּחָתָא, וְנֶחֱמָתָא, דַּאֲמִירָן בְּעָלְמָא, וְאִמְרוּ אָמֵן:

מנהג העולם לומר קודם ח״ק בחול (ברוך ה׳ לעולם אמן ואמן) ובשבת (ושמרו) וביו״ט ור״ה ויוה״כ (פסוקים אחרים מענין קדושת היום) ויש להם על מה שיסמוכו. אבל הנוהגין שלא לומר בחול ברוך ה׳ לעולם אמן ואמן מפני חשש הפסק גם בשבת (ויו״ט ור״ה ויוה״כ) אין להפסיק בפסוקים ואין להפסיק להכריז יעו״י בליל ר״ח:

אֲדֹנָי, שְׂפָתַי תִּפְתָּח וּפִי יַגִּיד תְּהִלָּתֶךָ:

בָּרוּךְ אַתָּה יְיָ אֱלֹהֵינוּ וֵאלֹהֵי אֲבוֹתֵינוּ, אֱלֹהֵי אַבְרָהָם, אֱלֹהֵי יִצְחָק, וֵאלֹהֵי יַעֲקֹב, הָאֵל הַגָּדוֹל הַגִּבּוֹר וְהַנּוֹרָא, אֵל עֶלְיוֹן גּוֹמֵל חֲסָדִים טוֹבִים, קוֹנֵה הַכֹּל, וְזוֹכֵר חַסְדֵי אָבוֹת, וּמֵבִיא גוֹאֵל לִבְנֵי בְנֵיהֶם, לְמַעַן שְׁמוֹ בְּאַהֲבָה:

בעשי״ת זָכְרֵנוּ לְחַיִּים, מֶלֶךְ חָפֵץ בַּחַיִּים, וְכָתְבֵנוּ בְּסֵפֶר הַחַיִּים, לְמַעַנְךָ אֱלֹהִים חַיִּים.

מֶלֶךְ עוֹזֵר וּמוֹשִׁיעַ וּמָגֵן. בָּרוּךְ אַתָּה יְיָ, מָגֵן אַבְרָהָם:

אַתָּה גִּבּוֹר לְעוֹלָם אֲדֹנָי, מְחַיֵּה מֵתִים אַתָּה, רַב לְהוֹשִׁיעַ.

בקיץ מוֹרִיד הַטָּל. בחורף מַשִּׁיב הָרוּחַ וּמוֹרִיד הַגֶּשֶׁם:

מְכַלְכֵּל חַיִּים בְּחֶסֶד, מְחַיֵּה מֵתִים בְּרַחֲמִים רַבִּים, סוֹמֵךְ נוֹפְלִים, וְרוֹפֵא חוֹלִים, וּמַתִּיר אֲסוּרִים, וּמְקַיֵּם אֱמוּנָתוֹ לִישֵׁנֵי עָפָר. מִי כָמוֹךָ בַּעַל גְּבוּרוֹת, וּמִי דּוֹמֶה לָּךְ מֶלֶךְ מֵמִית וּמְחַיֶּה וּמַצְמִיחַ יְשׁוּעָה:

בעשי״ת מִי כָמוֹךָ אָב הָרַחֲמָן זוֹכֵר יְצוּרָיו לְחַיִּים בְּרַחֲמִים:

וְנֶאֱמָן אַתָּה לְהַחֲיוֹת מֵתִים. בָּרוּךְ אַתָּה יְיָ, מְחַיֵּה הַמֵּתִים:

from now and for all time. For You, God, are our guardian and our deliverer. Blessed are You Lord, who guards His people Israel forever.

HALF KADDISH

יִתְגַּדַּל Exalted and hallowed be His great Name (*Cong:* Amen.) throughout the world which He has created according to His will. May He establish His kingship, bring forth His redemption and hasten the coming of His *Mashiach* (*Cong:* Amen.) in your lifetime and in your days and in the lifetime of the entire House of Israel, speedily and soon, and say, Amen. (*Cong:* Amen. May His great Name be blessed forever and to all eternity. Blessed.) May His great Name be blessed forever and to all eternity. Blessed and praised, glorified, exalted and extolled, honored, adored and lauded be the Name of the Holy One, blessed be He, (*Cong:* Amen.) beyond all the blessings, hymns, praises and consolations that are uttered in the world; and say, Amen. (*Cong:* Amen.)

It is a widespread custom, on the bais of authoritative Halachic views, to recite before Half Kaddish the section ברוך ה׳ לעולם אמן ואמן *(Blessed is the Lord...) on weekdays,* ושמרו *(And ... shall observe) on Shabbat, and the appropriate Scriptural verses on each Festival. However, those*[1] *who do not recite* ברוך ה׳ לעולם אמן ואמן *on weekdays, for it might be considered an interruption in prayer, should also not interrupt on Shabbat and Festivals with the Scriptural verses. Nor should one interrupt on Rosh Chodesh in the Maariv Prayer to announce that* יעלה ויבא *(Our God ... may there ascend) is to be recited.*

AMIDAH

אֲדֹנָי My Lord, open my lips, and my mouth shall declare Your praise.[2]

בָּרוּךְ Blessed are You, Lord our God and God of our fathers, God of Abraham, God of Isaac and God of Jacob, the great, mighty and awesome God, exalted God, who bestows bountiful kindness, who creates all things, who remembers the piety of the Patriarchs, and who, in love, brings a redeemer to their children's children, for the sake of His Name.

During the Ten Days of Penitence, add:

זָכְרֵנוּ Remember us for life, King who desires life; inscribe us in the Book of Life, for Your sake, O living God.

מֶלֶךְ O King, [You are] a helper, a savior and a shield. Blessed are You Lord, Shield of Abraham.

אַתָּה You are mighty forever, my Lord; You resurrect the dead; You are powerful to save.

In summer,[3] *say:*

מוֹרִיד He causes the dew to descend.

In winter,[3] *say:*

מַשִּׁיב He causes the wind to blow and the rain to fall.

מְכַלְכֵּל He sustains the living with lovingkindness, resurrects the dead with great mercy, supports the falling, heals the sick, releases the bound, and fulfills His trust to those who sleep in the dust. Who is like You, mighty One! And who can be compared to You, King, who brings death and restores life, and causes deliverance to spring forth!

During the Ten Days of Penitence add:

מִי Who is like You, merciful Father, who in compassion remembers His creatures for life.

וְנֶאֱמָן You are trustworthy to revive the dead. Blessed are You Lord, who revives the dead.

1. And this is our custom. 2. Psalms. 51:17. 3. See *Siddur*, p. 51, "*Shulchan Aruch HaRav,*" sections 1, 2.

אַתָּה קָדוֹשׁ וְשִׁמְךָ קָדוֹשׁ, וּקְדוֹשִׁים בְּכָל יוֹם יְהַלְלוּךָ סֶּלָה. בָּרוּךְ אַתָּה יְיָ, הָאֵל הַקָּדוֹשׁ: (בעשי״ת הַמֶּלֶךְ הַקָּדוֹשׁ):

אַתָּה חוֹנֵן לְאָדָם דַּעַת, וּמְלַמֵּד לֶאֱנוֹשׁ בִּינָה.

(שו״ע) (א) אם טעה ולא הזכיר הבדלה בחונן הדעת משלים תפלתו ולא יחזור בשביל ההבדלה הואיל וצריך עדיין לאמרה על הכוס ויהיה יוצא י״ח רק שיזהר מלעשות שום מלאכה קודם שיבדיל על הכוס או יאמר אחר תפלה המבדיל בין קודש לחול בלא ברכה ויעשה מלאכה כמ״ש בסי׳ רצ״ט ואם שכח (ועשה מלאכה באיסור או) טעם מאומה קודם שיבדיל על הכוס צריך לחזור ולהתפלל ולהבדיל בתפלה וגם על הכוס שאינו יוצא בהבדלה שעל הכוס בלבדה הואיל ואינה כהוגן שטעם (או עשה מלאכה) קודם לה: (ב) אם טעה ולא הזכיר הבדלה בתפלה ואין לו כוס בלילה וסבור שאף למחר לא יהיה לו צריך לחזור ולהתפלל מיד ולהזכיר הבדלה בתפלה אע״פ שמצפה שיהיה לו אח״כ: (ג) במה דברים אמורים כשנזכר אחר סיום תפלתו ואז צריך לחזור לראש התפלה אם כבר עקר רגליו או שכבר סיים התחנונים שרגיל לומר לאחר תפלתו כמ״ש בסימן קי״ז או אפילו אם נזכר באמצע תפלתו אלא שכבר סיים ברכת שומע תפלה ואז צריך לחזור לראש ברכת אתה חונן אבל אם נזכר קודם שסיים ברכת ש״ת יאמרה בש״ת כו׳ ואף שיש אומרים כו׳ הבדלה אין לה ענין כלל לש״ת ודבריהם עיקר ולכן מי שיש לו כוס או שמצפה שיהיה לו כוס למחר אף שנזכר קודם ש״ת לא יאמרנה בש״ת מכל מקום מי שאינו מצפה כלל לכוס למחר ויצטרך לחזור ולהתפלל יש לו לאמרה בש״ת: (ד) בכל מקום שאין צריך לחזור בשביל ששכח להזכיר הבדלה אף אם נזכר מיד שהזכיר השם שבסיום ברכת אתה חונן או מיד שסיים ברכה זו אע״פ שלא פתח עדיין בברכה שלאחריה לא יחזור לראש ברכת אתה חונן כו׳ ואם נזכר קודם שהזכיר השם יתחיל מיד אתה חוננתנו ויגמור משם על הסדר וחננו מאתך וכו׳:

במוצאי שבת ויו״ט אפילו מיו״ט לחול המועד אומרים זה:

אַתָּה חוֹנַנְתָּנוּ לְמַדַּע תּוֹרָתֶךָ, וַתְּלַמְּדֵנוּ לַעֲשׂוֹת חֻקֵּי רְצוֹנֶךָ, וַתַּבְדֵּל יְיָ אֱלֹהֵינוּ בֵּין קֹדֶשׁ לְחוֹל בֵּין אוֹר לְחֹשֶׁךְ, בֵּין יִשְׂרָאֵל לָעַמִּים, בֵּין יוֹם הַשְּׁבִיעִי לְשֵׁשֶׁת יְמֵי הַמַּעֲשֶׂה, אָבִינוּ מַלְכֵּנוּ, הָחֵל עָלֵינוּ הַיָּמִים הַבָּאִים לִקְרָאתֵנוּ לְשָׁלוֹם, חֲשׂוּכִים מִכָּל חֵטְא וּמְנֻקִּים מִכָּל עָוֹן וּמְדֻבָּקִים בְּיִרְאָתֶךָ.

כל ימות החול אומר „חננו״ ובמוצאי שבת ויום טוב אומר „וחננו״:

(וְ)חָנֵּנוּ מֵאִתְּךָ חָכְמָה בִּינָה וָדָעַת. בָּרוּךְ אַתָּה יְיָ, חוֹנֵן הַדָּעַת:

הֲשִׁיבֵנוּ אָבִינוּ לְתוֹרָתֶךָ, וְקָרְבֵנוּ מַלְכֵּנוּ לַעֲבוֹדָתֶךָ, וְהַחֲזִירֵנוּ בִּתְשׁוּבָה שְׁלֵמָה לְפָנֶיךָ. בָּרוּךְ אַתָּה יְיָ, הָרוֹצֶה בִּתְשׁוּבָה:

סְלַח לָנוּ אָבִינוּ כִּי חָטָאנוּ, מְחוֹל לָנוּ מַלְכֵּנוּ כִּי פָשָׁעְנוּ, כִּי אֵל טוֹב וְסַלָּח אָתָּה. בָּרוּךְ אַתָּה יְיָ, חַנּוּן, הַמַּרְבֶּה לִסְלוֹחַ:

אַתָּה You are holy and Your Name is holy, and holy beings praise You daily for all eternity. Blessed are You Lord, the holy God. (*During the Ten Days of Penitence, substitute:* the holy King.)

אַתָּה You graciously bestow knowledge upon man and teach mortals understanding.

Shulchan Aruch HaRav:

1. If, at the conclusion of Shabbat or of a Festival, one forgot to say in this *berachah* אתה חוננתנו (You have graciously endowed us...), he should complete *Shemoneh Esreh* and not repeat it in order to add אתה חוננתנו because he must afterwards recite *Havdalah* over the cup [of wine or certain other beverages], and thereby fulfill his obligation. However, he should be careful not to do any work until he recites *Havdalah* over the cup. Or, after *Shemoneh Esreh* he may say: ברוך המבדיל בין קודש לחול (Blessed is He who makes a distinction between sacred and profane), and then do his work. If one forgot to recite אתה חוננתנו and did something which is forbidden on Shabbat or ate before saying *Havdalah* over the cup, he is required to repeat *Shemoneh Esreh* and say אתה חוננתנו and afterwards also recite *Havdalah* over the cup. He cannot now discharge his obligation only with *Havdalah* over the cup, since he has already worked or eaten in between.

2. If one forgot to say אתה חוננתנו and he has no wine, etc., and does not expect to have any the next day either — although he expects to have it thereafter — he must repeat *Shemoneh Esreh* immediately and say אתה חוננתנו [in accordance with the following rules].

3. If one realized his omission after concluding *Shemoneh Esreh*, i.e., after he had already said יהיו לרצון (May the words of my mouth...), at the end of אלהי נצור (My God, guard...), p. 31, then he is required to repeat *Shemoneh Esreh* from the beginning. If he became aware of his omission after he had concluded the *berachah* שומע תפלה (...who hears prayer), p. 28, he should return to אתה חונן (You graciously bestow upon us...), p. 26. (If he realized his mistake before concluding שומע תפלה he should include אתה חוננתנו in the *berachah* שומע תפלה. This applies only if he has no wine, etc., over which to recite *Havdalah* and does not anticipate having any tomorrow. If, however, he has wine, etc., or expects to have the next day, even if he realized his error before concluding שומע תפלה, he should not recite אתה חוננתנו in that *berachah*.

4. Whenever one is not required to repeat *Shemoneh Esreh* because he omitted אתה חוננתנו [see sect. 1], even if he became aware of it immediately after uttering the Divine Name in the *berachah*, "Blessed are You *Lord*, who graciously bestows knowledge," or after completing this *berachah*, although he did not yet begin the next *berachah*, he should not repeat from the beginning of the *berachah* אתה חונן. But if he realized his omission before uttering the Divine Name, he should say אתה חוננתנו and continue וחננו מאתך, until the end of the *berachah*.

At the conclusion of Shabbat or of a Festival, even when the Festival is followed by Chol HaMoed, the following is said:

אַתָּה You have graciously endowed us with the ability to know Your Torah, and taught us to perform the statutes of Your will. Lord our God, You have made a distinction between sacred and profane, between light and darkness, between Israel and the nations, between the Seventh Day and the six work days. Our Father, our King, bring upon us the approaching days in peace, devoid of all sin, cleansed of all wrongdoing, and devoted to fear of You.

On weekdays say חננו *(Graciously bestow . . .). At the conclusion of Shabbat and Festivals say* וחננו *(And graciously bestow . . .).*

(וְ)חָנֵּנוּ (And) Graciously bestow upon us from You, wisdom, understanding, and knowledge. Blessed are You Lord, who graciously bestows knowledge.

הֲשִׁיבֵנוּ Cause us to return, our Father, to Your Torah; draw us near, our King, to Your service; and bring us back to You in wholehearted repentance. Blessed are You Lord, who desires penitence.

סְלַח Pardon us, our Father, for we have sinned; forgive us, our King, for we have transgressed; for You are a good and forgiving God. Blessed are You Lord, gracious One who pardons abundantly.

רְאֵה נָא בְעָנְיֵנוּ וְרִיבָה רִיבֵנוּ. וּגְאָלֵנוּ מְהֵרָה לְמַעַן שְׁמֶךָ, כִּי אֵל גּוֹאֵל חָזָק אָתָּה. בָּרוּךְ אַתָּה יְיָ, גּוֹאֵל יִשְׂרָאֵל:

רְפָאֵנוּ יְיָ וְנֵרָפֵא, הוֹשִׁיעֵנוּ וְנִוָּשֵׁעָה, כִּי תְהִלָּתֵנוּ אָתָּה, וְהַעֲלֵה אֲרוּכָה וּרְפוּאָה שְׁלֵמָה לְכָל מַכּוֹתֵינוּ, כִּי אֵל מֶלֶךְ רוֹפֵא נֶאֱמָן וְרַחֲמָן אָתָּה. בָּרוּךְ אַתָּה יְיָ, רוֹפֵא חוֹלֵי עַמּוֹ יִשְׂרָאֵל:

בָּרֵךְ עָלֵינוּ יְיָ אֱלֹהֵינוּ אֶת הַשָּׁנָה הַזֹּאת, וְאֶת כָּל מִינֵי תְבוּאָתָהּ לְטוֹבָה, וְתֵן (בקיץ בְּרָכָה) (בחורף טַל וּמָטָר לִבְרָכָה) עַל פְּנֵי הָאֲדָמָה, וְשַׂבְּעֵנוּ מִטּוּבֶךָ, וּבָרֵךְ שְׁנָתֵנוּ כַּשָּׁנִים הַטּוֹבוֹת לִבְרָכָה, כִּי אֵל טוֹב וּמֵטִיב אַתָּה וּמְבָרֵךְ הַשָּׁנִים. בָּרוּךְ אַתָּה יְיָ, מְבָרֵךְ הַשָּׁנִים:

תְּקַע בְּשׁוֹפָר גָּדוֹל לְחֵרוּתֵנוּ, וְשָׂא נֵס לְקַבֵּץ גָּלֻיּוֹתֵינוּ, וְקַבְּצֵנוּ יַחַד מֵאַרְבַּע כַּנְפוֹת הָאָרֶץ לְאַרְצֵנוּ. בָּרוּךְ אַתָּה יְיָ, מְקַבֵּץ נִדְחֵי עַמּוֹ יִשְׂרָאֵל:

הָשִׁיבָה שׁוֹפְטֵינוּ כְּבָרִאשׁוֹנָה, וְיוֹעֲצֵינוּ כְּבַתְּחִלָּה, וְהָסֵר מִמֶּנּוּ יָגוֹן וַאֲנָחָה, וּמְלוֹךְ עָלֵינוּ אַתָּה יְיָ לְבַדְּךָ בְּחֶסֶד וּבְרַחֲמִים בְּצֶדֶק וּבְמִשְׁפָּט. בָּרוּךְ אַתָּה יְיָ, מֶלֶךְ אוֹהֵב צְדָקָה וּמִשְׁפָּט: (בעשי״ת הַמֶּלֶךְ הַמִּשְׁפָּט:)

וְלַמַּלְשִׁינִים אַל־תְּהִי תִקְוָה וְכָל־הַמִּינִים וְכָל־הַזֵּדִים כְּרֶגַע יֹאבֵדוּ וְכָל אֹיְבֵי עַמְּךָ מְהֵרָה יִכָּרֵתוּ וּמַלְכוּת הָרִשְׁעָה מְהֵרָה תְעַקֵּר וּתְשַׁבֵּר וּתְמַגֵּר, וְתַכְנִיעַ בִּמְהֵרָה בְיָמֵינוּ: בָּרוּךְ אַתָּה יְהוָֹה, שֹׁבֵר אֹיְבִים וּמַכְנִיעַ זֵדִים:

רְאֵה O behold our affliction and wage our battle; redeem us speedily for the sake of Your Name, for You God are the mighty redeemer. Blessed are You Lord, Redeemer of Israel.

רְפָאֵנוּ Heal us, O Lord, and we will be healed; help us and we will be saved; for You are our praise. Grant complete cure and healing to all our wounds; for You, Almighty King, are a faithful and merciful healer. Blessed are You Lord, who heals the sick of His people Israel.

בָּרֵךְ Bless for us, Lord our God, this year and all the varieties of its produce for good; and bestow (*During the summer*[1] *season say:* blessing) (*During the winter*[1] *season say:* dew and rain for blessing) upon the face of the earth. Satisfy us from Your bounty and bless our year like other good years, for blessing; for You are a generous God who bestows goodness and blesses the years. Blessed are You Lord, who blesses the years.

תְּקַע Sound the great *shofar* for our freedom; raise a banner to gather our exiles, and bring us together from the four corners of the earth into our land. Blessed are You Lord, who gathers the dispersed of His people Israel.

הָשִׁיבָה Restore our judges as in former times, and our counsellors as of yore; remove from us sorrow and sighing, and reign over us, You alone, O Lord, with kindness and compassion, with righteousness and justice. Blessed are You Lord, King who loves righteousness and justice. (*During the Ten Days of Penitence, substitute:* the King of Judgment.)

וְלַמַּלְשִׁינִים Let there be no hope for informers, and may all the heretics and all the wicked instantly perish; may all the enemies of Your people be speedily extirpated; and may You swiftly uproot, break, crush and subdue the reign of wickedness speedily in our days. Blessed are You Lord, who crushes enemies and subdues the wicked.

1. See *Siddur*, p. 54, "*Shulchan Aruch HaRav.*"

עַל הַצַּדִּיקִים וְעַל הַחֲסִידִים וְעַל זִקְנֵי עַמְּךָ בֵּית יִשְׂרָאֵל, וְעַל פְּלֵיטַת בֵּית סוֹפְרֵיהֶם וְעַל גֵּרֵי הַצֶּדֶק וְעָלֵינוּ. יֶהֱמוּ נָא רַחֲמֶיךָ יְיָ אֱלֹהֵינוּ, וְתֵן שָׂכָר טוֹב לְכָל הַבּוֹטְחִים בְּשִׁמְךָ בֶּאֱמֶת, וְשִׂים חֶלְקֵנוּ עִמָּהֶם וּלְעוֹלָם לֹא נֵבוֹשׁ כִּי בְךָ בָּטָחְנוּ. בָּרוּךְ אַתָּה יְיָ, מִשְׁעָן וּמִבְטָח לַצַּדִּיקִים:

וְלִירוּשָׁלַיִם עִירְךָ בְּרַחֲמִים תָּשׁוּב, וְתִשְׁכּוֹן בְּתוֹכָהּ כַּאֲשֶׁר דִּבַּרְתָּ, וְכִסֵּא דָוִד עַבְדְּךָ מְהֵרָה בְּתוֹכָהּ תָּכִין, וּבְנֵה אוֹתָהּ בְּקָרוֹב בְּיָמֵינוּ בִּנְיַן עוֹלָם. בָּרוּךְ אַתָּה יְיָ, בּוֹנֵה יְרוּשָׁלָיִם:

אֶת צֶמַח דָּוִד עַבְדְּךָ מְהֵרָה תַצְמִיחַ, וְקַרְנוֹ תָּרוּם בִּישׁוּעָתֶךָ, כִּי לִישׁוּעָתְךָ קִוִּינוּ כָּל הַיּוֹם. בָּרוּךְ אַתָּה יְיָ, מַצְמִיחַ קֶרֶן יְשׁוּעָה:

שְׁמַע קוֹלֵנוּ יְיָ אֱלֹהֵינוּ, אָב הָרַחֲמָן רַחֵם עָלֵינוּ, וְקַבֵּל בְּרַחֲמִים וּבְרָצוֹן אֶת תְּפִלָּתֵנוּ. כִּי אֵל שׁוֹמֵעַ תְּפִלּוֹת וְתַחֲנוּנִים אָתָּה, וּמִלְּפָנֶיךָ מַלְכֵּנוּ רֵיקָם אַל תְּשִׁיבֵנוּ. כִּי אַתָּה שׁוֹמֵעַ תְּפִלַּת כָּל פֶּה. בָּרוּךְ אַתָּה יְיָ, שׁוֹמֵעַ תְּפִלָּה:

רְצֵה יְיָ אֱלֹהֵינוּ בְּעַמְּךָ יִשְׂרָאֵל וְלִתְפִלָּתָם שְׁעֵה וְהָשֵׁב הָעֲבוֹדָה לִדְבִיר בֵּיתֶךָ, וְאִשֵּׁי יִשְׂרָאֵל וּתְפִלָּתָם בְּאַהֲבָה תְקַבֵּל בְּרָצוֹן, וּתְהִי לְרָצוֹן תָּמִיד עֲבוֹדַת יִשְׂרָאֵל עַמֶּךָ: בראש חודש ובחול המועד אומרים כאן יעלה ויבא*

---

*) בראש חודש וחול המועד אומרים זה:

אֱלֹהֵינוּ וֵאלֹהֵי אֲבוֹתֵינוּ, יַעֲלֶה וְיָבֹא וְיַגִּיעַ, וְיֵרָאֶה וְיֵרָצֶה וְיִשָּׁמַע, וְיִפָּקֵד וְיִזָּכֵר זִכְרוֹנֵנוּ וּפִקְדוֹנֵנוּ, וְזִכְרוֹן אֲבוֹתֵינוּ, וְזִכְרוֹן

עַל May Your mercies be aroused, Lord our God, upon the righteous, upon the pious, upon the elders of Your people, the House of Israel, upon the remnant of their sages, upon the righteous proselytes and upon us. Grant ample reward to all who truly trust in Your Name, and place our lot among them; may we never be disgraced, for we have put our trust in You. Blessed are You Lord, the support and security of the righteous.

וְלִירוּשָׁלַיִם Return in mercy to Jerusalem Your city and dwell therein as You have promised; speedily establish therein the throne of David Your servant, and rebuild it, soon in our days, as an everlasting edifice. Blessed are You Lord, who rebuilds Jerusalem.

אֶת צֶמַח Speedily cause the scion of David Your servant to flourish, and increase his power by Your salvation, for we hope for Your salvation all day. Blessed are You Lord, who causes the power of salvation to flourish.

שְׁמַע Hear our voice, Lord our God; merciful Father, have compassion upon us and accept our prayers in mercy and favor, for You are God who hears prayers and supplications; do not turn us away empty-handed from You, our King, for You hear the prayer of everyone. Blessed are You Lord, who hears prayer.

רְצֵה Look with favor, Lord our God, on Your people Israel and pay heed to their prayer; restore the service to Your Sanctuary and accept with love and favor Israel's fire-offerings and prayer; and may the service of Your people Israel always find favor.

*On Rosh Chodesh and Chol HaMoed, יעלה ויבא (Our God ... may there ascend) is recited here.**

** On Rosh Chodesh and Chol HaMoed, the following is said:*

אֱלֹהֵינוּ Our God and God of our fathers, may there ascend, come and reach, be seen, accepted, and heard, recalled and remembered before You, the remembrance and recollection of us, the remembrance of our fathers, the

וְתֶחֱזֶינָה עֵינֵינוּ בְּשׁוּבְךָ לְצִיּוֹן בְּרַחֲמִים. בָּרוּךְ אַתָּה יְיָ, הַמַּחֲזִיר שְׁכִינָתוֹ לְצִיּוֹן:

מוֹדִים אֲנַחְנוּ לָךְ, שָׁאַתָּה הוּא יְיָ אֱלֹהֵינוּ וֵאלֹהֵי אֲבוֹתֵינוּ לְעוֹלָם וָעֶד, צוּר חַיֵּינוּ מָגֵן יִשְׁעֵנוּ, אַתָּה הוּא לְדוֹר וָדוֹר. נוֹדֶה לְּךָ וּנְסַפֵּר תְּהִלָּתֶךָ, עַל חַיֵּינוּ הַמְּסוּרִים בְּיָדֶךָ, וְעַל נִשְׁמוֹתֵינוּ הַפְּקוּדוֹת לָךְ, וְעַל נִסֶּיךָ שֶׁבְּכָל יוֹם עִמָּנוּ, וְעַל נִפְלְאוֹתֶיךָ וְטוֹבוֹתֶיךָ שֶׁבְּכָל עֵת, עֶרֶב וָבֹקֶר וְצָהֳרָיִם, הַטּוֹב, כִּי לֹא כָלוּ רַחֲמֶיךָ, הַמְרַחֵם, כִּי לֹא תַמּוּ חֲסָדֶיךָ, כִּי מֵעוֹלָם קִוִּינוּ לָךְ:

בחנוכה ופורים אומרים כאן ועל הנסים*

מָשִׁיחַ בֶּן דָּוִד עַבְדֶּךָ, וְזִכְרוֹן יְרוּשָׁלַיִם עִיר קָדְשֶׁךָ, וְזִכְרוֹן כָּל עַמְּךָ בֵּית יִשְׂרָאֵל לְפָנֶיךָ, לִפְלֵיטָה לְטוֹבָה, לְחֵן וּלְחֶסֶד וּלְרַחֲמִים וּלְחַיִּים טוֹבִים וּלְשָׁלוֹם בְּיוֹם לר"ח רֹאשׁ הַחֹדֶשׁ הַזֶּה. לחוה"מ פסח חַג הַמַּצּוֹת הַזֶּה. לחוה"מ סוכות חַג הַסֻּכּוֹת הַזֶּה. זָכְרֵנוּ יְיָ אֱלֹהֵינוּ בּוֹ לְטוֹבָה. וּפָקְדֵנוּ בוֹ לִבְרָכָה. וְהוֹשִׁיעֵנוּ בוֹ לְחַיִּים טוֹבִים. וּבִדְבַר יְשׁוּעָה וְרַחֲמִים, חוּס וְחָנֵּנוּ, וְרַחֵם עָלֵינוּ וְהוֹשִׁיעֵנוּ, כִּי אֵלֶיךָ עֵינֵינוּ, כִּי אֵל מֶלֶךְ חַנּוּן וְרַחוּם אָתָּה:

ותחזינה

*) בחנוכה ובפורים אומרים זה:

וְעַל הַנִּסִּים וְעַל הַפֻּרְקָן וְעַל הַגְּבוּרוֹת וְעַל הַתְּשׁוּעוֹת וְעַל הַנִּפְלָאוֹת שֶׁעָשִׂיתָ לַאֲבוֹתֵינוּ בַּיָּמִים הָהֵם בִּזְּמַן הַזֶּה:

לחנוכה

בִּימֵי מַתִּתְיָהוּ בֶּן יוֹחָנָן כֹּהֵן גָּדוֹל, חַשְׁמוֹנָאִי וּבָנָיו, כְּשֶׁעָמְדָה מַלְכוּת יָוָן הָרְשָׁעָה, עַל עַמְּךָ יִשְׂרָאֵל, לְהַשְׁכִּיחָם תּוֹרָתֶךָ וּלְהַעֲבִירָם מֵחֻקֵּי רְצוֹנֶךָ, וְאַתָּה בְּרַחֲמֶיךָ הָרַבִּים, עָמַדְתָּ לָהֶם

בעת

לפורים

בִּימֵי מָרְדְּכַי וְאֶסְתֵּר בְּשׁוּשַׁן הַבִּירָה, כְּשֶׁעָמַד עֲלֵיהֶם הָמָן הָרָשָׁע, בִּקֵּשׁ לְהַשְׁמִיד לַהֲרוֹג וּלְאַבֵּד אֶת כָּל הַיְּהוּדִים, מִנַּעַר וְעַד זָקֵן, טַף וְנָשִׁים, בְּיוֹם אֶחָד, בִּשְׁלֹשָׁה עָשָׂר לְחֹדֶשׁ שְׁנֵים

עשר

וְתֶחֱזֶינָה May our eyes behold Your return to Zion in mercy. Blessed are You Lord, who restores His Divine Presence to Zion.

מוֹדִים We thankfully acknowledge that You are the Lord our God and God of our fathers forever. You are the strength of our life, the shield of our salvation in every generation. We will give thanks to You and recount Your praise, evening, morning and noon, for our lives which are committed into Your hand, for our souls which are entrusted to You, for Your miracles which are with us daily, and for Your continual wonders and beneficences. You are the Beneficent One, for Your mercies never cease; the Merciful One, for Your kindnesses never end; for we always place our hope in You.

*On Chanukah and Purim, ועל הנסים (And ... for the miracles) is recited here.**

---

remembrance of *Mashiach* the son of David Your servant, the remembrance of Jerusalem Your holy city, and the remembrance of all Your people, the House of Israel, for deliverance, well-being, grace, kindness, mercy, good life and peace, on this day of

On Rosh Chodesh:	*On Pesach:*	*On Sukkot:*
Rosh Chodesh.	the Festival of Matzot.	the Festival of Sukkot.

Remember us on this [day], Lord our God, for good; be mindful of us on this [day] for blessing; help us on this [day] for good life. With the promise of deliverance and compassion, spare us and be gracious to us; have mercy upon us and deliver us; for our eyes are directed to You, for You, God, are a gracious and merciful King. *Continue ותחזינה, (May our eyes behold...), above.*

** On Chanukah and Purim, the following is said:*

וְעַל And [we thank You] for the miracles, for the redemption, for the mighty deeds, for the saving acts, and for the wonders which You have wrought for our ancestors in those days, at this time —

On Chanukah:

בִּימֵי In the days of Matityahu, the son of Yochanan the High Priest, the Hasmonean and his sons, when the wicked Hellenic government rose up against Your people Israel to make them forget Your Torah and violate the decrees of Your will. But You, in Your abounding mercies, stood by

On Purim:

בִּימֵי In the days of Mordechai and Esther, in Shushan the capital, when the wicked Haman rose up against them, and sought to destroy, slaughter and annihilate all the Jews, young and old, infants and women, in one day, on the thirteenth day of the twelfth month,

וְעַל כֻּלָּם יִתְבָּרַךְ וְיִתְרוֹמַם וְיִתְנַשֵּׂא שִׁמְךָ מַלְכֵּנוּ תָּמִיד לְעוֹלָם וָעֶד:

בעשי"ת וּכְתוֹב לְחַיִּים טוֹבִים כָּל בְּנֵי בְרִיתֶךָ.

וְכָל הַחַיִּים יוֹדוּךָ סֶּלָה, וִיהַלְלוּ שִׁמְךָ הַגָּדוֹל לְעוֹלָם כִּי טוֹב. הָאֵל יְשׁוּעָתֵנוּ וְעֶזְרָתֵנוּ סֶלָה הָאֵל הַטּוֹב. בָּרוּךְ אַתָּה יְיָ, הַטּוֹב שִׁמְךָ וּלְךָ נָאֶה לְהוֹדוֹת:

שִׂים שָׁלוֹם, טוֹבָה וּבְרָכָה, חַיִּים חֵן וָחֶסֶד וְרַחֲמִים, עָלֵינוּ וְעַל כָּל יִשְׂרָאֵל עַמֶּךָ. בָּרְכֵנוּ אָבִינוּ כֻּלָּנוּ כְּאֶחָד בְּאוֹר פָּנֶיךָ, כִּי בְאוֹר פָּנֶיךָ, נָתַתָּ לָנוּ יְיָ אֱלֹהֵינוּ תּוֹרַת חַיִּים וְאַהֲבַת חֶסֶד, וּצְדָקָה וּבְרָכָה וְרַחֲמִים וְחַיִּים וְשָׁלוֹם. וְטוֹב בְּעֵינֶיךָ לְבָרֵךְ אֶת עַמְּךָ יִשְׂרָאֵל, בְּכָל עֵת וּבְכָל שָׁעָה בִּשְׁלוֹמֶךָ. בעשי"ת ובספר: בָּרוּךְ אַתָּה יְיָ, הַמְבָרֵךְ אֶת עַמּוֹ יִשְׂרָאֵל בַּשָּׁלוֹם:

בעשי"ת וּבְסֵפֶר חַיִּים בְּרָכָה וְשָׁלוֹם וּפַרְנָסָה טוֹבָה, יְשׁוּעָה וְנֶחָמָה וּגְזֵרוֹת טוֹבוֹת נִזָּכֵר וְנִכָּתֵב לְפָנֶיךָ, אֲנַחְנוּ וְכָל עַמְּךָ בֵּית יִשְׂרָאֵל, לְחַיִּים טוֹבִים וּלְשָׁלוֹם. בָּרוּךְ אַתָּה יְיָ, הַמְבָרֵךְ אֶת עַמּוֹ יִשְׂרָאֵל בַּשָּׁלוֹם:

לחנוכה

בְּעֵת צָרָתָם. רַבְתָּ אֶת רִיבָם, דַּנְתָּ אֶת דִּינָם, נָקַמְתָּ אֶת נִקְמָתָם, מָסַרְתָּ גִבּוֹרִים בְּיַד חַלָּשִׁים, וְרַבִּים בְּיַד מְעַטִּים, וּטְמֵאִים בְּיַד טְהוֹרִים, וּרְשָׁעִים בְּיַד צַדִּיקִים, וְזֵדִים בְּיַד עוֹסְקֵי תוֹרָתֶךָ. וּלְךָ עָשִׂיתָ שֵׁם גָּדוֹל וְקָדוֹשׁ בְּעוֹלָמֶךָ, וּלְעַמְּךָ יִשְׂרָאֵל עָשִׂיתָ תְּשׁוּעָה גְדוֹלָה וּפֻרְקָן כְּהַיּוֹם הַזֶּה. וְאַחַר כַּךְ בָּאוּ בָנֶיךָ לִדְבִיר בֵּיתֶךָ, וּפִנּוּ אֶת הֵיכָלֶךָ, וְטִהֲרוּ אֶת מִקְדָּשֶׁךָ, וְהִדְלִיקוּ נֵרוֹת בְּחַצְרוֹת קָדְשֶׁךָ. וְקָבְעוּ שְׁמוֹנַת יְמֵי חֲנֻכָּה אֵלּוּ, לְהוֹדוֹת וּלְהַלֵּל לְשִׁמְךָ הַגָּדוֹל: ועל כלם

לפורים

עָשָׂר, הוּא חֹדֶשׁ אֲדָר וּשְׁלָלָם לָבוֹז. וְאַתָּה בְּרַחֲמֶיךָ הָרַבִּים הֵפַרְתָּ אֶת עֲצָתוֹ, וְקִלְקַלְתָּ אֶת מַחֲשַׁבְתּוֹ, וַהֲשֵׁבוֹתָ לּוֹ גְּמוּלוֹ בְּרֹאשׁוֹ. וְתָלוּ אוֹתוֹ וְאֶת בָּנָיו עַל הָעֵץ. ועל כלם

וְעַל And for all these, may Your Name, our King, be continually blessed, exalted and extolled forever and all time.

During the Ten Days of Penitence add:

וּכְתוֹב Inscribe all the children of Your Covenant for a good life.

וְכֹל And all living things shall forever thank You, and praise Your great Name eternally, for You are good. God, You are our everlasting salvation and help, O benevolent God. Blessed are You Lord, Beneficent is Your Name, and to You it is fitting to offer thanks.

שִׂים Bestow peace, goodness and blessing, life, graciousness, kindness and mercy, upon us and upon all Your people Israel. Bless us, our Father, all of us as one, with the light of Your countenance. For by the light of Your countenance You gave us, Lord our God, the Torah of life and loving-kindness, righteousness, blessing, mercy, life and peace. May it be favorable in Your eyes to bless Your people Israel, at all times and at every moment, with Your peace.

During the Ten Days of Penitence, add:

וּבְסֵפֶר And in the Book of life, blessing, peace and prosperity, deliverance, consolation and favorable decrees, may we and all Your people the House of Israel be remembered and inscribed before You for a happy life and for peace.

בָּרוּךְ Blessed are You Lord, who blesses His people Israel with peace.

On Chanukah:

them in the time of their distress. You waged their battles, defended their rights and avenged the wrong done to them. You delivered the mighty into the hands of the weak, the many into the hands of the few, the impure into the hands of the pure, the wicked into the hands of the righteous, and the wanton sinners into the hands of those who occupy themselves with Your Torah. You made a great and holy name for Yourself in Your world, and effected a great deliverance and redemption for Your people to this very day. Then Your children entered the shrine of Your House, cleansed Your Temple, purified Your Sanctuary, kindled lights in Your holy courtyards, and instituted these eight days of Chanukah to give thanks and praise to Your great Name.

Continue ועל כולם *(And for all these...), above.*

On Purim:

the month of Adar, and to take their spoil for plunder. But You, in Your abounding mercies, foiled his counsel and frustrated his intention, and caused the evil he planned — to recoil on his own head, and they hanged him and his sons upon the gallows.

Continue ועל כולם *(And for all these...), above.*

יִהְיוּ לְרָצוֹן אִמְרֵי פִי וְהֶגְיוֹן לִבִּי לְפָנֶיךָ. יְיָ צוּרִי וְגוֹאֲלִי:

אֱלֹהַי, נְצוֹר לְשׁוֹנִי מֵרָע, וּשְׂפָתַי מִדַּבֵּר מִרְמָה, וְלִמְקַלְלַי, נַפְשִׁי תִדּוֹם, וְנַפְשִׁי כֶּעָפָר לַכֹּל תִּהְיֶה, פְּתַח לִבִּי בְּתוֹרָתֶךָ, וּבְמִצְוֹתֶיךָ תִּרְדּוֹף נַפְשִׁי, וְכָל הַחוֹשְׁבִים עָלַי רָעָה, מְהֵרָה הָפֵר עֲצָתָם וְקַלְקֵל מַחֲשַׁבְתָּם. יִהְיוּ כְּמוֹץ לִפְנֵי רוּחַ וּמַלְאַךְ יְיָ דּוֹחֶה. לְמַעַן יֵחָלְצוּן יְדִידֶיךָ, הוֹשִׁיעָה יְמִינְךָ וַעֲנֵנִי. עֲשֵׂה לְמַעַן שְׁמֶךָ, עֲשֵׂה לְמַעַן יְמִינֶךָ, עֲשֵׂה לְמַעַן תּוֹרָתֶךָ, עֲשֵׂה לְמַעַן קְדֻשָּׁתֶךָ, יִהְיוּ לְרָצוֹן אִמְרֵי פִי, וְהֶגְיוֹן לִבִּי, לְפָנֶיךָ, יְיָ צוּרִי וְגוֹאֲלִי: עֹשֶׂה שָׁלוֹם (בעשי״ת הַשָּׁלוֹם) בִּמְרוֹמָיו, הוּא יַעֲשֶׂה שָׁלוֹם עָלֵינוּ, וְעַל כָּל יִשְׂרָאֵל, וְאִמְרוּ אָמֵן:

יְהִי רָצוֹן מִלְּפָנֶיךָ, יְיָ אֱלֹהֵינוּ וֵאלֹהֵי אֲבוֹתֵינוּ, שֶׁיִּבָּנֶה בֵּית הַמִּקְדָּשׁ בִּמְהֵרָה בְיָמֵינוּ, וְתֵן חֶלְקֵנוּ בְּתוֹרָתֶךָ: הש״ץ אומר קדיש שלם. (ספירת העומר) עלינו. ק״י.

במוצאי שבת אומר הש״ץ חצי קדיש ואח״כ אומרים ויהי נעם. ואם חל יו״ט בזה השבוע אין אומרים ויהי נעם ואתה קדוש. ואם חל ט״ב במוצש״ק א״א ויהי נעם ולא ויתן לך.

ש״ץ:

יִתְגַּדַּל וְיִתְקַדַּשׁ שְׁמֵהּ רַבָּא. אמן בְּעָלְמָא דִּי בְרָא כִרְעוּתֵהּ וְיַמְלִיךְ מַלְכוּתֵהּ, וְיַצְמַח פּוּרְקָנֵהּ וִיקָרֵב מְשִׁיחֵהּ. אמן בְּחַיֵּיכוֹן וּבְיוֹמֵיכוֹן וּבְחַיֵּי דְכָל בֵּית יִשְׂרָאֵל, בַּעֲגָלָא וּבִזְמַן קָרִיב וְאִמְרוּ אָמֵן: יְהֵא שְׁמֵהּ רַבָּא מְבָרַךְ לְעָלַם וּלְעָלְמֵי עָלְמַיָּא. יִתְבָּרַךְ וְיִשְׁתַּבַּח, וְיִתְפָּאַר וְיִתְרוֹמַם, וְיִתְנַשֵּׂא, וְיִתְהַדָּר וְיִתְעַלֶּה וְיִתְהַלָּל, שְׁמֵהּ דְּקֻדְשָׁא בְּרִיךְ הוּא. אמן לְעֵלָּא מִן כָּל בִּרְכָתָא וְשִׁירָתָא, תֻּשְׁבְּחָתָא, וְנֶחֱמָתָא, דַּאֲמִירָן בְּעָלְמָא, וְאִמְרוּ אָמֵן:

תִּתְקַבַּל צְלוֹתְהוֹן וּבָעוּתְהוֹן דְּכָל בֵּית יִשְׂרָאֵל, קֳדָם אֲבוּהוֹן דִּי בִשְׁמַיָּא, וְאִמְרוּ אָמֵן:

יְהֵא שְׁלָמָא רַבָּא מִן שְׁמַיָּא וְחַיִּים טוֹבִים עָלֵינוּ וְעַל כָּל יִשְׂרָאֵל וְאִמְרוּ אָמֵן:

עֹשֶׂה שָׁלוֹם (בעשי״ת הַשָּׁלוֹם) בִּמְרוֹמָיו, הוּא יַעֲשֶׂה שָׁלוֹם עָלֵינוּ וְעַל כָּל יִשְׂרָאֵל וְאִמְרוּ אָמֵן:

וִיהִי נֹעַם אֲדֹנָי אֱלֹהֵינוּ עָלֵינוּ, וּמַעֲשֵׂה יָדֵינוּ כּוֹנְנָה עָלֵינוּ, וּמַעֲשֵׂה יָדֵינוּ כּוֹנְנֵהוּ:

ישֵׁב בְּסֵתֶר עֶלְיוֹן, בְּצֵל שַׁדַּי יִתְלוֹנָן: אֹמַר לַיְיָ מַחְסִי וּמְצוּדָתִי, אֱלֹהַי אֶבְטַח בּוֹ: כִּי הוּא יַצִּילְךָ מִפַּח יָקוּשׁ, מִדֶּבֶר הַוּוֹת:

א) תהלים צ יז: ב) שם צא:

יִהְיוּ May the words of my mouth and the meditation of my heart be acceptable before You, Lord, my Strength and my Redeemer.[1]

אֱלֹהַי My God, guard my tongue from evil and my lips from speaking deceitfully. Let my soul be silent to those who curse me; let my soul be as dust to all. Open my heart to Your Torah, and let my soul eagerly pursue Your commandments. As for all those who plot evil against me, hasten to annul their counsel and frustrate their design. Let them be as chaff before the wind; let the angel of the Lord thrust them away.[2] That Your beloved ones may be delivered, help with Your right hand and answer me.[3] Do it for the sake of Your Name; do it for the sake of Your right hand; do it for the sake of Your Torah; do it for the sake of Your holiness. May the words of my mouth and the meditation of my heart be acceptable before You, Lord, my Strength and my Redeemer.[1] He who makes peace (*During the Ten Days of Penitence, say:* the peace) in His heavens, may He make peace for us and for all Israel; and say, Amen.

יְהִי May it be Your will, Lord our God and God of our fathers, that the Bet Hamikdash be speedily rebuilt in our days, and grant us our portion in Your Torah.[4]

The Chazzan recites Complete Kaddish. Between Pesach and Shavuot, Sefirat HaOmer, *p. 34, is said here. Continue:* עלינו *(It is incumbent...), p. 33, and Mourner's Kaddish.*

On Saturday night, the Chazzan says Half Kaddish and then ויהי נועם *(May the pleasantness...) and* ואתה קדוש *(And You, Holy One...), which follow are recited. If a Festival occurs on a weekday in the coming week, these two prayers are not said. If Tishah b'Av begins on Saturday night, these two prayers, as well as* ויתן לך *(May God give you...), p. 39, are omitted.*

COMPLETE KADDISH:

יִתְגַּדַּל Exalted and hallowed be His great Name (*Cong:* Amen.) throughout the world which He has created according to His will. May He establish His kingship, bring forth His redemption and hasten the coming of His *Mashiach* (*Cong:* Amen.) in your lifetime and in your days and in the lifetime of the entire House of Israel, speedily and soon, and say, Amen. (*Cong:* Amen. May His great Name be blessed forever and to all eternity. Blessed.) May His great Name be blessed forever and to all eternity. Blessed and praised, glorified, exalted and extolled, honored, adored and lauded be the Name of the Holy One, blessed be He, (*Cong:* Amen.) beyond all the blessings, hymns, praises and consolations that are uttered in the world; and say, Amen. (*Cong:* Amen.)

May the prayers and supplications of the entire House of Israel be accepted before their Father in heaven; and say, Amen. (*Cong:* Amen.)

May there be abundant peace from heaven, and a good life for us and for all Israel; and say, Amen. (*Cong:* Amen.)

He who makes peace (*During the Ten Days of Penitence say:* the peace) in His heavens, may He make peace for us and for all Israel; and say, Amen. (*Cong:* Amen.)

וִיהִי May the pleasantness of the Lord our God be upon us; establish for us the work of our hands; establish the work of our hands.[5]

יֹשֵׁב You who dwells in the shelter of the Most High, who abides in the shadow of the Omnipotent, I say [to you] of the Lord who is my refuge and my stronghold, my God in whom I trust, that He will save you from the ensnaring trap, from the

1. Psalms 19:15. 2. Ibid. 35:5. 3. Ibid. 60:7; 108:7. 4. Pirke Avot 5:20. 5. Psalms 90:17.

בְּאֶבְרָתוֹ יָסֶךְ לָךְ וְתַחַת כְּנָפָיו תֶּחְסֶה, צִנָּה וְסֹחֵרָה אֲמִתּוֹ: לֹא תִירָא מִפַּחַד לָיְלָה, מֵחֵץ יָעוּף יוֹמָם: מִדֶּבֶר בָּאֹפֶל יַהֲלֹךְ, מִקֶּטֶב יָשׁוּד צָהֳרָיִם: יִפֹּל מִצִּדְּךָ אֶלֶף וּרְבָבָה מִימִינֶךָ, אֵלֶיךָ לֹא יִגָּשׁ: רַק בְּעֵינֶיךָ תַבִּיט, וְשִׁלֻּמַת רְשָׁעִים תִּרְאֶה: כִּי אַתָּה יְיָ מַחְסִי, עֶלְיוֹן שַׂמְתָּ מְעוֹנֶךָ: לֹא תְאֻנֶּה אֵלֶיךָ רָעָה, וְנֶגַע לֹא יִקְרַב בְּאָהֳלֶךָ: כִּי מַלְאָכָיו יְצַוֶּה לָּךְ, לִשְׁמָרְךָ בְּכָל דְּרָכֶיךָ: עַל כַּפַּיִם יִשָּׂאוּנְךָ, פֶּן תִּגֹּף בָּאֶבֶן רַגְלֶךָ: עַל שַׁחַל וָפֶתֶן תִּדְרֹךְ, תִּרְמֹס כְּפִיר וְתַנִּין: כִּי בִי חָשַׁק וַאֲפַלְּטֵהוּ, אֲשַׂגְּבֵהוּ כִּי יָדַע שְׁמִי: יִקְרָאֵנִי וְאֶעֱנֵהוּ, עִמּוֹ אָנֹכִי בְצָרָה, אֲחַלְּצֵהוּ וַאֲכַבְּדֵהוּ: אֹרֶךְ יָמִים אַשְׂבִּיעֵהוּ, וְאַרְאֵהוּ בִּישׁוּעָתִי ארך:

וְאַתָּה קָדוֹשׁ, יוֹשֵׁב תְּהִלּוֹת יִשְׂרָאֵל: וְקָרָא זֶה אֶל זֶה וְאָמַר, קָדוֹשׁ קָדוֹשׁ קָדוֹשׁ יְיָ צְבָאוֹת, מְלֹא כָל הָאָרֶץ כְּבוֹדוֹ. וּמְקַבְּלִין דֵּין מִן דֵּין, וְאָמְרִין קַדִּישׁ בִּשְׁמֵי מְרוֹמָא עִלָּאָה בֵּית שְׁכִינְתֵּהּ, קַדִּישׁ עַל אַרְעָא עוֹבַד גְּבוּרְתֵּהּ, קַדִּישׁ לְעָלַם וּלְעָלְמֵי עָלְמַיָּא. יְיָ צְבָאוֹת, מַלְיָא כָל אַרְעָא זִיו יְקָרֵהּ. וַתִּשָּׂאֵנִי רוּחַ, וָאֶשְׁמַע אַחֲרַי, קוֹל רַעַשׁ גָּדוֹל, בָּרוּךְ כְּבוֹד יְיָ מִמְּקוֹמוֹ. וּנְטָלַתְנִי רוּחָא, וּשְׁמָעִית בַּתְרַי קָל זִיעַ סַגִּיא דִּמְשַׁבְּחִין וְאָמְרִין: בְּרִיךְ יְקָרָא דַייָ מֵאֲתַר בֵּית שְׁכִינְתֵּהּ. יְיָ יִמְלֹךְ לְעֹלָם וָעֶד. יְיָ מַלְכוּתֵהּ קָאֵם לְעָלַם וּלְעָלְמֵי עָלְמַיָּא. יְיָ אֱלֹהֵי אַבְרָהָם יִצְחָק וְיִשְׂרָאֵל אֲבוֹתֵינוּ, שָׁמְרָה זֹּאת לְעוֹלָם, לְיֵצֶר מַחְשְׁבוֹת לְבַב עַמֶּךָ, וְהָכֵן לְבָבָם אֵלֶיךָ. וְהוּא רַחוּם, יְכַפֵּר עָוֹן וְלֹא יַשְׁחִית, וְהִרְבָּה לְהָשִׁיב אַפּוֹ, וְלֹא יָעִיר כָּל חֲמָתוֹ. כִּי אַתָּה אֲדֹנָי טוֹב וְסַלָּח, וְרַב חֶסֶד לְכָל קֹרְאֶיךָ. צִדְקָתְךָ צֶדֶק לְעוֹלָם, וְתוֹרָתְךָ אֱמֶת. תִּתֵּן אֱמֶת לְיַעֲקֹב, חֶסֶד לְאַבְרָהָם, אֲשֶׁר נִשְׁבַּעְתָּ לַאֲבֹתֵינוּ מִימֵי קֶדֶם. בָּרוּךְ אֲדֹנָי יוֹם יוֹם יַעֲמָס לָנוּ, הָאֵל יְשׁוּעָתֵנוּ סֶלָה. יְיָ צְבָאוֹת עִמָּנוּ, מִשְׂגָּב לָנוּ, אֱלֹהֵי יַעֲקֹב סֶלָה. יְיָ צְבָאוֹת, אַשְׁרֵי אָדָם בֹּטֵחַ בָּךְ. יְיָ הוֹשִׁיעָה, הַמֶּלֶךְ יַעֲנֵנוּ בְיוֹם קָרְאֵנוּ. בָּרוּךְ הוּא אֱלֹהֵינוּ, שֶׁבְּרָאָנוּ לִכְבוֹדוֹ, וְהִבְדִּילָנוּ מִן הַתּוֹעִים, וְנָתַן לָנוּ תּוֹרַת אֱמֶת, וְחַיֵּי עוֹלָם נָטַע בְּתוֹכֵנוּ. הוּא יִפְתַּח לִבֵּנוּ בְּתוֹרָתוֹ, וְיָשֵׂם בְּלִבֵּנוּ אַהֲבָתוֹ וְיִרְאָתוֹ, וְלַעֲשׂוֹת רְצוֹנוֹ וּלְעָבְדוֹ בְּלֵבָב שָׁלֵם. לְמַעַן לֹא נִיגַע לָרִיק, וְלֹא נֵלֵד לַבֶּהָלָה. וּבְכֵן יְהִי רָצוֹן מִלְּפָנֶיךָ יְיָ אֱלֹהֵינוּ וֵאלֹהֵי אֲבוֹתֵינוּ, שֶׁנִּשְׁמֹר חֻקֶּיךָ בָּעוֹלָם הַזֶּה, וְנִזְכֶּה וְנִחְיֶה וְנִרְאֶה, וְנִירַשׁ טוֹבָה וּבְרָכָה, לִשְׁנֵי יְמוֹת הַמָּשִׁיחַ וּלְחַיֵּי הָעוֹלָם הַבָּא. לְמַעַן יְזַמֶּרְךָ כָבוֹד וְלֹא יִדֹּם, יְיָ אֱלֹהַי לְעוֹלָם אוֹדֶךָּ. בָּרוּךְ הַגֶּבֶר אֲשֶׁר יִבְטַח בַּייָ, וְהָיָה יְיָ מִבְטַחוֹ. בִּטְחוּ בַייָ עֲדֵי עַד, כִּי בְּיָהּ יְיָ צוּר עוֹלָמִים. וְיִבְטְחוּ בְךָ יוֹדְעֵי שְׁמֶךָ, כִּי לֹא עָזַבְתָּ דֹּרְשֶׁיךָ יְיָ. יְיָ חָפֵץ לְמַעַן צִדְקוֹ, יַגְדִּיל תּוֹרָה וְיַאְדִּיר:

השׁ״ץ אומר קדיש שלם. (ספירת העומר תמצא לקמן ע׳ 35).

destructive pestilence. He will cover you with His pinions and you will find refuge under His wings; His truth is a shield and an armor. You will not fear the terror of the night, nor the arrow that flies by day, the pestilence that prowls in the darkness, nor the destruction that ravages at noon. A thousand may fall at your [left] side, and ten thousand at your right, but it shall not reach you. You need only look with your eyes, and you will see the retribution of the wicked. Because you [have said,] "The Lord is my shelter," and you have made the Most High your haven, no evil will befall you, no plague will come near your tent. For He will instruct His angels in your behalf, to guard you in all your ways. They will carry you in their hands, lest you hurt your foot on a rock. You will tread upon the lion and the viper; you will trample upon the young lion and the serpent. Because he desires Me, I will deliver him; I will fortify him for he knows My Name. When he calls on Me, I will answer him; I am with him in distress. I will deliver him and honor him. I will satiate him with long life, and show him My deliverance.[1]

וְאַתָּה And You, holy One, are enthroned upon the praises of Israel.[2] And [the angels] call to one another and say, "Holy, holy, holy is the Lord of hosts; the whole earth is full of His glory."[3] And they receive [sanction] one from the other, and say, "Holy in the loftiest, most sublime heavens, the abode of His Divine Presence; holy upon earth, the work of His might; holy forever and to all eternity — is the Lord of hosts, the whole earth is filled with the radiance of His glory."[4] And a wind lifted me, and I heard behind me a great, roaring sound, "Blessed be the glory of the Lord from its place."[5] And a wind lifted me, and I heard behind me a mighty thunderous sound of those who utter praises and say, "Blessed be the glory of the Lord from the place, the abode of His Divine Presence."[4] The Lord will reign forever and ever.[6] The sovereignty of the Lord is established forever and to all eternity.[7] Lord, God of Abraham, Isaac and Israel our fathers, keep this forever as the desire, the intention, of the hearts of Your people, and turn their hearts to You.[8] And He, being compassionate, pardons iniquity and does not destroy; time and again He turns away His anger, and does not arouse all His wrath.[9] For You, my Lord, are good and forgiving, and abounding in kindness to all who call upon You.[10] Your righteousness is everlasting righteousness; Your Torah is truth.[11] You grant truth to Jacob, kindness to Abraham, as You have sworn to our fathers from the days of yore.[12] Blessed is the Lord who each day loads us [with beneficence], the God who is our deliverance forever.[13] The Lord of hosts is with us; the God of Jacob is our eternal stronghold.[14] Lord of hosts, happy is the man who trusts in You.[15] Lord, deliver us; may the King answer us on the day we call.[16] Blessed is He, our God, who has created us for His glory, and has set us apart from those who go astray, and has given us the Torah of truth and implanted within us eternal life. May He open our heart to His Torah, instill in our heart love and awe of Him, and [inspire us] to do His will and serve Him with a perfect heart, so that we shall not labor in vain, nor produce [that which will cause] dismay. And so, may it be Your will, Lord our God and God of our fathers, that we observe Your statutes in this world, and merit to live, to behold, and to inherit the goodness and blessing of the Messianic era and the life of the World to Come. Therefore my soul shall sing to You, and not be silent; Lord my God, I will praise You forever.[17] Blessed is the man who trusts in the Lord, and the Lord will be his security.[18] Trust in the Lord forever and ever, for in God the Lord is the strength of the worlds.[19] Those who know Your Name put their trust in You, for You, Lord have not abandoned those who seek You.[20] The Lord desired, for the sake of his [Israel's] righteousness, to make the Torah great and glorious.[21]

The Chazzan recites Complete Kaddish, *p. 31.* *Between Pesach and Shavuot,* Sefirat HaOmer, *p. 34,* *is said here.*

1. Ibid. 91. 2. Psalms 22:4. 3. Isaiah 6:3. 4. This sentence is the paraphrase of the preceding Scriptural verse in Targum Yonatan. 5. Ezekiel 3:12. 6. Exodus 15:18. 7. This sentence is the paraphrase of the preceding Biblical verse in Targum Onkelos. 8. I Chronicles 29:18. 9. Psalms 78:38. 10. Ibid. 86:5. 11. Ibid. 119:142. 12. Micah 7:20. 13. Psalms 68:20. 14. Ibid. 46:8. 15. Ibid. 84:13. 16. Ibid. 20:10. 17. Ibid. 30:13. 18. Jeremiah 17:7. 19. Isaiah 26:4. 20. Psalms 9:11. 21. Isaiah 42:21.

עָלֵינוּ לְשַׁבֵּחַ לַאֲדוֹן הַכֹּל, לָתֵת גְּדֻלָּה לְיוֹצֵר בְּרֵאשִׁית, שֶׁלֹּא עָשָׂנוּ כְּגוֹיֵי הָאֲרָצוֹת, וְלֹא שָׂמָנוּ כְּמִשְׁפְּחוֹת הָאֲדָמָה, שֶׁלֹּא שָׂם חֶלְקֵנוּ כָּהֶם, וְגֹרָלֵנוּ כְּכָל הֲמוֹנָם שֶׁהֵם מִשְׁתַּחֲוִים לְהֶבֶל וָרִיק. וַאֲנַחְנוּ כּוֹרְעִים וּמִשְׁתַּחֲוִים וּמוֹדִים, לִפְנֵי מֶלֶךְ, מַלְכֵי הַמְּלָכִים, הַקָּדוֹשׁ, בָּרוּךְ הוּא. שֶׁהוּא נוֹטֶה שָׁמַיִם וְיוֹסֵד אָרֶץ, וּמוֹשַׁב יְקָרוֹ בַּשָּׁמַיִם מִמַּעַל, וּשְׁכִינַת עֻזּוֹ בְּגָבְהֵי מְרוֹמִים, הוּא אֱלֹהֵינוּ אֵין עוֹד. אֱמֶת מַלְכֵּנוּ, אֶפֶס זוּלָתוֹ, כַּכָּתוּב בְּתוֹרָתוֹ: וְיָדַעְתָּ הַיּוֹם וַהֲשֵׁבֹתָ אֶל לְבָבֶךָ, כִּי יְיָ הוּא הָאֱלֹהִים בַּשָּׁמַיִם מִמַּעַל, וְעַל הָאָרֶץ מִתָּחַת, אֵין עוֹד:

וְעַל־כֵּן נְקַוֶּה לְךָ יְהוָֹה אֱלֹהֵינוּ לִרְאוֹת מְהֵרָה בְּתִפְאֶרֶת עֻזֶּךָ לְהַעֲבִיר גִּלּוּלִים מִן הָאָרֶץ וְהָאֱלִילִים כָּרוֹת יִכָּרֵתוּן לְתַקֵּן עוֹלָם בְּמַלְכוּת שַׁדַּי וְכָל־בְּנֵי־בָשָׂר יִקְרְאוּ בִשְׁמֶךָ לְהַפְנוֹת אֵלֶיךָ כָּל־רִשְׁעֵי אָרֶץ ׳ יַכִּירוּ וְיֵדְעוּ כָּל־יוֹשְׁבֵי תֵבֵל כִּי לְךָ תִּכְרַע כָּל־בֶּרֶךְ תִּשָּׁבַע כָּל־לָשׁוֹן ׳ לְפָנֶיךָ יְהוָֹה אֱלֹהֵינוּ יִכְרְעוּ וְיִפֹּלוּ וְלִכְבוֹד שִׁמְךָ יְקָר יִתֵּנוּ ׳ וִיקַבְּלוּ כֻלָּם עֲלֵיהֶם אֶת־עֹל מַלְכוּתֶךָ ׳ וְתִמְלוֹךְ עֲלֵיהֶם מְהֵרָה לְעוֹלָם וָעֶד ׳ כִּי הַמַּלְכוּת שֶׁלְּךָ הִיא וּלְעוֹלְמֵי עַד תִּמְלוֹךְ בְּכָבוֹד כַּכָּתוּב בְּתוֹרָתֶךָ יְהוָֹה יִמְלֹךְ לְעֹלָם וָעֶד: וְנֶאֱמַר וְהָיָה יְהוָֹה לְמֶלֶךְ עַל־כָּל־הָאָרֶץ בַּיּוֹם הַהוּא יִהְיֶה יְהוָֹה אֶחָד וּשְׁמוֹ אֶחָד:

קדיש יתום:

יִתְגַּדַּל וְיִתְקַדַּשׁ שְׁמֵהּ רַבָּא. אמן בְּעָלְמָא דִּי בְרָא כִרְעוּתֵהּ וְיַמְלִיךְ מַלְכוּתֵהּ, וְיַצְמַח פּוּרְקָנֵהּ וִיקָרֵב מְשִׁיחֵהּ. אמן בְּחַיֵּיכוֹן וּבְיוֹמֵיכוֹן וּבְחַיֵּי דְכָל בֵּית יִשְׂרָאֵל, בַּעֲגָלָא וּבִזְמַן קָרִיב וְאִמְרוּ אָמֵן: יְהֵא שְׁמֵהּ רַבָּא מְבָרַךְ לְעָלַם וּלְעָלְמֵי עָלְמַיָּא. יִתְבָּרַךְ וְיִשְׁתַּבַּח, וְיִתְפָּאַר וְיִתְרוֹמַם, וְיִתְנַשֵּׂא,

עָלֵינוּ It is incumbent upon us to praise the Master of all things, to exalt the Creator of all existence, that He has not made us like the nations of the world, nor caused us to be like the families of the earth; that He has not assigned us a portion like theirs, nor a lot like that of all their multitudes, for they bow to vanity and nothingness. But we bend the knee, bow down, and offer praise before the supreme King of kings, the Holy One, blessed be He, who stretches forth the heavens and establishes the earth, the seat of whose glory is in the heavens above and the abode of whose majesty is in the loftiest heights. He is our God; there is none else. Truly, He is our King; there is nothing besides Him, as it is written in His Torah: Know this day and take unto your heart that the Lord is God; in the heavens above and upon the earth below there is nothing else.[1]

וְעַל And therefore we hope to You, Lord our God, that we may speedily behold the splendor of Your might, to banish idolatry from the earth — and false gods will be utterly destroyed; to perfect the world under the sovereignty of the Almighty. All mankind shall invoke Your Name, to turn to You all the wicked of the earth. Then all the inhabitants of the world will recognize and know that every knee should bend to You, every tongue should swear [by Your Name]. Before You, Lord our God, they will bow and prostrate themselves, and give honor to the glory of Your Name; and they will all take upon themselves the yoke of Your kingdom. May You soon reign over them forever and ever, for Kingship is Yours, and to all eternity You will reign in glory, as it is written in Your Torah: The Lord will reign forever and ever.[2] And it is said: The Lord shall be King over the entire earth; on that day the Lord shall be One and His Name One.[3]

MOURNER'S KADDISH

יִתְגַּדַּל Exalted and hallowed be His great Name (*Cong:* Amen.) throughout the world which He has created according to His will. May He establish His kingship, bring forth His redemption and hasten the coming of His *Mashiach* (*Cong:* Amen.) in your lifetime and in your days and in the lifetime of the entire House of Israel, speedily and soon, and say, Amen. (*Cong:* Amen. May His great Name be blessed forever and to all eternity. Blessed.) May His great Name be blessed forever and to all eternity. Blessed and praised, glorified, exalted and extolled,

1. Deuteronomy 4:39. See supra, p. 14, note 4. 2. Exodus 15:18. 3. Zechariah 14:9.

וְיִתְהַדַּר וְיִתְעַלֶּה וְיִתְהַלָּל, שְׁמֵהּ דְּקֻדְשָׁא בְּרִיךְ הוּא. אמן לְעֵלָּא מִן כָּל בִּרְכָתָא וְשִׁירָתָא, תֻּשְׁבְּחָתָא, וְנֶחֱמָתָא, דַּאֲמִירָן בְּעָלְמָא, וְאִמְרוּ אָמֵן:

יְהֵא שְׁלָמָא רַבָּא מִן שְׁמַיָּא וְחַיִּים טוֹבִים עָלֵינוּ וְעַל כָּל יִשְׂרָאֵל וְאִמְרוּ אָמֵן: עֹשֶׂה שָׁלוֹם (בעשי״ת הַשָּׁלוֹם) בִּמְרוֹמָיו, הוּא יַעֲשֶׂה שָׁלוֹם עָלֵינוּ וְעַל כָּל יִשְׂרָאֵל וְאִמְרוּ אָמֵן:

אַל תִּירָא מִפַּחַד פִּתְאֹם, וּמִשֹּׁאַת רְשָׁעִים כִּי תָבֹא: עֻצוּ עֵצָה וְתֻפָר, דַּבְּרוּ דָבָר וְלֹא יָקוּם כִּי עִמָּנוּ אֵל: וְעַד זִקְנָה אֲנִי הוּא, וְעַד שֵׂיבָה אֲנִי אֶסְבֹּל; אֲנִי עָשִׂיתִי וַאֲנִי אֶשָּׂא וַאֲנִי אֶסְבֹּל וַאֲמַלֵּט:

אַךְ צַדִּיקִים יוֹדוּ לִשְׁמֶךָ יֵשְׁבוּ יְשָׁרִים אֶת־פָּנֶיךָ:

סדר ספירת העומר

(שו״ע) (א) כל הלילה כשר לספירת העומר שאם שכח ולא ספר בתחלת הלילה ונזכר קודם שעלה עמוד השחר חייב לספור אבל לכתחלה מצוה מן המובחר לספור בתחלת הלילה מיד אחר תפלת ערבית: (ב) הספירה צריך לברך מעומד כו׳ אם מנה מיושב יצא: (ג) מי ששואל אותו חבירו בביה״ש כמה ימי הספירה בלילה זה יאמר לו אתמול היה כך וכך שאם יאמר לו היום כך וכך לא יוכל הוא עצמו לחזור ולמנות בברכה לפי שכבר יצא ידי חובתו במה שאמר לחבירו היום כך וכך לפי דברי האומרים שאין צריך כוונה לצאת אף שלא יאמר לעומר אין בכך כלום כו׳ אבל אם לא אמר לו היום כך וכך אלא השיב לו סתם כך וכך לעומר לא יצא בזה לד״ה ויחזור ויספור בברכה ומכל מקום יותר טוב לומר אתמול היה כך וכך: (ד) וכל זה כששואלו בביה״ש אבל קודם לכן אף אם אמר לו היום כך וכך לעומר חוזר וסופר בברכה: (ה) מותר לספור קודם תפלת ערבית אפילו במוצאי שבת כו׳ ומכל מקום ראוי להקדים תפילת ערבית לספירה: (ו) לא יתחיל לאכול אפילו סעודה קטנה חצי שעה קודם זמן ספירה דהיינו חצי שעה קודם ביה״ש כו׳ (אם עבר והתחיל בסעודה בתוך חצי שעה סמוך לזמן הספירה אין צריך להפסיק באמצע סעודתו) אבל אם התחיל הסעודה לאחר שהגיע זמן הספירה צריך להפסיק ולספור באמצע סעודתו: (ז) שכח לספור בלילה אחת נוהגין לספור בשאר לילות בלא ברכה כו׳ במה דברים אמורים כשלא נזכר כל הלילה וכל יום המחרת אבל אם נזכר למחר ביום וספר בלא ברכה יספור בשאר כל הלילות בברכה: (ח) וכל זה כשברי לו שלא ספר בלילה אבל אם הוא מסופק בדבר אף שלא ספר למחר ביום יספור בשאר לילות בברכה: (ט) במקומות שנוהגין לקדש להבדיל בבית הכנסת על היין סופרים העומר בליל שבת ויום טוב אחר הקידוש כו׳ ובמוצאי שבת ויום טוב סופרים קודם ההבדלה מיד אחר קדיש תתקבל: (י׳) וכשחל יום טוב במו״ש שאומרים קידוש והבדלה על כוס אחד כו׳ אזי סופרים קודם הקידוש והבדלה:

honored, adored and lauded be the Name of the Holy One, blessed be He, (*Cong:* Amen.) beyond all the blessings, hymns, praises and consolations that are uttered in the world; and say, Amen. (*Cong:* Amen.)

May there be abundant peace from heaven, and a good life for us and for all Israel; and say, Amen. (*Cong:* Amen.)

He who makes peace (*During the Ten Days of Penitence say:* the peace) in His heavens, may He make peace for us and for all Israel; and say, Amen. (*Cong:* Amen.)

אַל תִּירָא Do not fear sudden terror, nor the destruction of the wicked when it comes.[1] Contrive a scheme, but it will be foiled; conspire a plot but it will not materialize, for God is with us.[2] To your old age I am [with you]; to your hoary years I will sustain you; I have made you, and I will carry you; I will sustain you and deliver you.[3]

אַךְ Indeed, the righteous will extol Your Name; the upright will dwell in Your presence.[4]

THE ORDER OF SEFIRAT HA-OMER

Shulchan Aruch HaRav:

1. It is most proper to count the *Omer* at the beginning of the night, immediately following the Maariv Prayer. However, it is permissible to count at any time throughout the night. If, for example, one forgot to count at nightfall, but reminded himself before dawn, he may count then.

2. The *Omer* is counted while standing. However, if one did so while seated, he has fulfilled his obligation.

3. If after sunset one is asked how many days are to be counted on that night, he should mention the number of days that were counted on the previous day. If he answers, "Today is ... number of days," — even if he doesn't say "of the *Omer*" — he is not permitted afterwards to count the *Omer* with the *berachah* for he has already fulfilled his obligation to count when he specified the number to be counted. However, if he stated only the number of days, not prefacing it with "Today is...," then he has not yet fulfilled his obligation and he may later recite the *berachah* and count the *Omer*. However, it is preferable to say, "Yesterday was..."

4. The foregoing applies only after sunset, but if one was asked before that, he may answer, "Today is..." and may later himself recite the *berachah* and count the *Omer*.

5. It is permissible to count the *Omer* before Maariv even on *Motza'ei Shabbat*, but it is preferable to precede the *Omer* with Maariv.

6. It is forbidden to begin eating even a light meal from one-half hour before twilight. (If he did start a meal within that time, he is not required to stop in the middle.) But if he started [after twilight], he must interrupt his meal and count the *Omer*.

7. If one forgot to count the *Omer* at night, he should count it during the day without a *berachah*, but may count with the *berachah* on the subsequent nights. If, however, he had forgotten to count the entire day as well, he must count every night thereafter without a *berachah*.

8. If one is in doubt whether he had counted the previous night, and did not count during the day, he may recite the *berachah* when counting on the subsequent nights.

9. In places where it is customary to recite *Kiddush* and *Havdalah* in the Synagogue over a cup of wine, the *Omer* is counted after *Kiddush* on Shabbat and the Festival, but at the conclusion of Shabbat or the Festival, before *Havdalah*, immediately following Complete Kaddish.

10. If the Festival begins on *Motza'ei Shabbat*, when both *Kiddush* and *Havdalah* are recited over the same cup of wine, then the *Omer* is counted before the *Kiddush* and *Havdalah*.

1. Proverbs 3:25. 2. Isaiah 8:10. 3. Ibid. 46:4. 4. Psalms 140:14.

(מסי׳ אדמו״ר) בליל שני של פסח מתחילין לספור ספירת העומר תיכף אחר תפילת ערבית אך יש מי שאומר שהבא בסוד ה׳ יש לספור אחר שגמר כל הסדר בח״ל והמקדים לברך ולספור מיד אחר התפלה מוקדם לברכה ואם שכח ולא ספר בלילה סופר ביום בלא ברכה כנודע. וזמן התחלת עמוד השחר מח״י אייר ואילך במדינות אלו הצפוניות היא בחצות הלילה לכן אין לספור אחר חצות אלא בלא ברכה וזמן זה של עלות השחר נמשך כך עד י״ז בתמוז ועד בכלל ולכן כשמגיע חצות ליל י״ז בתמוז אסור לאכול:

בָּרוּךְ אַתָּה יְהֹוָה אֱלֹהֵינוּ מֶלֶךְ הָעוֹלָם אֲשֶׁר קִדְּשָׁנוּ בְּמִצְוֹתָיו וְצִוָּנוּ עַל סְפִירַת הָעוֹמֶר:

יכוין לספירה של אותו הלילה ולתיבה אחת של „אנא בכח״ ותיבה אחת של מזמור „אלהים יחננו״ ואות א׳ מפסוק ישמחו:

הַיּוֹם יוֹם אֶחָד לָעוֹמֶר: חסד שבחסד אנא אלהים י

הָרַחֲמָן הוּא יַחֲזִיר לָנוּ עֲבוֹדַת בֵּית הַמִּקְדָּשׁ לִמְקוֹמָהּ, בִּמְהֵרָה בְיָמֵינוּ אָמֵן סֶלָה.

לַמְנַצֵּחַ* בִּנְגִינֹת מִזְמוֹר שִׁיר: אֱלֹהִים יְחָנֵּנוּ וִיבָרְכֵנוּ, יָאֵר פָּנָיו אִתָּנוּ סֶלָה: לָדַעַת בָּאָרֶץ דַּרְכֶּךָ, בְּכָל גּוֹיִם יְשׁוּעָתֶךָ: יוֹדוּךָ עַמִּים אֱלֹהִים, יוֹדוּךָ עַמִּים כֻּלָּם: יִשְׂמְחוּ וִירַנְּנוּ לְאֻמִּים, כִּי תִשְׁפֹּט עַמִּים מִישׁוֹר, וּלְאֻמִּים בָּאָרֶץ תַּנְחֵם סֶלָה: יוֹדוּךָ עַמִּים אֱלֹהִים, יוֹדוּךָ עַמִּים כֻּלָּם: אֶרֶץ נָתְנָה יְבוּלָהּ, יְבָרְכֵנוּ אֱלֹהִים אֱלֹהֵינוּ: יְבָרְכֵנוּ אֱלֹהִים, וְיִירְאוּ אוֹתוֹ כָּל אַפְסֵי אָרֶץ:

אָנָּא בְּכֹחַ גְּדֻלַּת יְמִינְךָ תַּתִּיר צְרוּרָה: אב״ג ית״ץ
קַבֵּל רִנַּת עַמְּךָ שַׂגְּבֵנוּ טַהֲרֵנוּ נוֹרָא: קר״ע שט״ן
נָא גִבּוֹר דּוֹרְשֵׁי יִחוּדְךָ כְּבָבַת שָׁמְרֵם: נג״ד יכ״ש
בָּרְכֵם טַהֲרֵם רַחֲמֵי צִדְקָתְךָ תָּמִיד גָּמְלֵם: בט״ר צת״ג
חֲסִין קָדוֹשׁ בְּרוֹב טוּבְךָ נַהֵל עֲדָתֶךָ: חק״ב טנ״ע
יָחִיד גֵּאֶה לְעַמְּךָ פְּנֵה זוֹכְרֵי קְדֻשָּׁתֶךָ: יג״ל פז״ק
שַׁוְעָתֵנוּ קַבֵּל וּשְׁמַע צַעֲקָתֵנוּ יוֹדֵעַ תַּעֲלוּמוֹת: שק״ו צי״ת
בָּרוּךְ שֵׁם כְּבוֹד מַלְכוּתוֹ לְעוֹלָם וָעֶד:

רִבּוֹנוֹ שֶׁל עוֹלָם, אַתָּה צִוִּיתָנוּ עַל יְדֵי מֹשֶׁה עַבְדֶּךָ לִסְפּוֹר סְפִירַת הָעוֹמֶר כְּדֵי לְטַהֲרֵנוּ מִקְּלִפּוֹתֵינוּ וּמִטֻּמְאוֹתֵינוּ, כְּמוֹ שֶׁכָּתַבְתָּ בְּתוֹרָתֶךָ: וּסְפַרְתֶּם לָכֶם מִמָּחֳרַת הַשַּׁבָּת מִיּוֹם הֲבִיאֲכֶם אֶת עוֹמֶר הַתְּנוּפָה שֶׁבַע שַׁבָּתוֹת תְּמִימוֹת תִּהְיֶינָה, עַד מִמָּחֳרַת הַשַּׁבָּת הַשְּׁבִיעִית תִּסְפְּרוּ חֲמִשִּׁים יוֹם, כְּדֵי שֶׁיִּטָּהֲרוּ נַפְשׁוֹת עַמְּךָ יִשְׂרָאֵל מִזֻּהֲמָתָם, וּבְכֵן יְהִי רָצוֹן מִלְּפָנֶיךָ יְיָ אֱלֹהֵינוּ וֵאלֹהֵי אֲבוֹתֵינוּ, שֶׁבִּזְכוּת סְפִירַת הָעוֹמֶר שֶׁסָּפַרְתִּי הַיּוֹם, יְתֻקַּן מַה שֶׁפָּגַמְתִּי בִּסְפִירָה (פלונית השייך לאותו הלילה)

Rav's Siddur:

Sefirat Ha-Omer *is counted from the second night of Pesach [until the night before Shavuot], immediately following the Maariv Prayer. If one forgot to count the* Omer *at night, he should count it during the day without a* berachah, *as is well known. From the eighteenth of Iyar through the seventeenth of Tammuz, dawn begins in our northern countries*[1] *at midnight, therefore the* Omer *should not be counted after midnight with a blessing. So too, on the Fast of the Seventeenth of Tammuz, one must not eat after midnight.*

בָּרוּךְ Blessed are You, Lord our God, King of the Universe, who has sanctified us with His commandments, and commanded us concerning the counting of the Omer.

One should bear in mind the appropriate sefirah *of that night, one word of* אנא בכח *(We implore You...), one word from the Psalm* אלהים יחננו *(May God be gracious to us...), and one letter from the [fifth] verse [of that Psalm]* ישמחו *(The nations will rejoice...). [See Hebrew text.]*

הַיּוֹם Today is the first day of the Omer.

הָרַחֲמָן May the Merciful One restore the Bet Hamikdash to its place, speedily in our days, Amen.

לַמְנַצֵּחַ For the Choirmaster; a song with instrumental music; a Psalm. May God be gracious to us and bless us; may He make His countenance shine upon us forever; that Your way be known on earth, Your salvation among all nations. The nations will extol You, O God; all the nations will extol You. The nations will rejoice and sing for joy, for You will judge the peoples justly and guide the nations on earth forever. The peoples will extol You, O God; all the peoples will extol You, for the earth will have yielded its produce and God, our God, will bless us. God will bless us; and all, from the farthest corners of the earth, shall fear Him.[2]

אָנָּא We implore you, by the great power of Your right hand, release the captive.
Accept the prayers of Your people; strengthen us, purify us, Awesome One.
Mighty One, we beseech You, guard as the apple of the eye those who seek Your Oneness.
Bless them, cleanse them; bestow upon them forever Your merciful righteousness.
Powerful, Holy One, in Your abounding goodness, guide Your congregation.
Only and Exalted One, turn to Your people who are mindful of Your holiness.
Accept our supplication and hear our cry, You who knows secret thoughts.
Blessed be the name of the glory of His kingdom forever and ever.

רבונו Master of the universe, You have commanded us through Moses Your servant to count *Sefirat Ha-Omer*, in order to purify us of our evil and uncleanness. As You have written in Your Torah, "You shall count for yourselves from the day following the day of rest, from the day on which you bring the *Omer* as a wave-offering; [the counting] shall be for seven full weeks. Until the day following the seventh week shall you count fifty days,"[3] so that the souls of Your people Israel may be cleansed from their defilement. Therefore, may it be Your will, Lord our God and God of our fathers, that in the merit of the *Sefirat Ha-Omer* which I counted today, the blemish that I have caused in the *sefirah* (*specify the appropriate* sefirah)

1. I.e., parts of Russia and the like. In other locations the time varies. 2. Psalm 67. 3. Leviticus 23:15-16.

וְאֶטַּהֵר וְאֶתְקַדֵּשׁ בִּקְדֻשָּׁה שֶׁל מַעְלָה, וְעַל יְדֵי זֶה יֻשְׁפַּע שֶׁפַע רַב בְּכָל הָעוֹלָמוֹת וּלְתַקֵּן אֶת נַפְשׁוֹתֵינוּ, וְרוּחוֹתֵינוּ וְנִשְׁמוֹתֵינוּ מִכָּל סִיג וּפְגַם וּלְטַהֲרֵנוּ וּלְקַדְּשֵׁנוּ בִּקְדֻשָּׁתְךָ הָעֶלְיוֹנָה, אָמֵן סֶלָה:

הַיּוֹם שְׁנֵי יָמִים לָעוֹמֶר: ש

הרחמן יחננו ככם — גבורה שבחסד

הַיּוֹם שְׁלשָׁה יָמִים לָעוֹמֶר: מ

הרחמן ויברכנו גדולת — תפארת שבחסד

הַיּוֹם אַרְבָּעָה יָמִים לָעוֹמֶר: ח

הרחמן יאר ימינך — נצח שבחסד

הַיּוֹם חֲמִשָּׁה יָמִים לָעוֹמֶר: ו

הרחמן פניו תמיר — הוד שבחסד

הַיּוֹם שִׁשָּׁה יָמִים לָעוֹמֶר: ו

הרחמן אתנו גרוריה — יסוד שבחסד

הַיּוֹם שִׁבְעָה יָמִים שֶׁהֵם שָׁבוּעַ אֶחָד לָעוֹמֶר: י

הרחמן סלה אב״ג ית״ן — מלכות שבחסד

הַיּוֹם שְׁמוֹנָה יָמִים שֶׁהֵם שָׁבוּעַ אֶחָד וְיוֹם אֶחָד לָעוֹמֶר: ר

הרחמן לדעת קבל — חסד שבגבורה

הַיּוֹם תִּשְׁעָה יָמִים שֶׁהֵם שָׁבוּעַ אֶחָד וּשְׁנֵי יָמִים לָעוֹמֶר: ג

הרחמן באָרץ רנו — גבורה שבגבורה

הַיּוֹם עֲשָׂרָה יָמִים שֶׁהֵם שָׁבוּעַ אֶחָד וּשְׁלשָׁה יָמִים לָעוֹמֶר: נ

הרחמן דרכך עמן — תפארת שבגבורה

הַיּוֹם אַחַד עָשָׂר יוֹם שֶׁהֵם שָׁבוּעַ אֶחָד וְאַרְבָּעָה יָמִים לָעוֹמֶר: ו

הרחמן בכל בגבנו — נצח שבגבורה

הַיּוֹם שְׁנֵים עָשָׂר יוֹם שֶׁהֵם שָׁבוּעַ אֶחָד וַחֲמִשָּׁה יָמִים לָעוֹמֶר: ל

הרחמן גוים טהרנו — הוד שבגבורה

הַיּוֹם שְׁלשָׁה עָשָׂר יוֹם שֶׁהֵם שָׁבוּעַ אֶחָד וְשִׁשָּׁה יָמִים לָעוֹמֶר: א

הרחמן ישועתך נורא — יסוד שבגבורה

הַיּוֹם אַרְבָּעָה עָשָׂר יוֹם שֶׁהֵם שְׁנֵי שָׁבוּעוֹת לָעוֹמֶר: מ

הרחמן יודוך קר״ע שט״ן — מלכות שבגבורה

הַיּוֹם חֲמִשָּׁה עָשָׂר יוֹם שֶׁהֵם שְׁנֵי שָׁבוּעוֹת וְיוֹם אֶחָד לָעוֹמֶר: י

הרחמן עמים נא — חסד שבתפארת

הַיּוֹם שִׁשָּׁה עָשָׂר יוֹם שֶׁהֵם שְׁנֵי שָׁבוּעוֹת וּשְׁנֵי יָמִים לָעוֹמֶר: ם

הרחמן אלהים גבור — גבורה שבתפארת

הַיּוֹם שִׁבְעָה עָשָׂר יוֹם שֶׁהֵם שְׁנֵי שָׁבוּעוֹת וּשְׁלשָׁה יָמִים לָעוֹמֶר: כ

הרחמן יודוך דורשי — ת״ת שבתפארת

הַיּוֹם שְׁמוֹנָה עָשָׂר יוֹם שֶׁהֵם שְׁנֵי שָׁבוּעוֹת וְאַרְבָּעָה יָמִים לָעוֹמֶר: י

הרחמן עמים יחודך — נצח שבתפארת

הַיּוֹם תִּשְׁעָה עָשָׂר יוֹם שֶׁהֵם שְׁנֵי שָׁבוּעוֹת וַחֲמִשָּׁה יָמִים לָעוֹמֶר: ת

הרחמן כולם כבבת — הוד שבתפארת

הַיּוֹם עֶשְׂרִים יוֹם שֶׁהֵם שְׁנֵי שָׁבוּעוֹת וְשִׁשָּׁה יָמִים לָעוֹמֶר: ש

הרחמן ישמחו שמרם — יסוד שבתפארת

הַיּוֹם אֶחָד וְעֶשְׂרִים יוֹם שֶׁהֵם שְׁלשָׁה שָׁבוּעוֹת לָעוֹמֶר: פ

הרחמן וירננו נג״ד יכ״ש — מלכות שבתפארת

הַיּוֹם שְׁנַיִם וְעֶשְׂרִים יוֹם שֶׁהֵם שְׁלשָׁה שָׁבוּעוֹת וְיוֹם אֶחָד לָעוֹמֶר: ו

הרחמן לאומים כרכס — חסד שבנצח

הַיּוֹם שְׁלשָׁה וְעֶשְׂרִים יוֹם שֶׁהֵם שְׁלשָׁה שָׁבוּעוֹת וּשְׁנֵי יָמִים לָעוֹמֶר: ם

הרחמן כי טהרם — גבורה שבנצח

הַיּוֹם אַרְבָּעָה וְעֶשְׂרִים יוֹם שֶׁהֵם שְׁלשָׁה שָׁבוּעוֹת וּשְׁלשָׁה יָמִים לָעוֹמֶר: ע

הרחמן תשפוט רחמי — תפארת שבנצח

הַיּוֹם חֲמִשָּׁה וְעֶשְׂרִים יוֹם שֶׁהֵם שְׁלשָׁה שָׁבוּעוֹת וְאַרְבָּעָה יָמִים לָעוֹמֶר: מ

הרחמן עמים לדקתך — נצח שבנצח

היום

be rectified and I may be purified and sanctified with supernal holiness. May abundant bounty thereby be bestowed upon all the worlds. May it rectify our *nefesh, ruach* and *neshamah* from every baseness and defect, and may it purify and sanctify us with Your supernal holiness. Amen, *selah.*

Today is two days of the Omer.[1] *Gevurah ShebeChessed*

Today is three days of the Omer. *Tiferet ShebeChessed*

Today is four days of the Omer. *Netzach ShebeChessed*

Today is five days of the Omer. *Hod ShebeChessed*

Today is six days of the Omer. *Yesod ShebeChessed*

Today is seven days, which is one week of the Omer. *Malchut ShebeChessed*

Today is eight days, which is one week and one day of the Omer. *Chessed ShebeGevurah*

Today is nine days, which is one week and two days of the Omer. *Gevurah ShebeGevurah*

Today is ten days, which is one week and three days of the Omer. *Tiferet ShebeGevurah*

Today is eleven days, which is one week and four days of the Omer. *Netzach ShebeGevurah*

Today is twelve days, which is one week and five days of the Omer. *Hod ShebeGevurah*

Today is thirteen days, which is one week and six days of the Omer. *Yesod ShebeGevurah*

Today is fourteen days, which is two weeks of the Omer. *Malchut ShebeGevurah*

Today is fifteen days, which is two weeks and one day of the Omer. *Chessed ShebeTiferet*

Today is sixteen days, which is two weeks and two days of the Omer. *Gevurah ShebeTiferet*

Today is seventeen days, which is two weeks and three days of the Omer. *Tiferet ShebeTiferet*

Today is eighteen days, which is two weeks and four days of the Omer. *Netzach ShebeTiferet*

Today is nineteen days, which is two weeks and five days of the Omer. *Hod ShebeTiferet*

Today is twenty days, which is two weeks and six days of the Omer. *Yesod ShebeTiferet*

Today is twenty-one days, which is three weeks of the Omer. *Malchut ShebeTiferet*

Today is twenty-two days, which is three weeks and one day of the Omer. *Chessed ShebeNetzach*

Today is twenty-three days, which is three weeks and two days of the Omer. *Gevurah ShebeNetzach*

Today is twenty-four days, which is three weeks and three days of the Omer. *Tiferet ShebeNetzach*

Today is twenty-five days, which is three weeks and four days of the Omer. *Netzach ShebeNetzach*

1. Each night after the Counting continue: הרחמן (May the Merciful One…), למנצח (For the Choirmaster…), אנא (We implore You…), and רבונו של עולם (Master of the Universe…), p. 35.

הַיּוֹם שִׁשָּׁה וְעֶשְׂרִים יוֹם שֶׁהֵם שְׁלשָׁה שָׁבוּעוֹת וַחֲמִשָּׁה יָמִים לָעוֹמֶר: י

הרחמן מישור תמיד — הוד שבנצח

הַיּוֹם שִׁבְעָה וְעֶשְׂרִים יוֹם שֶׁהֵם שְׁלשָׁה שָׁבוּעוֹת וְשִׁשָּׁה יָמִים לָעוֹמֶר: ם

הרחמן ולאומים נמלס — יסוד שבנצח

הַיּוֹם שְׁמוֹנָה וְעֶשְׂרִים יוֹם שֶׁהֵם אַרְבָּעָה שָׁבוּעוֹת לָעוֹמֶר: מ

הרחמן נאלך נט״ר לט״ג — מלכות שבנצח

הַיּוֹם תִּשְׁעָה וְעֶשְׂרִים יוֹם שֶׁהֵם אַרְבָּעָה שָׁבוּעוֹת וְיוֹם אֶחָד לָעוֹמֶר: י

הרחמן תנחם תפין — חסד שבהוד

הַיּוֹם שְׁלשִׁים יוֹם שֶׁהֵם אַרְבָּעָה שָׁבוּעוֹת וּשְׁנֵי יָמִים לָעוֹמֶר: ש

הרחמן סלה קדוש — גבורה שבהוד

הַיּוֹם אֶחָד וּשְׁלשִׁים יוֹם שֶׁהֵם אַרְבָּעָה שָׁבוּעוֹת וּשְׁלשָׁה יָמִים לָעוֹמֶר: ו

הרחמן יודוך כרוב — תפארת שבהוד

הַיּוֹם שְׁנַיִם וּשְׁלשִׁים יוֹם שֶׁהֵם אַרְבָּעָה שָׁבוּעוֹת וְאַרְבָּעָה יָמִים לָעוֹמֶר: ר

הרחמן עמים טוכן — ל״ג בעומר — נצח שבהוד

הַיּוֹם שְׁלשָׁה וּשְׁלשִׁים יוֹם שֶׁהֵם אַרְבָּעָה שָׁבוּעוֹת וַחֲמִשָּׁה יָמִים לָעוֹמֶר: ו

הרחמן אלהים נהל — הוד שבהוד

הַיּוֹם אַרְבָּעָה וּשְׁלשִׁים יוֹם שֶׁהֵם אַרְבָּעָה שָׁבוּעוֹת וְשִׁשָּׁה יָמִים לָעוֹמֶר: ל

הרחמן יודוך עלמן — יסוד שבהוד

הַיּוֹם חֲמִשָּׁה וּשְׁלשִׁים יוֹם שֶׁהֵם חֲמִשָּׁה שָׁבוּעוֹת לָעוֹמֶר: א

הרחמן עמים מק״ב טנ״ע — מלכות שבהוד

הַיּוֹם שִׁשָּׁה וּשְׁלשִׁים יוֹם שֶׁהֵם חֲמִשָּׁה שָׁבוּעוֹת וְיוֹם אֶחָד לָעוֹמֶר: מ

הרחמן כולם יחיד — חסד שביסוד

הַיּוֹם שִׁבְעָה וּשְׁלשִׁים יוֹם שֶׁהֵם חֲמִשָּׁה שָׁבוּעוֹת וּשְׁנֵי יָמִים לָעוֹמֶר: י

הרחמן ארץ נאה — גבורה שביסוד

הַיּוֹם שְׁמוֹנָה וּשְׁלשִׁים יוֹם שֶׁהֵם חֲמִשָּׁה שָׁבוּעוֹת וּשְׁלשָׁה יָמִים לָעוֹמֶר: ם

הרחמן נתנה לעמך — תפארת שביסוד

הַיּוֹם תִּשְׁעָה וּשְׁלשִׁים יוֹם שֶׁהֵם חֲמִשָּׁה שָׁבוּעוֹת וְאַרְבָּעָה יָמִים לָעוֹמֶר: ב

הרחמן יבולה פנה — נצח שביסוד

הַיּוֹם אַרְבָּעִים יוֹם שֶׁהֵם חֲמִשָּׁה שָׁבוּעוֹת וַחֲמִשָּׁה יָמִים לָעוֹמֶר: א

הרחמן יברכנו זוכרי — הוד שביסוד

הַיּוֹם אֶחָד וְאַרְבָּעִים יוֹם שֶׁהֵם חֲמִשָּׁה שָׁבוּעוֹת וְשִׁשָּׁה יָמִים לָעוֹמֶר: ר

הרחמן אלהים קדושתך — יסוד שביסוד

הַיּוֹם שְׁנַיִם וְאַרְבָּעִים יוֹם שֶׁהֵם שִׁשָּׁה שָׁבוּעוֹת לָעוֹמֶר: ץ

הרחמן אלהינו יג״ל פז״ק — מלכות שביסוד

הַיּוֹם שְׁלשָׁה וְאַרְבָּעִים יוֹם שֶׁהֵם שִׁשָּׁה שָׁבוּעוֹת וְיוֹם אֶחָד לָעוֹמֶר: ת

הרחמן יברכנו שועתנו — חסד שבמלכות

הַיּוֹם אַרְבָּעָה וְאַרְבָּעִים יוֹם שֶׁהֵם שִׁשָּׁה שָׁבוּעוֹת וּשְׁנֵי יָמִים לָעוֹמֶר: ג

הרחמן אלהים קבל — גבורה שבמלכות

הַיּוֹם חֲמִשָּׁה וְאַרְבָּעִים יוֹם שֶׁהֵם שִׁשָּׁה שָׁבוּעוֹת וּשְׁלשָׁה יָמִים לָעוֹמֶר: ח

הרחמן וייראו ושמע — תפארת שבמלכות

הַיּוֹם שִׁשָּׁה וְאַרְבָּעִים יוֹם שֶׁהֵם שִׁשָּׁה שָׁבוּעוֹת וְאַרְבָּעָה יָמִים לָעוֹמֶר: ם

הרחמן אותו צעקתנו — נצח שבמלכות

הַיּוֹם שִׁבְעָה וְאַרְבָּעִים יוֹם שֶׁהֵם שִׁשָּׁה שָׁבוּעוֹת וַחֲמִשָּׁה יָמִים לָעוֹמֶר: ס

הרחמן כל יודע — הוד שבמלכות

הַיּוֹם שְׁמוֹנָה וְאַרְבָּעִים יוֹם שֶׁהֵם שִׁשָּׁה שָׁבוּעוֹת וְשִׁשָּׁה יָמִים לָעוֹמֶר: ל

הרחמן אפסי תעלומות — יסוד שבמלכות

הַיּוֹם תִּשְׁעָה וְאַרְבָּעִים יוֹם שֶׁהֵם שִׁבְעָה שָׁבוּעוֹת לָעוֹמֶר: ה

הרחמן ארץ שק״ו צי״ת — מלכות שבמלכות

Today is twenty-six days, which is three weeks and five days of the Omer. *Hod ShebeNetzach*

Today is twenty-seven days, which is three weeks and six days of the Omer. *Yesod ShebeNetzach*

Today is twenty-eight days, which is four weeks of the Omer. *Malchut ShebeNetzach*

Today is twenty-nine days, which is four weeks and one day of the Omer. *Chessed ShebeHod*

Today is thirty days, which is four weeks and two days of the Omer. *Gevurah ShebeHod*

Today is thirty-one days, which is four weeks and three days of the Omer. *Tiferet ShebeHod*

Today is thirty-two days, which is four weeks and four days of the Omer. *Netzach ShebeHod*

Lag Ba-Omer

Today is thirty-three days, which is four weeks and five days of the Omer. *Hod ShebeHod*

Today is thirty-four days, which is four weeks and six days of the Omer. *Yesod ShebeHod*

Today is thirty-five days, which is five weeks of the Omer. *Malchut ShebeHod*

Today is thirty-six days, which is five weeks and one day of the Omer. *Chessed ShebeYesod*

Today is thirty-seven days, which is five weeks and two days of the Omer. *Gevurah ShebeYesod*

Today is thirty-eight days, which is five weeks and three days of the Omer. *Tiferet ShebeYesod*

Today is thirty-nine days, which is five weeks and four days of the Omer. *Netzach ShebeYesod*

Today is forty days, which is five weeks and five days of the Omer. *Hod ShebeYesod*

Today is forty-one days, which is five weeks and six days of the Omer. *Yesod ShebeYesod*

Today is forty-two days, which is six weeks of the Omer. *Malchut ShebeYesod*

Today is forty-three days, which is six weeks and one day of the Omer. *Chessed ShebeMalchut*

Today is forty-four days, which is six weeks and two days of the Omer. *Gevurah ShebeMalchut*

Today is forty-five days, which is six weeks and three days of the Omer. *Tiferet ShebeMalchut*

Today is forty-six days, which is six weeks and four days of the Omer. *Netzach ShebeMalchut*

Today is forty-seven days, which is six weeks and five days of the Omer. *Hod ShebeMalchut*

Today is forty-eight days, which is six weeks and six days of the Omer. *Yesod ShebeMalchut*

Today is forty-nine days, which is seven weeks of the Omer. *Malchut ShebeMalchut*

סדר הבדלה

בשעת ברכת בורא מיני בשמים צריך לאחוז הכוס בשמאלו והבשמים בימינו ובשעת ברכת בורא מאורי האש צריך לאחוז הכוס בימינו. ואח״כ יביט בצפרנים. ויחזור ויאחז הכוס בימינו בברכת הבדלה:

(א) הִנֵּה אֵל יְשׁוּעָתִי אֶבְטַח וְלֹא אֶפְחָד כִּי עָזִּי וְזִמְרָת יָהּ
יְהֹוָה וַיְהִי־לִי לִישׁוּעָה: וּשְׁאַבְתֶּם מַיִם בְּשָׂשׂוֹן
מִמַּעַיְנֵי הַיְשׁוּעָה: לַיהֹוָה הַיְשׁוּעָה עַל־עַמְּךָ בִרְכָתֶךָ
סֶּלָה: יְהֹוָה צְבָאוֹת עִמָּנוּ מִשְׂגָּב לָנוּ אֱלֹהֵי יַעֲקֹב סֶלָה:
יְהֹוָה צְבָאוֹת אַשְׁרֵי אָדָם בֹּטֵחַ בָּךְ: יְהֹוָה הוֹשִׁיעָה
הַמֶּלֶךְ יַעֲנֵנוּ בְיוֹם קָרְאֵנוּ: לַיְּהוּדִים הָיְתָה אוֹרָה וְשִׂמְחָה
וְשָׂשׂוֹן וִיקָר: כֵּן תִּהְיֶה לָּנוּ: כּוֹס יְשׁוּעוֹת אֶשָּׂא וּבְשֵׁם
יְהֹוָה אֶקְרָא:

על היין:

סַבְרִי מָרָנָן

בָּרוּךְ אַתָּה יְהֹוָה אֱלֹהֵינוּ מֶלֶךְ הָעוֹלָם בּוֹרֵא פְּרִי הַגָּפֶן:

על הבשמים:

בָּרוּךְ אַתָּה יְהֹוָה אֱלֹהֵינוּ מֶלֶךְ הָעוֹלָם בּוֹרֵא מִינֵי בְשָׂמִים:

בברכת בורא מאורי האש יביט בד׳ צפרניו והמה יהיו כפוים על האגודל, ולא יראה האגודל:

על הנר:

בָּרוּךְ אַתָּה יְהֹוָה אֱלֹהֵינוּ מֶלֶךְ הָעוֹלָם בּוֹרֵא מְאוֹרֵי הָאֵשׁ:

בָּרוּךְ אַתָּה יְהֹוָה אֱלֹהֵינוּ מֶלֶךְ הָעוֹלָם הַמַּבְדִּיל בֵּין
קֹדֶשׁ לְחוֹל בֵּין אוֹר לְחֹשֶׁךְ בֵּין יִשְׂרָאֵל לָעַמִּים
בֵּין יוֹם הַשְּׁבִיעִי לְשֵׁשֶׁת יְמֵי הַמַּעֲשֶׂה. בָּרוּךְ אַתָּה
יְהֹוָה הַמַּבְדִּיל בֵּין קֹדֶשׁ לְחוֹל:

ברכה מעין שלש תמצא לקמן ע׳ 55.

א) ישעיה יב ב ג: ב) תהלים ג ט: ג) שם מו יב: ד) שם מו ח: ה) שם פד יג: ו) אסתר ח טז: ז) תהלים קטז יג:

[The wine cup is taken in the right hand and is held until after the berachah בורא פרי הגפן *(... who creates the fruit of the vine.)] Then the cup is transferred to the left hand and the box with the aromatic spices is held in the right for the* berachah בורא מיני בשמים *(... who creates various kinds of spices). [The spice box is set aside,] the wine cup is returned to the right hand for the* berachah בורא מאורי האש *(... who creates the lights of fire), and then [is transferred to the left hand and] the fingernails [of the right hand] are looked at in the light of the candles. Then the wine cup is returned to the right hand for the* berachah המבדיל *(... who makes a distinction).*

הִנֵּה Indeed, God is my deliverance; I am confident and shall not fear, for God the Lord is my strength and song, and He has been a help to me. You shall draw water with joy from the wellsprings of deliverance.[1] Deliverance is the Lord's; may Your blessing be upon Your people forever.[2] The Lord of hosts is with us, the God of Jacob is our everlasting stronghold.[3] Lord of hosts, happy is the man who trusts in You.[4] Lord, help us; may the King answer us on the day we call.[5] For the Jews there was light and joy, gladness and honor[6] — so let it be with us. I raise the cup of deliverance and invoke the Name of the Lord.[7]

Over the wine:

סַבְרִי Attention, Gentlemen!

בָּרוּךְ Blessed are You, Lord our God, King of the universe, who creates the fruit of the vine.

Over the fragrant spices:

בָּרוּךְ Blessed are you, Lord our God, King of the universe, who creates various kinds of spices.

After the following berachah one should fold his fingers over his thumb — the thumb is not to be seen — and look at the four fingernails.

בָּרוּךְ Blessed are You, Lord our God, King of the universe, who creates the lights of fire.

בָּרוּךְ Blessed are You, Lord our God, King of the universe, who makes a distinction between sacred and profane, between light and darkness, between Israel and the nations, between the Seventh Day and the six work days. Blessed are You Lord, who makes a distinction between sacred and profane.

For the Concluding Blessing over wine, etc. see p. 55.

1. Isaiah 12:2-3. 2. Psalms 3:9. 3. Ibid. 46:8. 4. Ibid. 84:13. 5. Ibid. 20:10. 6. Esther 8:16. 7. Psalms 116:13.

אחר הבדלה אומרים ויתן לך:

וְיִתֶּן לְךָ הָאֱלֹהִים מִטַּל הַשָּׁמַיִם
וּמִשְׁמַנֵּי הָאָרֶץ, וְרֹב דָּגָן וְתִירֹשׁ:
יַעַבְדוּךָ עַמִּים וְיִשְׁתַּחֲווּ לְךָ לְאֻמִּים,
הֱוֵה גְבִיר לְאַחֶיךָ וְיִשְׁתַּחֲווּ לְךָ בְּנֵי
אִמֶּךָ, אֹרְרֶיךָ אָרוּר, וּמְבָרְכֶיךָ בָּרוּךְ:
וְאֵל שַׁדַּי יְבָרֵךְ אֹתְךָ וְיַפְרְךָ וְיַרְבֶּךָ,
וְהָיִיתָ לִקְהַל עַמִּים: וְיִתֶּן לְךָ אֶת בִּרְכַּת
אַבְרָהָם לְךָ וּלְזַרְעֲךָ אִתָּךְ, לְרִשְׁתְּךָ
אֶת אֶרֶץ מְגֻרֶיךָ אֲשֶׁר נָתַן אֱלֹהִים
לְאַבְרָהָם: מֵאֵל אָבִיךָ וְיַעְזְרֶךָּ וְאֵת
שַׁדַּי וִיבָרְכֶךָּ, בִּרְכוֹת שָׁמַיִם מֵעָל,
בִּרְכֹת תְּהוֹם רֹבֶצֶת תָּחַת בִּרְכֹת
שָׁדַיִם וָרָחַם: בִּרְכֹת אָבִיךָ גָּבְרוּ עַל
בִּרְכֹת הוֹרַי, עַד תַּאֲוַת גִּבְעֹת עוֹלָם,
תִּהְיֶיןָ לְרֹאשׁ יוֹסֵף וּלְקָדְקֹד נְזִיר אֶחָיו:
וַאֲהֵבְךָ וּבֵרַכְךָ וְהִרְבֶּךָ, וּבֵרַךְ פְּרִי
בִטְנְךָ וּפְרִי אַדְמָתֶךָ דְּגָנְךָ וְתִירֹשְׁךָ
וְיִצְהָרֶךָ, שְׁגַר אֲלָפֶיךָ וְעַשְׁתְּרֹת צֹאנֶךָ,

עַל

א) בראשית כז כח: ב) שם כז כט: ג) שם כח ג: ד) שם כח ד: ה) שם מט כה: ו) שם מט כו: ז) דברים ז יג יד טו:

After Havdalah, the following is said:

וְיִתֶּן May God give you of the dew of heaven, of the fat of the earth, and an abundance of grain and wine. Peoples shall serve you and nations bow down to you; be master over your brothers, and your mother's sons shall bow down to you. Those who curse you shall be cursed, and those who bless you, blessed.[1] And may God, the Omnipotent, bless you and make you fruitful and numerous, so that you may become an assembly of peoples. May He bestow upon you the blessing of Abraham, upon you and upon your progeny with you, that you may inherit the land where you dwell, which God had given to Abraham.[2] It is from the God of your father who will help you, from the Omnipotent One who will bless you with blessings of heaven above, with blessings of the deep that crouches below, with blessings of breast and womb. The blessings [bestowed by God] upon your father have surpassed the blessings [bestowed upon] my parents to the utmost bounds of the eternal hills — may they be upon the head of Joseph, upon the head of him who was separated from his brothers.[3] He will love you and bless you and multiply you; He will bless the fruit of your womb and the fruit of your land, your grain, your wine and your oil, the offspring of your cattle and the flocks of your sheep,

1. Genesis 27:28-29. 2. Ibid. 28:3-4. 3. Ibid. 49:25-26.

עַל הָאֲדָמָה, אֲשֶׁר נִשְׁבַּע לַאֲבֹתֶיךָ לָתֶת לָךְ: בָּרוּךְ תִּהְיֶה מִכָּל הָעַמִּים, לֹא יִהְיֶה בְךָ עָקָר וַעֲקָרָה וּבִבְהֶמְתֶּךָ: וְהֵסִיר יְיָ מִמְּךָ כָּל חֹלִי, וְכָל מַדְוֵי מִצְרַיִם הָרָעִים אֲשֶׁר יָדַעְתָּ, לֹא יְשִׂימָם בָּךְ, וּנְתָנָם בְּכָל שֹׂנְאֶיךָ:

[א] הַמַּלְאָךְ הַגֹּאֵל אֹתִי מִכָּל רָע, יְבָרֵךְ אֶת הַנְּעָרִים, וְיִקָּרֵא בָהֶם שְׁמִי, וְשֵׁם אֲבֹתַי אַבְרָהָם וְיִצְחָק, וְיִדְגּוּ לָרֹב בְּקֶרֶב הָאָרֶץ: [ב] יְיָ אֱלֹהֵיכֶם הִרְבָּה אֶתְכֶם, וְהִנְּכֶם הַיּוֹם כְּכוֹכְבֵי הַשָּׁמַיִם לָרֹב: יְיָ אֱלֹהֵי אֲבוֹתֵיכֶם, יֹסֵף עֲלֵיכֶם כָּכֶם, אֶלֶף פְּעָמִים, וִיבָרֵךְ אֶתְכֶם, כַּאֲשֶׁר דִּבֶּר לָכֶם:

[ג] בָּרוּךְ אַתָּה בָּעִיר, וּבָרוּךְ אַתָּה בַּשָּׂדֶה: בָּרוּךְ טַנְאֲךָ וּמִשְׁאַרְתֶּךָ: בָּרוּךְ פְּרִי בִטְנְךָ וּפְרִי אַדְמָתְךָ וּפְרִי בְהֶמְתֶּךָ, שְׁגַר אֲלָפֶיךָ וְעַשְׁתְּרוֹת צֹאנֶךָ: בָּרוּךְ אַתָּה בְּבֹאֶךָ, וּבָרוּךְ אַתָּה בְּצֵאתֶךָ: יְצַו יְיָ אִתְּךָ אֶת הַבְּרָכָה בַּאֲסָמֶיךָ וּבְכֹל מִשְׁלַח יָדֶךָ, וּבֵרַכְךָ בָּאָרֶץ, אֲשֶׁר יְיָ אֱלֹהֶיךָ נֹתֵן לָךְ: יִפְתַּח יְיָ לְךָ אֶת אוֹצָרוֹ הַטּוֹב אֶת הַשָּׁמַיִם לָתֵת מְטַר אַרְצְךָ בְּעִתּוֹ, וּלְבָרֵךְ אֵת כָּל מַעֲשֵׂה יָדֶךָ, וְהִלְוִיתָ גּוֹיִם רַבִּים, וְאַתָּה לֹא תִלְוֶה: כִּי יְיָ אֱלֹהֶיךָ בֵּרַכְךָ, כַּאֲשֶׁר

א) בראשית מח טז: ב) דברים א י יא: ג) שם כח ג ה ד ו: ד) שם כח ח: ה) שם כח יב: ו) שם טו ו:

on the land which He swore to your ancestors to give to you. You shall be blessed more than all the nations; there shall be no barren male or female among you or among your cattle. The Lord will remove from you all illness; none of the severe maladies of Egypt which you knew will He bring upon you, rather He will inflict them upon all your enemies.[1]

הַמַּלְאָךְ May the angel who has delivered me from all evil bless the lads, and may my name and the name of my fathers Abraham and Isaac, be called upon them, and may they increase abundantly like fish in the midst of the earth.[2] The Lord your God has multiplied you, and you are today as numerous as the stars in the sky. May the Lord, God of your fathers, make you a thousand times more numerous than you are, and bless you as He promised you.[3]

בָּרוּךְ Blessed shall you be in the city, and blessed shall you be in the field. Blessed shall be your basket and your kneading-bowl. Blessed shall be the fruit of your womb and the fruit of your land, the fruit of your livestock, the increase of your cattle and the offspring of your sheep. Blessed shall you be in your coming, and blessed shall you be in your going. The Lord will command the blessing to be with you in your storehouses and in all things to which you put your hand, and He will bless you in the land which the Lord your God gives to you. The Lord will open for you His good treasure, the heavens, to give rain for your land at its proper time, and to bless all the works of your hands; you will lend to many nations but you will not borrow.[4] For the Lord your God has blessed you as He

1. Deuteronomy 7:13-15. 2. Genesis 48:16. 3. Deuteronomy 1:10-11. 4. Deuteronomy 28:3, 5, 6, 6, 8, 12.

דְּבַר לָךְ, וְהַעֲבַטְתָּ גּוֹיִם רַבִּים וְאַתָּה לֹא תַעֲבֹט, וּמָשַׁלְתָּ בְּגוֹיִם רַבִּים, וּבְךָ לֹא יִמְשֹׁלוּ: אַשְׁרֶיךָ יִשְׂרָאֵל מִי כָמוֹךָ, עַם, נוֹשַׁע בַּייָ, מָגֵן עֶזְרֶךָ, וַאֲשֶׁר חֶרֶב גַּאֲוָתֶךָ, וְיִכָּחֲשׁוּ אֹיְבֶיךָ לָךְ, וְאַתָּה עַל בָּמוֹתֵימוֹ תִדְרֹךְ:

יִשְׂרָאֵל נוֹשַׁע בַּייָ תְּשׁוּעַת עוֹלָמִים, לֹא תֵבֹשׁוּ וְלֹא תִכָּלְמוּ עַד עוֹלְמֵי עַד: וַאֲכַלְתֶּם אָכוֹל וְשָׂבוֹעַ, וְהִלַּלְתֶּם אֶת שֵׁם יְיָ אֱלֹהֵיכֶם אֲשֶׁר עָשָׂה עִמָּכֶם לְהַפְלִיא, וְלֹא יֵבֹשׁוּ עַמִּי לְעוֹלָם: וִידַעְתֶּם כִּי בְקֶרֶב יִשְׂרָאֵל אָנִי, וַאֲנִי יְיָ אֱלֹהֵיכֶם וְאֵין עוֹד, וְלֹא יֵבֹשׁוּ עַמִּי לְעוֹלָם: כִּי בְשִׂמְחָה תֵצֵאוּ וּבְשָׁלוֹם תּוּבָלוּן, הֶהָרִים וְהַגְּבָעוֹת יִפְצְחוּ לִפְנֵיכֶם רִנָּה, וְכָל עֲצֵי הַשָּׂדֶה יִמְחֲאוּ כָף: הִנֵּה אֵל יְשׁוּעָתִי אֶבְטַח, וְלֹא אֶפְחָד, כִּי עָזִּי וְזִמְרָת יָהּ יְיָ, וַיְהִי לִי לִישׁוּעָה: וּשְׁאַבְתֶּם מַיִם בְּשָׂשׂוֹן, מִמַּעַיְנֵי הַיְשׁוּעָה: וַאֲמַרְתֶּם בַּיּוֹם הַהוּא: הוֹדוּ לַייָ קִרְאוּ בִשְׁמוֹ, הוֹדִיעוּ בָעַמִּים עֲלִילֹתָיו, הַזְכִּירוּ, כִּי נִשְׂגָּב שְׁמוֹ: זַמְּרוּ יְיָ, כִּי גֵאוּת עָשָׂה, מוּדַעַת זֹאת בְּכָל הָאָרֶץ: צַהֲלִי וָרֹנִּי, יוֹשֶׁבֶת צִיּוֹן, כִּי גָדוֹל בְּקִרְבֵּךְ קְדוֹשׁ יִשְׂרָאֵל: וְאָמַר בַּיּוֹם הַהוּא: הִנֵּה אֱלֹהֵינוּ זֶה, קִוִּינוּ לוֹ וְיוֹשִׁיעֵנוּ, זֶה יְיָ קִוִּינוּ לוֹ, נָגִילָה וְנִשְׂמְחָה בִּישׁוּעָתוֹ: בּוֹרֵא נִיב שְׂפָתָיִם שָׁלוֹם, שָׁלוֹם לָרָחוֹק וְלַקָּרוֹב אָמַר יְיָ וּרְפָאתִיו: וְרוּחַ לָבְשָׁה אֶת עֲמָשַׂי רֹאשׁ הַשָּׁלִישִׁים, לְךָ דָוִיד וְעִמְּךָ בֶן יִשַׁי, שָׁלוֹם, שָׁלוֹם לְךָ וְשָׁלוֹם לְעֹזְרֶךָ, כִּי עֲזָרְךָ אֱלֹהֶיךָ, וַיְקַבְּלֵם דָּוִיד וַיִּתְּנֵם בְּרָאשֵׁי הַגְּדוּד: וַאֲמַרְתֶּם: כֹּה לֶחָי, וְאַתָּה שָׁלוֹם, וּבֵיתְךָ שָׁלוֹם וְכֹל אֲשֶׁר לְךָ שָׁלוֹם. יְיָ עֹז לְעַמּוֹ יִתֵּן, יְיָ יְבָרֵךְ אֶת עַמּוֹ בַשָּׁלוֹם:

א) שם לג כט: ב) ישעיה מה יז: ג) יואל ב כו כז: ד) ישעיה נה יב: ה) שם יב ב ג ד ה ו: שם כה ט: ז) שם נז יט: ח) דה״א יב יח: ט) ש״א כה ו: י) תהלים כט יא:

has promised you; you will make loans to many nations but you will not require loans; you will dominate many nations, but they will not rule over you.[1] Fortunate are you, Israel! Who is like you, a people delivered by the Lord, your helping shield and the sword of your glory; your enemies will deny their identity before you, and you shall tread upon their high places.[2]

ישראל Israel will be delivered by the Lord with an everlasting deliverance; you will not be disgraced nor humiliated forever and ever.[3] You will eat and be satiated and praise the Name of the Lord your God who has dealt with you wondrously; and My people will never be put to shame. And you will know that I am within [the people of] Israel, that I am the Lord your God, and there is none else; and My people will never be put to shame.[4] For you will go out with joy, and be led forth in peace; the mountains and the hills will burst into song before you, and all the trees of the field will clap hands.[5] Indeed, God is my deliverance; I am confident and shall not fear, for God the Lord is my strength and song, and He has been a help to me. You shall draw water with joy from the wellsprings of deliverance. And you will say on that day, "Offer thanks to the Lord, proclaim His Name, make His deeds known among the nations; cause it to be remembered that His Name is exalted. Sing to the Lord for He has done great things; this is known throughout the earth. Raise your voice joyously and sing, you dweller in Zion, for the Holy One of Israel is great in your midst."[6] On that day [Israel] will say, "Indeed, this is our God in whom we have hoped that He should deliver us; this is the Lord in whom we have hoped; let us be glad and rejoice in His deliverance."[7]

בורא The Lord, Creator of the speech of the lips, says, "Peace, peace to him who is far and to him who is near, and I will heal him."[8] A feeling enfolded Amasai, the chief of the captains [and he said], "We are yours, David, on your side, son of Yishai; peace be to you and peace to your helpers, for your God helps you." David received them and placed them at the head of the brigade.[9] And you shall say, "May it be so throughout life! May you be at peace, and your household at peace, and all that is yours at peace."[10] The Lord will give strength to His people; the Lord will bless His people with peace.[11]

1. Deuteronomy 15:6. 2. Ibid. 33:29. 3. Isaiah 45:17. 4. Joel 2:26-27. 5. Isaiah 55:12. 6. Ibid. 12:2-6. 7. Ibid. 25:9. 8. Ibid. 57:19. 9. I Chronicles 12:19. 10. I Samuel 25:6. 11. Psalms 29:11.

עפ״י הקבלה אין לחדש הלבנה עד אחר ז׳ ימים למולד. ויש לקדש הלבנה בבגדים חשובים ונאים וקודם הברכה יאמר:

הַלְלוּיָהּ, הַלְלוּ אֶת יְיָ מִן הַשָּׁמַיִם, הַלְלוּהוּ בַּמְּרוֹמִים: הַלְלוּהוּ כָל מַלְאָכָיו, הַלְלוּהוּ כָּל צְבָאָיו. הַלְלוּהוּ שֶׁמֶשׁ וְיָרֵחַ, הַלְלוּהוּ כָּל כּוֹכְבֵי אוֹר. הַלְלוּהוּ שְׁמֵי הַשָּׁמָיִם, וְהַמַּיִם אֲשֶׁר מֵעַל הַשָּׁמָיִם, יְהַלְלוּ אֶת שֵׁם יְיָ, כִּי הוּא צִוָּה וְנִבְרָאוּ. וַיַּעֲמִידֵם לָעַד לְעוֹלָם, חָק נָתַן וְלֹא יַעֲבוֹר:

יאשר רגליו ויביט בלבנה פ״א קודם הברכה וכשיתחיל לברך לא יראה בה כלל:

בָּרוּךְ[א] אַתָּה יְיָ אֱלֹהֵינוּ מֶלֶךְ הָעוֹלָם, אֲשֶׁר בְּמַאֲמָרוֹ בָּרָא שְׁחָקִים, וּבְרוּחַ פִּיו כָּל צְבָאָם, חֹק וּזְמַן נָתַן לָהֶם שֶׁלֹּא יְשַׁנּוּ אֶת תַּפְקִידָם, שָׂשִׂים וּשְׂמֵחִים לַעֲשׂוֹת רְצוֹן קוֹנָם, פּוֹעֵל אֱמֶת, שֶׁפְּעֻלָּתוֹ אֱמֶת, וְלַלְּבָנָה אָמַר שֶׁתִּתְחַדֵּשׁ עֲטֶרֶת תִּפְאֶרֶת לַעֲמוּסֵי בָטֶן, שֶׁהֵם עֲתִידִים לְהִתְחַדֵּשׁ כְּמוֹתָהּ, וּלְפָאֵר לְיוֹצְרָם עַל שֵׁם כְּבוֹד מַלְכוּתוֹ. בָּרוּךְ אַתָּה יְיָ, מְחַדֵּשׁ חֳדָשִׁים:

ידלג שלשה דילוגים ויאמר:

בָּרוּךְ עוֹשֵׂךְ, בָּרוּךְ יוֹצְרֵךְ, בָּרוּךְ בּוֹרְאֵךְ, בָּרוּךְ קוֹנֵךְ. כְּשֵׁם שֶׁאֲנִי רוֹקֵד כְּנֶגְדֵּךְ וְאֵינִי יָכוֹל לִנְגּוֹעַ בָּךְ, כַּךְ לֹא יוּכְלוּ כָּל אוֹיְבַי לִנְגּוֹעַ בִּי לְרָעָה. תִּפֹּל[ב] עֲלֵיהֶם אֵימָתָה

א) סנהדרין דף מב ע״א: ב) שמות טו טז:

According to the Kabbalah, the moon should not be sanctified until seven days after the appearance ("birth") of the new moon. It is proper to wear festive garments while reciting the Sanctification Prayer. Before the berachah, *say the following:*

הַלְלוּיָהּ Praise the Lord. Praise the Lord from the heavens; praise Him in the celestial heights. Praise Him, all His angels; praise Him, all His hosts. Praise Him, sun and moon; praise Him, all the shining stars. Praise Him, heaven of heavens, and the waters that are above the heavens. Let them praise the Name of the Lord, for He commanded and they were created. He has established them forever, for all time; He issued a decree, and it shall not be transgressed.[1]

Place the feet together and glance once at the moon before reciting the following berachah. *Once the* berachah *is begun, do not look at the moon at all.*

בָּרוּךְ Blessed are You, Lord our God, King of the universe, who with His utterance created the heavens, and with the breath of His mouth all their host. He gave them a set law and time, so that they should not alter their task. They are glad and rejoice to carry out the will of their Creator, the Doer of truth whose work is truth. And He directed the moon to renew itself as a crown of glory to those who are borne [by Him] from birth,[2] who likewise are destined to be renewed and to glorify their Creator for the name of the glory of His kingdom. Blessed are You Lord, who renews the months.[3]

Rise three times on the toes and say:

בָּרוּךְ Blessed is your Maker; blessed is He who formed you; blessed is your Creator; blessed is your Master. Just as I leap toward you but cannot touch you, so may all my enemies be unable to touch me harmfully. May there fall upon them terror and dread; by the great [strength] of Your arm let them be still as a

1. Psalms 148:1-6. 2. I.e., Israel. See Isaiah 46:3 3. Sanhedrin 42a.

וָפַחַד בִּגְדֹל זְרוֹעֲךָ יִדְּמוּ כָּאָבֶן. כָּאָבֶן יִדְּמוּ
זְרוֹעֲךָ בִּגְדֹל וָפַחַד אֵימָתָה עֲלֵיהֶם תִּפֹּל:

ככה יעשה ג׳ פעמים ידלג שלשה דילוגים ואומר מברוך עושך וכו׳ ע״כ.

ג״פ דָּוִד מֶלֶךְ יִשְׂרָאֵל חַי וְקַיָּם:

ויאמר לחברו שָׁלוֹם עֲלֵיכֶם. וחברו משיב עֲלֵיכֶם שָׁלוֹם: ג״פ

ג״פ סִמָּן טוֹב וּמַזָּל טוֹב יְהֵא לָנוּ וּלְכָל יִשְׂרָאֵל אָמֵן:

קוֹל[א] דּוֹדִי הִנֵּה זֶה בָּא, מְדַלֵּג עַל הֶהָרִים מְקַפֵּץ
עַל הַגְּבָעוֹת. דּוֹמֶה דוֹדִי לִצְבִי אוֹ לְעֹפֶר
הָאַיָּלִים, הִנֵּה זֶה עוֹמֵד אַחַר כָּתְלֵנוּ, מַשְׁגִּיחַ מִן
הַחַלֹּנוֹת, מֵצִיץ מִן הַחֲרַכִּים:

שִׁיר[ב] לַמַּעֲלוֹת, אֶשָּׂא עֵינַי אֶל הֶהָרִים, מֵאַיִן יָבֹא עֶזְרִי: עֶזְרִי מֵעִם יְיָ, עֹשֵׂה
שָׁמַיִם וָאָרֶץ: אַל יִתֵּן לַמּוֹט רַגְלֶךָ, אַל יָנוּם שֹׁמְרֶךָ: הִנֵּה לֹא יָנוּם
וְלֹא יִישָׁן, שׁוֹמֵר יִשְׂרָאֵל: יְיָ שֹׁמְרֶךָ, יְיָ צִלְּךָ עַל יַד יְמִינֶךָ: יוֹמָם הַשֶּׁמֶשׁ
לֹא יַכֶּכָּה, וְיָרֵחַ בַּלָּיְלָה: יְיָ יִשְׁמָרְךָ מִכָּל רָע, יִשְׁמֹר אֶת נַפְשֶׁךָ: יְיָ יִשְׁמָר
צֵאתְךָ וּבוֹאֶךָ, מֵעַתָּה וְעַד עוֹלָם:

הַלְלוּיָהּ[ג], הַלְלוּ אֵל בְּקָדְשׁוֹ, הַלְלוּהוּ בִּרְקִיעַ עֻזּוֹ: הַלְלוּהוּ בִּגְבוּרֹתָיו
הַלְלוּהוּ כְּרֹב גֻּדְלוֹ: הַלְלוּהוּ בְּתֵקַע שׁוֹפָר. הַלְלוּהוּ בְּנֵבֶל
וְכִנּוֹר: הַלְלוּהוּ בְּתֹף וּמָחוֹל, הַלְלוּהוּ בְּמִנִּים וְעֻגָב: הַלְלוּהוּ בְצִלְצְלֵי שָׁמַע,
הַלְלוּהוּ בְּצִלְצְלֵי תְרוּעָה: כֹּל הַנְּשָׁמָה תְּהַלֵּל יָהּ, הַלְלוּיָהּ:

תָּנָא[ד] דְבֵי רַבִּי יִשְׁמָעֵאל, אִלְמָלֵי לֹא
זָכוּ יִשְׂרָאֵל אֶלָּא לְהַקְבִּיל פְּנֵי
אֲבִיהֶם שֶׁבַּשָּׁמַיִם פַּעַם אַחַת בַּחֹדֶשׁ
דַּיָּם, אָמַר אַבַּיֵּי: הִלְכָּךְ נֵימְרִינְהוּ
מְעֻמָּד. מִי[ה] זֹאת עוֹלָה מִן הַמִּדְבָּר

א) שה״ש ב ח ט: ב) תהלים קכא: ג) שם קנ: ד) סנהדרין מב: ה) שה״ש ח ה:

stone.[1] As a stone let them be still by Your arm's great [strength]; may dread and terror upon them fall.

Say three times, each time preceded by rising three times on the toes.

דָּוִד David, King of Israel, is living and enduring. *Say three times.*

The following greeting is exchanged three times:

שָׁלוֹם Peace unto you. *The other responds:* Unto you peace.

סִמָּן May there be a good omen and good *mazal* for us and for all Israel. Amen. *Say three times.*

קוֹל The voice of my Beloved! Here He comes, leaping over the mountains, skipping over the hills. My Beloved is like a hart or a young deer; here He stands behind our wall, watching through the windows, peering through the crevices.[2]

שִׁיר A Song of Ascents. I lift up my eyes to the mountains — from where will my help come? My help will come from the Lord, Maker of heaven and earth. He will not let your foot falter; your guardian does not slumber. Indeed, the Guardian of Israel neither slumbers nor sleeps. The Lord is your guardian; the Lord is your protective shade at your right hand. The sun will not harm you by day, nor the moon by night. The Lord will guard you from all evil; He will guard your soul. The Lord will guard your going and coming from now and for all time.[3]

הַלְלוּיָהּ Praise the Lord. Praise God in His holiness, praise Him in the firmament of His strength. Praise Him for His mighty acts; praise Him according to His abundant greatness. Praise Him with the call of the *shofar*; praise Him with harp and lyre. Praise Him with timbrel and dance; praise Him with stringed instruments and flute. Praise Him with resounding cymbals; praise Him with clanging cymbals. Let every being that has a soul praise the Lord.[4]

תָּנָא It was taught in the academy of Rabbi Yishmael: Even if Israel merited no other privilege[5] than to greet their Father in heaven once a month,[6] it would be sufficient for them. Abbaye said, "Therefore we must recite it standing."[7] Who is this coming up from the

1. Exodus 15:16. 2. Song of Songs 2:8-9. 3. Psalm 121. 4. Ibid. 150. 5. I.e., *mitzvah*. 6. V. Sanhedrin 42a: Whoever recites the *berachah* over the New Moon in its proper time welcomes, as it were, the *Shechinah*. 7. Sanhedrin 42a.

מִתְרַפֶּקֶת עַל דּוֹדָהּ. וִיהִי רָצוֹן מִלְּפָנֶיךָ יְיָ אֱלֹהַי וֵאלֹהֵי אֲבוֹתַי לְמַלֹּאת פְּגִימַת הַלְּבָנָה, וְלֹא יִהְיֶה בָּהּ שׁוּם מִעוּט, וִיהִי אוֹר הַלְּבָנָה כְּאוֹר הַחַמָּה כְּאוֹר שִׁבְעַת יְמֵי בְרֵאשִׁית, כְּמוֹ שֶׁהָיְתָה קוֹדֶם מִעוּטָהּ, שֶׁנֶּאֱמַר וַיַּעַשׂ אֱלֹהִים אֶת שְׁנֵי הַמְּאֹרֹת הַגְּדֹלִים. וְיִתְקַיֵּם בָּנוּ מִקְרָא שֶׁכָּתוּב: וּבִקְשׁוּ אֶת יְיָ אֱלֹהֵיהֶם וְאֵת דָּוִיד מַלְכָּם אָמֵן:

לַמְנַצֵּחַ בִּנְגִינֹת מִזְמוֹר שִׁיר: אֱלֹהִים יְחָנֵּנוּ וִיבָרְכֵנוּ, יָאֵר פָּנָיו אִתָּנוּ סֶלָה: לָדַעַת בָּאָרֶץ דַּרְכֶּךָ, בְּכָל גּוֹיִם יְשׁוּעָתֶךָ: יוֹדוּךָ עַמִּים אֱלֹהִים יוֹדוּךָ עַמִּים כֻּלָּם: יִשְׂמְחוּ וִירַנְּנוּ לְאֻמִּים, כִּי תִשְׁפֹּט עַמִּים מִישֹׁר, וּלְאֻמִּים בָּאָרֶץ תַּנְחֵם סֶלָה: יוֹדוּךָ עַמִּים אֱלֹהִים, יוֹדוּךָ עַמִּים כֻּלָּם: אֶרֶץ נָתְנָה יְבוּלָהּ, יְבָרְכֵנוּ אֱלֹהִים אֱלֹהֵינוּ: יְבָרְכֵנוּ אֱלֹהִים, וְיִירְאוּ אוֹתוֹ כָּל אַפְסֵי אָרֶץ:

עָלֵינוּ לְשַׁבֵּחַ לַאֲדוֹן הַכֹּל לָתֵת גְּדֻלָּה לְיוֹצֵר בְּרֵאשִׁית שֶׁלֹּא עָשָׂנוּ כְּגוֹיֵי הָאֲרָצוֹת וְלֹא שָׂמָנוּ כְּמִשְׁפְּחוֹת הָאֲדָמָה שֶׁלֹּא שָׂם חֶלְקֵנוּ כָּהֶם וְגוֹרָלֵנוּ כְּכָל־הֲמוֹנָם שֶׁהֵם מִשְׁתַּחֲוִים לְהֶבֶל וָרִיק: וַאֲנַחְנוּ כּוֹרְעִים וּמִשְׁתַּחֲוִים וּמוֹדִים לִפְנֵי מֶלֶךְ מַלְכֵי הַמְּלָכִים הַקָּדוֹשׁ בָּרוּךְ הוּא: שֶׁהוּא נוֹטֶה שָׁמַיִם וְיוֹסֵד אָרֶץ וּמוֹשַׁב יְקָרוֹ בַּשָּׁמַיִם מִמַּעַל וּשְׁכִינַת עֻזּוֹ בְּגָבְהֵי מְרוֹמִים׳ הוּא אֱלֹהֵינוּ אֵין עוֹד

א) ישעיה ל כו: ב) בראשית א טז: ג) הושע ג ה: ד) תהלים סז:

wilderness, cleaving to her Beloved?[1] May it be Your will, Lord my God and God of my fathers, to fill the defect of the moon, so that there be no diminution in it, and may the light of the moon be as the light of the sun, as the light of the Seven Days of Creation, as it was before it was diminished, as it is said: And God made the two great luminaries.[2] May there be fulfilled in us the Scriptural verse which states: They will seek the Lord their God and David their king.[3] Amen.

לַמְנַצֵּחַ For the Choirmaster; a song with instrumental music; a Psalm. May God be gracious to us and bless us, may He make His countenance shine upon us forever; that Your way be known on earth, Your salvation among all nations. The nations will extol You, O God; all the nations will extol You. The nations will rejoice and sing for joy, for You will judge the peoples justly and guide the nations on earth forever. The people will extol You, O God; all the peoples will extol You, for the earth will have yielded its produce and God, our God, will bless us. God will bless us; and all, from the farthest corners of the earth, shall fear Him.[4]

עָלֵינוּ It is incumbent upon us to praise the Master of all things, to exalt the Creator of all existence, that He has not made us like the nations of the world, nor caused us to be like the families of the earth; that He has not assigned us a portion like theirs, nor a lot like that of all their multitudes, for they bow to vanity and nothingness. But we bend the knee, bow down, and offer praise before the supreme King of kings, the Holy One, blessed be He, who stretches forth the heavens and establishes the earth, the seat of whose glory is in the heavens above and the abode of whose majesty is in the loftiest heights. He is our God; there is none else.

1. Song of Songs 8:5. 2. Genesis 1:16. 3. Hosea 3:5. 4. Psalm 67.

אֱמֶת מַלְכֵּנוּ אֶפֶס זוּלָתוֹ כַּכָּתוּב בְּתוֹרָתוֹ וְיָדַעְתָּ
הַיּוֹם וַהֲשֵׁבֹתָ אֶל־לְבָבֶךָ כִּי יְהוָֹה הוּא הָאֱלֹהִים בַּשָּׁמַיִם
מִמַּעַל וְעַל־הָאָרֶץ מִתָּחַת אֵין עוֹד:

וְעַל־כֵּן נְקַוֶּה לְּךָ יְהוָֹה אֱלֹהֵינוּ לִרְאוֹת מְהֵרָה בְּתִפְאֶרֶת
עֻזֶּךָ לְהַעֲבִיר גִּלּוּלִים מִן הָאָרֶץ וְהָאֱלִילִים כָּרוֹת
יִכָּרֵתוּן לְתַקֵּן עוֹלָם בְּמַלְכוּת שַׁדַּי וְכָל־בְּנֵי־בָשָׂר
יִקְרְאוּ בִשְׁמֶךָ לְהַפְנוֹת אֵלֶיךָ כָּל־רִשְׁעֵי אָרֶץ׃ יַכִּירוּ
וְיֵדְעוּ כָּל־יוֹשְׁבֵי תֵבֵל כִּי לְךָ תִּכְרַע כָּל־בֶּרֶךְ תִּשָּׁבַע
כָּל־לָשׁוֹן׃ לְפָנֶיךָ יְהוָֹה אֱלֹהֵינוּ יִכְרְעוּ וְיִפֹּלוּ וְלִכְבוֹד
שִׁמְךָ יְקָר יִתֵּנוּ׃ וִיקַבְּלוּ כֻלָּם עֲלֵיהֶם אֶת־עֹל מַלְכוּתֶךָ׃
וְתִמְלוֹךְ עֲלֵיהֶם מְהֵרָה לְעוֹלָם וָעֶד׃ כִּי הַמַּלְכוּת שֶׁלְּךָ
הִיא וּלְעוֹלְמֵי עַד תִּמְלוֹךְ בְּכָבוֹד כַּכָּתוּב בְּתוֹרָתֶךָ
יְהוָֹה יִמְלֹךְ לְעֹלָם וָעֶד: וְנֶאֱמַר וְהָיָה יְהוָֹה לְמֶלֶךְ עַל־
כָּל־הָאָרֶץ בַּיּוֹם הַהוּא יִהְיֶה יְהוָֹה אֶחָד וּשְׁמוֹ אֶחָד:

קדיש יתום:

יִתְגַּדַּל וְיִתְקַדַּשׁ שְׁמֵהּ רַבָּא. אמן בְּעָלְמָא דִּי בְרָא כִרְעוּתֵהּ וְיַמְלִיךְ מַלְכוּתֵהּ,
וְיַצְמַח פּוּרְקָנֵהּ וִיקָרֵב מְשִׁיחֵהּ. אמן בְּחַיֵּיכוֹן וּבְיוֹמֵיכוֹן וּבְחַיֵּי דְכָל בֵּית
יִשְׂרָאֵל, בַּעֲגָלָא וּבִזְמַן קָרִיב וְאִמְרוּ אָמֵן: יְהֵא שְׁמֵהּ רַבָּא מְבָרַךְ לְעָלַם וּלְעָלְמֵי
עָלְמַיָּא. יִתְבָּרַךְ וְיִשְׁתַּבַּח, וְיִתְפָּאַר וְיִתְרוֹמַם, וְיִתְנַשֵּׂא, וְיִתְהַדָּר וְיִתְעַלֶּה וְיִתְהַלָּל,
שְׁמֵהּ דְקֻדְשָׁא בְּרִיךְ הוּא. אמן לְעֵלָּא מִן כָּל בִּרְכָתָא וְשִׁירָתָא, תֻּשְׁבְּחָתָא,
וְנֶחֱמָתָא, דַּאֲמִירָן בְּעָלְמָא, וְאִמְרוּ אָמֵן:

יְהֵא שְׁלָמָא רַבָּא מִן שְׁמַיָּא וְחַיִּים טוֹבִים עָלֵינוּ וְעַל כָּל יִשְׂרָאֵל וְאִמְרוּ אָמֵן:
עֹשֶׂה שָׁלוֹם (בעשי״ת הַשָּׁלוֹם) בִּמְרוֹמָיו, הוּא יַעֲשֶׂה שָׁלוֹם עָלֵינוּ וְעַל כָּל
יִשְׂרָאֵל וְאִמְרוּ אָמֵן:

אַל־תִּירָא מִפַּחַד פִּתְאֹם וּמִשֹּׁאַת רְשָׁעִים כִּי תָבֹא: עֻצוּ עֵצָה וְתֻפָר דַּבְּרוּ
דָבָר וְלֹא יָקוּם כִּי עִמָּנוּ אֵל: וְעַד־זִקְנָה אֲנִי הוּא וְעַד־שֵׂיבָה אֲנִי אֶסְבֹּל
אֲנִי עָשִׂיתִי וַאֲנִי אֶשָּׂא וַאֲנִי אֶסְבֹּל וַאֲמַלֵּט:

אַךְ צַדִּיקִים יוֹדוּ לִשְׁמֶךָ יֵשְׁבוּ יְשָׁרִים אֶת־פָּנֶיךָ:

וינער שולי טלית קטן:

Truly, He is our King; there is nothing besides Him, as it is written in His Torah: Know this day and take unto your heart that the Lord is God; in the heavens above and upon the earth below there is nothing else.[1]

וְעַל And therefore we hope to You, Lord our God, that we may speedily behold the splendor of Your might, to banish idolatry from the earth — and false gods will be utterly destroyed; to perfect the world under the sovereignty of the Almighty. All mankind shall invoke Your Name, to turn to You all the wicked of the earth. Then all the inhabitants of the world will recognize and know that every knee should bend to You, every tongue should swear [by Your Name]. Before You, Lord our God, they will bow and prostrate themselves, and give honor to the glory of Your Name; and they will all take upon themselves the yoke of Your kingdom. May You soon reign over them forever and ever, for Kingship is Yours, and to all eternity You will reign in glory, as it is written in Your Torah: The Lord will reign forever and ever.[2] And it is said: The Lord shall be King over the entire earth; on that day the Lord shall be One and His Name One.[3]

MOURNER'S KADDISH

יִתְגַּדַּל Exalted and hallowed be His great Name (*Cong:* Amen.) throughout the world which He has created according to His will. May He establish His kingship, bring forth His redemption and hasten the coming of His *Mashiach* (*Cong:* Amen.) in your lifetime and in your days and in the lifetime of the entire House of Israel, speedily and soon, and say, Amen. (*Cong:* Amen. May His great Name be blessed forever and to all eternity. Blessed.) May His great Name be blessed forever and to all eternity. Blessed and praised, glorified, exalted and extolled, honored, adored and lauded be the Name of the Holy One, blessed be He, (*Cong:* Amen.) beyond all the blessings, hymns, praises and consolations that are uttered in the world; and say, Amen. (*Cong:* Amen.)

May there be abundant peace from heaven, and a good life for us and for all Israel; and say, Amen. (*Cong:* Amen.)

He who makes peace (*During the Ten Days of Penitence say:* the peace) in His heavens, may He make peace for us and for all Israel; and say, Amen. (*Cong:* Amen.)

אַל תִּירָא Do not fear sudden terror, nor the destruction of the wicked when it comes.[4] Contrive a scheme, but it will be foiled; conspire a plot but it will not materialize, for God is with us.[5] To your old age I am [with you]; to your hoary years I will sustain you; I have made you, and I will carry you; I will sustain you and deliver you.[6]

אַךְ Indeed, the righteous will extol Your Name; the upright will dwell in Your presence.[7]

Shake the corners of the tallit katan *(the four-cornered, fringed garment worn by males).*

1. Deuteronomy 4:39. For further elucidation, see *Tanya*, Part II, Ch. 6. 2. Exodus 15:18. 3. Zechariah 14:9. 4. Proverbs 3:25. 5. Isaiah 8:10. 6. Ibid. 46:4. 7. Psalms 140:14.

כשנוטל את ידיו קודם הסעודה מברך:

בָּרוּךְ אַתָּה יְיָ אֱלֹהֵינוּ מֶלֶךְ הָעוֹלָם, אֲשֶׁר קִדְּשָׁנוּ בְּמִצְוֹתָיו, וְצִוָּנוּ עַל נְטִילַת יָדָיִם:

על הלחם:

בָּרוּךְ אַתָּה יְיָ אֱלֹהֵינוּ מֶלֶךְ הָעוֹלָם, הַמּוֹצִיא לֶחֶם מִן הָאָרֶץ:

על חמשת מיני דגן שהם חטה ושעורה כוסמין שבולת שועל ושיפון ששלקן או כתשן ועשה מהן תבשיל מברך:

בָּרוּךְ אַתָּה יְיָ אֱלֹהֵינוּ מֶלֶךְ הָעוֹלָם, בּוֹרֵא מִינֵי מְזוֹנוֹת:

על היין:

בָּרוּךְ אַתָּה יְיָ אֱלֹהֵינוּ מֶלֶךְ הָעוֹלָם, בּוֹרֵא פְּרִי הַגָּפֶן:

על כל פרי העץ מברך:

בָּרוּךְ אַתָּה יְיָ אֱלֹהֵינוּ מֶלֶךְ הָעוֹלָם, בּוֹרֵא פְּרִי הָעֵץ:

על פרי האדמה:

בָּרוּךְ אַתָּה יְיָ אֱלֹהֵינוּ מֶלֶךְ הָעוֹלָם, בּוֹרֵא פְּרִי הָאֲדָמָה:

על בשר ודגים, חלב ביצה וגבינה, כמהין ופטריות וכדומה, גם על המשקים חוץ מיין מברך:

בָּרוּךְ אַתָּה יְיָ אֱלֹהֵינוּ מֶלֶךְ הָעוֹלָם, שֶׁהַכֹּל נִהְיָה בִּדְבָרוֹ:

האוכל פרי חדש בפעם הראשונה:

בָּרוּךְ אַתָּה יְיָ אֱלֹהֵינוּ מֶלֶךְ הָעוֹלָם, שֶׁהֶחֱיָנוּ וְקִיְּמָנוּ וְהִגִּיעָנוּ לִזְמַן הַזֶּה:

הקובע מזוזה:

בָּרוּךְ אַתָּה יְיָ אֱלֹהֵינוּ מֶלֶךְ הָעוֹלָם, אֲשֶׁר קִדְּשָׁנוּ בְּמִצְוֹתָיו, וְצִוָּנוּ לִקְבּוֹעַ מְזוּזָה:

על רעם וסער ורעש:

בָּרוּךְ אַתָּה יְיָ אֱלֹהֵינוּ מֶלֶךְ הָעוֹלָם, שֶׁכֹּחוֹ וּגְבוּרָתוֹ מָלֵא עוֹלָם:

הרואה ברקים וכוכבים המעופפים בלילה:

בָּרוּךְ אַתָּה יְיָ אֱלֹהֵינוּ מֶלֶךְ הָעוֹלָם, עֹשֶׂה מַעֲשֵׂה בְרֵאשִׁית:

הרואה הקשת:

בָּרוּךְ אַתָּה יְיָ אֱלֹהֵינוּ מֶלֶךְ הָעוֹלָם, זוֹכֵר הַבְּרִית וְנֶאֱמָן בִּבְרִיתוֹ וְקַיָּם בְּמַאֲמָרוֹ:

על שמועות טובות לו ולאחרים:

בָּרוּךְ אַתָּה יְיָ אֱלֹהֵינוּ מֶלֶךְ הָעוֹלָם, הַטּוֹב וְהַמֵּטִיב:

על שמועות רעות ר"ל:

בָּרוּךְ אַתָּה יְיָ אֱלֹהֵינוּ מֶלֶךְ הָעוֹלָם, דַּיַּן הָאֱמֶת:

על ריח בשמים:

בָּרוּךְ אַתָּה יְיָ אֱלֹהֵינוּ מֶלֶךְ הָעוֹלָם, בּוֹרֵא מִינֵי בְשָׂמִים:

כשטובל כלים חדשים מברך:

בָּרוּךְ אַתָּה יְיָ אֱלֹהֵינוּ מֶלֶךְ הָעוֹלָם, אֲשֶׁר קִדְּשָׁנוּ בְּמִצְוֹתָיו, וְצִוָּנוּ עַל טְבִילַת כֶּלִי
(וכשהם הרבה יאמר טְבִילַת כֵּלִים)

הלש עיסה לערך משקל שלש לטרות מקמח ומים, חייב להפריש ממנה חלה:

בָּרוּךְ אַתָּה יְיָ אֱלֹהֵינוּ מֶלֶךְ הָעוֹלָם, אֲשֶׁר קִדְּשָׁנוּ בְּמִצְוֹתָיו, וְצִוָּנוּ לְהַפְרִישׁ חַלָּה:

Upon washing the hands before a meal:

Blessed are You, Lord our God, King of the universe, who has sanctified us with His commandments, and commanded us concerning the washing of the hands.

Over bread:

Blessed are You, Lord our God, King of the universe, who brings forth bread from the earth.

Over the five species of grain — wheat, barley, spelt, oats or rye — if they were boiled or ground and made into a dish:

Blessed are You, Lord our God, King of the universe, who creates various kinds of food.

Over wine:

Blessed are You, Lord our God, King of the universe, who creates the fruit of the vine.

Over all tree-grown fruits:

Blessed are You, Lord our God, King of the universe, who creates the fruit of the tree.

Over earth-grown fruit (vegetables):

Blessed are You, Lord our God, King of the universe, who creates the fruit of the earth.

Over meat and fish, milk, eggs and cheese, truffles, mushrooms and the like, as well as over all liquids except wine:

Blessed are You, Lord our God, King of the universe, by whose word all things came into being.

On tasting any fruit for the first time in the season:

Blessed are You, Lord our God, King of the universe, who has granted us life, sustained us and enabled us to reach this occasion.

On affixing a mezuzah:

Blessed are You, Lord our God, King of the universe, who has sanctified us with His commandments, and commanded us to affix a *mezuzah*.

On hearing thunder or seeing a hurricane or an earthquake:

Blessed are You, Lord our God, King of the universe, whose power and might fill the world.

On seeing lightning or shooting-stars:

Blessed are You, Lord our God, King of the universe, who re-enacts the work of Creation.

On seeing a rainbow:

Blessed are You, Lord our God, King of the universe, who remembers the Covenant, is faithful to His Covenant, and keeps His promise.

On hearing good tidings that concern both himself and others:

Blessed are You, Lord our God, King of the universe, who is good and does good.

On hearing bad tidings, G-d forbid:

Blessed are You, Lord our God, King of the universe, the true Judge.

On smelling fragrant spices:

Blessed are You, Lord our God, King of the universe, who creates various kinds of spices.

On immersing new utensils in a mikveh:

Blessed are You, Lord our God, King of the universe, who has sanctified us with His commandments, and commanded us concerning the immersion of a vessel. (*If immersing more than one utensil:* ... the immersion of vessels.)

One who kneads dough from flour and water — in the prescribed weight — must take challah and recite the following:

Blessed are You, Lord our God, King of the universe, who has sanctified us with His commandments, and commanded us to separate *challah*.

לחול

קודם מים אחרונים יאמר:

א עַל־נַהֲרוֹת ׀ בָּבֶל שָׁם יָשַׁבְנוּ גַּם־בָּכִינוּ בְּזָכְרֵנוּ אֶת־צִיּוֹן: ב עַל־
עֲרָבִים בְּתוֹכָהּ תָּלִינוּ כִּנֹּרוֹתֵינוּ: ג כִּי שָׁם שְׁאֵלוּנוּ שׁוֹבֵינוּ
דִּבְרֵי־שִׁיר וְתוֹלָלֵינוּ שִׂמְחָה שִׁירוּ לָנוּ מִשִּׁיר צִיּוֹן: ד אֵיךְ נָשִׁיר
אֶת־שִׁיר יְהוָה עַל אַדְמַת נֵכָר: ה אִם־אֶשְׁכָּחֵךְ יְרוּשָׁלָםִ תִּשְׁכַּח
יְמִינִי: ו תִּדְבַּק לְשׁוֹנִי ׀ לְחִכִּי אִם־לֹא אֶזְכְּרֵכִי אִם־לֹא אַעֲלֶה אֶת־
יְרוּשָׁלַםִ עַל רֹאשׁ שִׂמְחָתִי: ז זְכֹר יְהוָה ׀ לִבְנֵי אֱדוֹם אֵת יוֹם
יְרוּשָׁלָםִ הָאֹמְרִים עָרוּ ׀ עָרוּ עַד הַיְסוֹד בָּהּ: ח בַּת־בָּבֶל הַשְּׁדוּדָה
אַשְׁרֵי שֶׁיְשַׁלֶּם־לָךְ אֶת־גְּמוּלֵךְ שֶׁגָּמַלְתְּ לָנוּ: ט אַשְׁרֵי שֶׁיֹּאחֵז
וְנִפֵּץ אֶת־עֹלָלַיִךְ אֶל־הַסָּלַע:

א לַמְנַצֵּחַ בִּנְגִינֹת מִזְמוֹר שִׁיר: ב אֱלֹהִים יְחָנֵּנוּ וִיבָרְכֵנוּ יָאֵר פָּנָיו
אִתָּנוּ סֶלָה: ג לָדַעַת בָּאָרֶץ דַּרְכֶּךָ בְּכָל־גּוֹיִם יְשׁוּעָתֶךָ:
ד יוֹדוּךָ עַמִּים ׀ אֱלֹהִים יוֹדוּךָ עַמִּים כֻּלָּם: ה יִשְׂמְחוּ וִירַנְּנוּ לְאֻמִּים
כִּי־תִשְׁפֹּט עַמִּים מִישֹׁר וּלְאֻמִּים ׀ בָּאָרֶץ תַּנְחֵם סֶלָה: ו יוֹדוּךָ
עַמִּים ׀ אֱלֹהִים יוֹדוּךָ עַמִּים כֻּלָּם: ז אֶרֶץ נָתְנָה יְבוּלָהּ יְבָרְכֵנוּ
אֱלֹהִים אֱלֹהֵינוּ: ח יְבָרְכֵנוּ אֱלֹהִים וְיִירְאוּ אוֹתוֹ כָּל־אַפְסֵי־אָרֶץ:

אֲבָרְכָה אֶת־יְהוָה בְּכָל־עֵת תָּמִיד תְּהִלָּתוֹ בְּפִי: סוֹף דָּבָר
הַכֹּל נִשְׁמָע אֶת־הָאֱלֹהִים יְרָא וְאֶת־מִצְוֹתָיו שְׁמוֹר כִּי־זֶה
כָּל־הָאָדָם: תְּהִלַּת יְהוָה יְדַבֶּר־פִּי וִיבָרֵךְ כָּל־בָּשָׂר שֵׁם קָדְשׁוֹ
לְעוֹלָם וָעֶד: וַאֲנַחְנוּ ׀ נְבָרֵךְ יָהּ מֵעַתָּה וְעַד־עוֹלָם הַלְלוּיָהּ:

קודם מים אחרונים יאמר פסוק זה:

זֶה ׀ חֵלֶק־אָדָם רָשָׁע מֵאֱלֹהִים וְנַחֲלַת אִמְרוֹ מֵאֵל:

ואחר מים אחרונים יאמר פסוק זה:

וַיְדַבֵּר אֵלַי זֶה הַשֻּׁלְחָן אֲשֶׁר לִפְנֵי יְהוָה:

א) תהלים קלז: ב) שם סז: ג) שם לד ב: ד) קהלת יב יג: ה) תהלים קמה כא: ו) שם קטז יח: ז) איוב כ כט: ח) יחזקאל מא
כב:

On days when Tachnun *is recited, the following is said before washing the fingers:*

עַל By the rivers of Babylon, there we sat and wept as we remembered Zion. There, upon the willows, we hung our harps. For there our captors demanded of us songs, and those who scorned us — rejoicing, [saying,] "Sing to us of the songs of Zion." How can we sing the song of the Lord on alien soil? If I forget you, Jerusalem, let my right hand forget its dexterity. Let my tongue cleave to my palate if I will not remember you, if I will not bring to mind Jerusalem during my greatest joy! Remember, O Lord, against the Edomites the day of the destruction of Jerusalem, when they said, "Raze it, raze it to its very foundation!" O Babylon, who are destined to be laid waste, happy is he who will repay you in retribution for what you have inflicted on us. Happy is he who will seize and crush your infants against the rock![1]

לַמְנַצֵּחַ For the Choirmaster; a song with instrumental music; a Psalm. May God be gracious to us and bless us, may He make His countenance shine upon us forever; that Your way be known on earth, Your salvation among all nations. The nations will extol You, O God; all the nations will extol You. The nations will rejoice and sing for joy, for You will judge the peoples justly and guide the nations on earth forever. The peoples will extol You, O God; all the peoples will extol You, for the earth will have yielded its produce and God, our God, will bless us. God will bless us; and all, from the furthest corners of the earth, shall fear Him.[2]

אֲבָרְכָה I will bless the Lord at all times; His praise is always in my mouth.[3] Ultimately, all is known; fear God, and observe His commandments; for this is the whole purpose of man.[4] My mouth will utter the praise of the Lord; let all flesh bless His holy Name forever.[5] And we will bless the Lord from now to eternity. Praise the Lord.[6]

Before washing the fingers, the following is said:

זֶה This is the portion of a wicked man from God, and the heritage assigned to him by God.[7]

After washing the fingers, the following is said:

וַיְדַבֵּר And he said to me: This is the table that is before the Lord.[8]

1. Psalms 137. 2. Ibid. 67. 3. Ibid. 34:2. 4. Ecclesiastes 12:13. 5. Psalms 145:21. 6. Ibid. 115:18. 7. Job 20:29. 8. Ezekiel 41:22.

לשבת ויום טוב

ולשאר ימים שאין אומרים בהם תחנון

קודם מים אחרונים יאמר:

א [א]שִׁיר הַמַּעֲלוֹת בְּשׁוּב יְהֹוָה אֶת־־שִׁיבַת צִיּוֹן הָיִינוּ כְּחֹלְמִים׃
ב אָז יִמָּלֵא שְׂחוֹק פִּינוּ וּלְשׁוֹנֵנוּ רִנָּה אָז יֹאמְרוּ בַגּוֹיִם
הִגְדִּיל יְהֹוָה לַעֲשׂוֹת עִם־־אֵלֶּה׃ ג הִגְדִּיל יְהֹוָה לַעֲשׂוֹת עִמָּנוּ
הָיִינוּ שְׂמֵחִים׃ ד שׁוּבָה יְהֹוָה אֶת־שְׁבִיתֵנוּ כַּאֲפִיקִים בַּנֶּגֶב׃
ה הַזֹּרְעִים בְּדִמְעָה בְּרִנָּה יִקְצֹרוּ׃ ו הָלוֹךְ יֵלֵךְ׀ וּבָכֹה נֹשֵׂא מֶשֶׁךְ־
הַזָּרַע בֹּא־יָבֹא בְרִנָּה נֹשֵׂא אֲלֻמֹּתָיו׃

א [ב]לִבְנֵי־קֹרַח מִזְמוֹר שִׁיר יְסוּדָתוֹ בְּהַרְרֵי־־קֹדֶשׁ׃ ב אֹהֵב יְהֹוָה
שַׁעֲרֵי צִיּוֹן מִכֹּל מִשְׁכְּנוֹת יַעֲקֹב׃ ג נִכְבָּדוֹת מְדֻבָּר בָּךְ
עִיר הָאֱלֹהִים סֶלָה׃ ד אַזְכִּיר׀ רַהַב וּבָבֶל לְיֹדְעָי הִנֵּה פְלֶשֶׁת
וְצוֹר עִם־־כּוּשׁ זֶה יֻלַּד־שָׁם׃ ה וּלְצִיּוֹן יֵאָמַר אִישׁ וְאִישׁ יֻלַּד־־בָּהּ
וְהוּא יְכוֹנְנֶהָ עֶלְיוֹן׃ ו יְהֹוָה יִסְפֹּר בִּכְתוֹב עַמִּים זֶה יֻלַּד־שָׁם סֶלָה׃
ז וְשָׁרִים כְּחֹלְלִים כָּל מַעְיָנַי בָּךְ׃

[ג]אֲבָרְכָה אֶת־יְהֹוָה בְּכָל־עֵת תָּמִיד תְּהִלָּתוֹ בְּפִי׃ [ד]סוֹף דָּבָר
הַכֹּל נִשְׁמָע אֶת־הָאֱלֹהִים יְרָא וְאֶת־מִצְוֹתָיו שְׁמוֹר כִּי־זֶה
כָּל־הָאָדָם׃ [ה]תְּהִלַּת יְהֹוָה יְדַבֶּר־פִּי וִיבָרֵךְ כָּל־בָּשָׂר שֵׁם קָדְשׁוֹ
לְעוֹלָם וָעֶד׃ [ו]וַאֲנַחְנוּ׀ נְבָרֵךְ יָהּ מֵעַתָּה וְעַד־עוֹלָם הַלְלוּיָהּ׃

קודם מים אחרונים יאמר פסוק זה:

[ז]זֶה׀ חֵלֶק־אָדָם רָשָׁע מֵאֱלֹהִים וְנַחֲלַת אִמְרוֹ מֵאֵל׃

ואחר מים אחרונים יאמר פסוק זה:

[ח]וַיְדַבֵּר אֵלַי זֶה הַשֻּׁלְחָן אֲשֶׁר לִפְנֵי יְהֹוָה׃

א) תהלים קכו: ב) שם פז: ג) שם לד ב: ד) קהלת יב יג: ה) תהלים קמה כא: ו) שם קטו יח: ז) איוב כ כט: ח) יחזקאל מא כב:

On days when Tachnun *is not recited, the following is said:*

שִׁיר A Song of Ascents. When the Lord will return the exiles of Zion, we will have been like dreamers. Then our mouth will be filled with laughter, and our tongue with songs of joy; then will they say among the nations, "The Lord has done great things for these." The Lord has done great things for us; we were joyful. Lord, return our exiles as streams to arid soil. Those who sow in tears will reap with songs of joy. He goes along weeping, carrying the bag of seed; he will surely return with songs of joy, carrying his sheaves.[1]

לִבְנֵי By[2] the sons of Korach, a psalm, a song whose basic theme is the holy mountains [of Zion and Jerusalem]. The Lord loves the gates of Zion more than all the dwelling places of Jacob. Glorious things are spoken of you, eternal city of God. I will remind Rahav and Babylon concerning My beloved; Philistia and Tyre as well as Ethiopia, "This one was born there." And to Zion will be said, "This person and that was born there;" and He, the Most High, will establish it. The Lord will count in the register of peoples, "This one was born there." Selah. Singers as well as dancers [will sing your praise and say], "All my inner thoughts are of you."[3]

אֲבָרְכָה I will bless the Lord at all times; His praise is always in my mouth.[4] Ultimately, all is known; fear God, and observe His commandments; for this is the whole purpose of man.[5] My mouth will utter the praise of the Lord; let all flesh bless His holy Name forever.[6] And we will bless the Lord from now to eternity. Praise the Lord.[7]

Before washing the fingers, the following is said:

זֶה This is the portion of a wicked man from God, and the heritage assigned to him by God.[8]

After washing the fingers, the following is said:

וַיְדַבֵּר And he said to me: This is the table that is before the Lord.[9]

1. Psalms 126. 2. For a clear understanding of this Psalm, the classical commentaries (Rashi, Ibn Ezra, RaDak, Metzudat, etc.) must be consulted. 3. Psalms 87. 4. Ibid. 34:2 5. Ecclesiastes 12:13. 6. Psalms 145:21. 7. Ibid. 115:18. 8. Job 20:29. 9. Ezekiel 41:22.

אם מברכין בזימון אומר המברך:

הַב לָן וְנִבְרִיךְ:

או בל"א: רַבּוֹתַי מִיר ווֶעלִין בֶּענְטְשִׁין:

ועונין המסובין: יְהִי שֵׁם יְהוָה מְבֹרָךְ מֵעַתָּה וְעַד עוֹלָם:

המברך אומר: בִּרְשׁוּת מָרָנָן וְרַבָּנָן וְרַבּוֹתַי נְבָרֵךְ שֶׁאָכַלְנוּ מִשֶּׁלּוֹ:

ועונין המסובין: בָּרוּךְ שֶׁאָכַלְנוּ מִשֶּׁלּוֹ וּבְטוּבוֹ חָיִינוּ:

ומי שלא אכל עמהם עונה: בָּרוּךְ וּמְבֹרָךְ שְׁמוֹ תָּמִיד לְעוֹלָם וָעֶד:

ואם הם עשרה אומר המברך: נְבָרֵךְ אֱלֹהֵינוּ שֶׁאָכַלְנוּ מִשֶּׁלּוֹ:

ועונין המסובין: בָּרוּךְ אֱלֹהֵינוּ שֶׁאָכַלְנוּ מִשֶּׁלּוֹ וּבְטוּבוֹ חָיִינוּ:

ומי שלא אכל עונה: בָּרוּךְ אֱלֹהֵינוּ וּמְבֹרָךְ שְׁמוֹ תָּמִיד לְעוֹלָם וָעֶד:

בסעודת נשואין אומר המברך:

נְבָרֵךְ אֱלֹהֵינוּ שֶׁהַשִּׂמְחָה בִּמְעוֹנוֹ שֶׁאָכַלְנוּ מִשֶּׁלּוֹ:

ועונין המסובין:

בָּרוּךְ אֱלֹהֵינוּ שֶׁהַשִּׂמְחָה בִּמְעוֹנוֹ שֶׁאָכַלְנוּ מִשֶּׁלּוֹ וּבְטוּבוֹ חָיִינוּ:

בָּרוּךְ אַתָּה יְהוָה אֱלֹהֵינוּ מֶלֶךְ הָעוֹלָם הַזָּן אֶת־הָעוֹלָם כֻּלּוֹ בְּטוּבוֹ בְּחֵן בְּחֶסֶד וּבְרַחֲמִים הוּא נוֹתֵן לֶחֶם לְכָל־בָּשָׂר כִּי לְעוֹלָם חַסְדּוֹ: וּבְטוּבוֹ הַגָּדוֹל עִמָּנוּ תָּמִיד לֹא־חָסַר לָנוּ וְאַל יֶחְסַר־לָנוּ מָזוֹן לְעוֹלָם וָעֶד: בַּעֲבוּר שְׁמוֹ הַגָּדוֹל כִּי הוּא אֵל זָן וּמְפַרְנֵס לַכֹּל וּמֵטִיב לַכֹּל וּמֵכִין מָזוֹן לְכָל־בְּרִיּוֹתָיו אֲשֶׁר בָּרָא כָּאָמוּר פּוֹתֵחַ[א] אֶת־יָדֶךָ וּמַשְׂבִּיעַ לְכָל־חַי רָצוֹן: בָּרוּךְ אַתָּה יְהוָה הַזָּן אֶת־הַכֹּל:

נוֹדֶה לְּךָ יְהוָה אֱלֹהֵינוּ עַל שֶׁהִנְחַלְתָּ לַאֲבוֹתֵינוּ אֶרֶץ חֶמְדָּה טוֹבָה וּרְחָבָה וְעַל שֶׁהוֹצֵאתָנוּ יְהוָה אֱלֹהֵינוּ מֵאֶרֶץ מִצְרַיִם וּפְדִיתָנוּ מִבֵּית עֲבָדִים וְעַל־בְּרִיתְךָ שֶׁחָתַמְתָּ בִּבְשָׂרֵנוּ וְעַל תּוֹרָתְךָ שֶׁלִּמַּדְתָּנוּ וְעַל חֻקֶּיךָ שֶׁהוֹדַעְתָּנוּ וְעַל חַיִּים חֵן וָחֶסֶד

שחוננתנו

א) תהלים קמה טז:

When blessing with a quorum of three or more, the Leader begins:

רַבּוֹתַי Gentlemen, let us say the Blessings.

The others respond:

יְהִי May the Name of the Lord be blessed from now and to all eternity.[1]

The Leader [repeats the preceding response and] continues:

בִּרְשׁוּת With your permission, esteemed gentlemen, let us bless Him of whose bounty we have eaten.

The others respond:

בָּרוּךְ Blessed be He of whose bounty we have eaten and by whose goodness we live.

[The Leader repeats this response.]

Those present who did not partake of the meal respond:

בָּרוּךְ Blessed and praised be His Name continually forever and ever.

When blessing with a quorum of ten, the Leader substitutes:

נְבָרֵךְ [With your permission, esteemed gentlemen,] let us bless our God of whose bounty we have eaten.

The others respond:

בָּרוּךְ Blessed be our God of whose bounty we have eaten and by whose goodness we live.

Those present who did not partake of the meal respond:

בָּרוּךְ Blessed be our God and praised be His Name continually forever and ever.

At a wedding feast, the Leader substitutes:

נְבָרֵךְ [With your permission, esteemed gentlemen,] let us bless our God in whose abode there is joy, of whose bounty we have eaten.

The others respond:

בָּרוּךְ Blessed be our God in whose abode there is joy, of whose bounty we have eaten and by whose goodness we live.

בָּרוּךְ Blessed are You, Lord our God, King of the universe, who, in His goodness, provides sustenance for the entire world with grace, with kindness and with mercy. He gives food to all flesh, for His kindness is everlasting. Through His great goodness to us continuously we do not lack [food], and may we never lack food, for the sake of His great Name. For He, benevolent God, provides nourishment and sustenance for all, does good to all, and prepares food for all His creatures whom He has created, as it is said: You open Your hand and satisfy the desire of every living thing.[2] Blessed are You Lord, who provides food for all.

נוֹדֶה We offer thanks to You, Lord our God, for having given as a heritage to our ancestors a precious, good and spacious land; for having brought us out, Lord our God, from the land of Egypt and redeemed us from the house of bondage; for Your covenant which You have sealed in our flesh; for Your Torah which You have taught us; for Your statutes which You have made known to us; for the life, favor and kindness which You have

1. Psalms 113:2. 2. Ibid. 145:16.

שֶׁחוֹנַנְתָּנוּ וְעַל אֲכִילַת מָזוֹן שָׁאַתָּה זָן וּמְפַרְנֵס אוֹתָנוּ תָּמִיד בְּכָל יוֹם וּבְכָל־עֵת וּבְכָל־שָׁעָה׃

בחנוכה ופורים אומרים כאן ועל הנסים ואם שכח אזי כשיגיע אצל הרחמן יאמר הרחמן הוא יעשה לנו נסים כמו שעשה לאבותינו בימים ההם בזמן הזה בימי וכו׳:

וְעַל הַנִּסִּים וְעַל הַפֻּרְקָן וְעַל הַגְּבוּרוֹת וְעַל הַתְּשׁוּעוֹת וְעַל הַנִּפְלָאוֹת שֶׁעָשִׂיתָ לַאֲבוֹתֵינוּ בַּיָּמִים הָהֵם בַּזְּמַן הַזֶּה׃

לחנוכה:

בִּימֵי מַתִּתְיָהוּ בֶּן־יוֹחָנָן כֹּהֵן גָּדוֹל חַשְׁמוֹנַאי וּבָנָיו כְּשֶׁעָמְדָה מַלְכוּת יָוָן הָרְשָׁעָה עַל עַמְּךָ יִשְׂרָאֵל לְהַשְׁכִּיחָם תּוֹרָתֶךָ וּלְהַעֲבִירָם מֵחֻקֵּי רְצוֹנֶךָ וְאַתָּה בְּרַחֲמֶיךָ הָרַבִּים עָמַדְתָּ לָהֶם בְּעֵת צָרָתָם רַבְתָּ אֶת־רִיבָם דַּנְתָּ אֶת־דִּינָם נָקַמְתָּ אֶת־נִקְמָתָם מָסַרְתָּ גִּבּוֹרִים בְּיַד חַלָּשִׁים וְרַבִּים בְּיַד מְעַטִּים וּטְמֵאִים בְּיַד טְהוֹרִים וּרְשָׁעִים בְּיַד צַדִּיקִים וְזֵדִים בְּיַד עוֹסְקֵי תוֹרָתֶךָ וּלְךָ עָשִׂיתָ שֵׁם גָּדוֹל וְקָדוֹשׁ בְּעוֹלָמֶךָ וּלְעַמְּךָ יִשְׂרָאֵל עָשִׂיתָ תְּשׁוּעָה גְדוֹלָה וּפֻרְקָן כְּהַיּוֹם הַזֶּה וְאַחַר כֵּן בָּאוּ בָנֶיךָ לִדְבִיר בֵּיתֶךָ וּפִנּוּ אֶת־הֵיכָלֶךָ וְטִהֲרוּ אֶת־מִקְדָּשֶׁךָ וְהִדְלִיקוּ נֵרוֹת בְּחַצְרוֹת קָדְשֶׁךָ וְקָבְעוּ שְׁמוֹנַת יְמֵי חֲנֻכָּה אֵלּוּ לְהוֹדוֹת וּלְהַלֵּל לְשִׁמְךָ הַגָּדוֹל׃

לפורים:

בִּימֵי מָרְדְּכַי וְאֶסְתֵּר בְּשׁוּשַׁן הַבִּירָה כְּשֶׁעָמַד עֲלֵיהֶם הָמָן הָרָשָׁע בִּקֵּשׁ לְהַשְׁמִיד לַהֲרֹג וּלְאַבֵּד אֶת־כָּל־הַיְּהוּדִים מִנַּעַר וְעַד־זָקֵן טַף וְנָשִׁים בְּיוֹם אֶחָד בִּשְׁלוֹשָׁה עָשָׂר לְחֹדֶשׁ שְׁנֵים־עָשָׂר הוּא־חֹדֶשׁ אֲדָר וּשְׁלָלָם לָבוֹז וְאַתָּה בְּרַחֲמֶיךָ הָרַבִּים הֵפַרְתָּ אֶת־עֲצָתוֹ וְקִלְקַלְתָּ אֶת־מַחֲשַׁבְתּוֹ וַהֲשֵׁבוֹתָ לּוֹ גְּמוּלוֹ בְּרֹאשׁוֹ וְתָלוּ אוֹתוֹ וְאֶת־בָּנָיו עַל הָעֵץ׃

וְעַל הַכֹּל יְהֹוָה אֱלֹהֵינוּ אֲנַחְנוּ מוֹדִים לָךְ וּמְבָרְכִים אוֹתָךְ יִתְבָּרַךְ שִׁמְךָ בְּפִי כָּל־חַי תָּמִיד לְעוֹלָם וָעֶד׃ כַּכָּתוּב וְאָכַלְתָּ וְשָׂבָעְתָּ וּבֵרַכְתָּ אֶת־יְהֹוָה אֱלֹהֶיךָ עַל־הָאָרֶץ הַטֹּבָה אֲשֶׁר נָתַן־לָךְ׃ בָּרוּךְ אַתָּה יְהֹוָה עַל־הָאָרֶץ וְעַל־הַמָּזוֹן׃

רַחֵם יְהֹוָה אֱלֹהֵינוּ עַל־יִשְׂרָאֵל עַמֶּךָ וְעַל־יְרוּשָׁלַיִם עִירֶךָ וְעַל צִיּוֹן מִשְׁכַּן כְּבוֹדֶךָ וְעַל מַלְכוּת בֵּית

דוד

א) דברים ח י׳:

graciously bestowed upon us; and for the food we eat with which You constantly nourish and sustain us every day, at all times, and at every hour.

On Chanukah and Purim ועל הנסים *(and . . . for the miracles) is recited here. If one forgot to say it, when he reaches* הרחמן הוא יזכנו *(May the Merciful One . . .), p. 54, he should add:* הרחמן הוא יעשה לנו נסים כמו שעשה לאבותינו בימים ההם בזמן הזה *(May the Merciful One perform miracles for us as He did for our ancestors in those days, at this time), and continue* בימי מתתיהו *(In the days of Matityahu . . .) on Chanukah, and* בימי מרדכי *(In the days of Mordechai . . .) on Purim.*

וְעַל And [we thank You] for the miracles, for the redemption, for the mighty deeds, for the saving acts, and for the wonders which You have wrought for our ancestors in those days, at this time —

On Chanukah:

בִּימֵי In the days of Matityahu, the son of Yochanan the High Priest, the Hasmonean and his sons, when the wicked Hellenic government rose up against Your people Israel to make them forget Your Torah and violate the decrees of Your will. But You, in Your abounding mercies, stood by them in the time of their distress. You waged their battles, defended their rights and avenged the wrong done to them. You delivered the mighty into the hands of the weak, the many into the hands of the few, the impure into the hands of the pure, the wicked into the hands of the righteous, and the wanton sinners into the hands of those who occupy themselves with Your Torah. You made a great and holy name for Yourself in Your world, and effected a great deliverance and redemption for Your people to this very day. Then Your children entered the shrine of Your House, cleansed Your Temple, purified Your Sanctuary, kindled lights in Your holy courtyards, and instituted these eight days of Chanukah to give thanks and praise to Your great Name.

On Purim:

בִּימֵי In the days of Mordechai and Esther, in Shushan the capital, when the wicked Haman rose up against them, and sought to destroy, slaughter and annihilate all the Jews, young and old, infants and women, in one day, on the thirteenth day of the twelfth month, the month of Adar, and to take their spoil for plunder. But You, in Your abounding mercies, foiled his counsel and frustrated his intention, and caused the evil he planned — to recoil on his own head, and they hanged him and his sons upon the gallows.

וְעַל For all this, Lord our God, we give thanks to You and bless You. May Your Name be blessed by the mouth of every living being, constantly and forever. As it is written: When you have eaten and are satiated, you shall bless the Lord your God for the good land which He has given you.[1] Blessed are You Lord, for the land and for the sustenance.

רַחֵם Have mercy, Lord our God, upon Israel Your people, upon Jerusalem Your city, upon Zion the abode of Your glory, upon the kingship of the house of

1. Deuteronomy 8:10.

דָּוִד מְשִׁיחֶךָ וְעַל־הַבַּיִת הַגָּדוֹל וְהַקָּדוֹשׁ שֶׁנִּקְרָא שִׁמְךָ
עָלָיו: אֱלֹהֵינוּ אָבִינוּ רְעֵנוּ (בשבת וביו״ט רוֹעֵנוּ) זוּנֵנוּ פַּרְנְסֵנוּ
וְכַלְכְּלֵנוּ וְהַרְוִיחֵנוּ וְהַרְוַח לָנוּ יְהוָֹה אֱלֹהֵינוּ מְהֵרָה
מִכָּל־צָרוֹתֵינוּ: וְנָא אַל־תַּצְרִיכֵנוּ יְהוָֹה אֱלֹהֵינוּ · לֹא
לִידֵי מַתְּנַת בָּשָׂר וָדָם וְלֹא לִידֵי הַלְוָאָתָם כִּי אִם
לְיָדְךָ הַמְּלֵאָה הַפְּתוּחָה הַקְּדוֹשָׁה וְהָרְחָבָה שֶׁלֹּא נֵבוֹשׁ
וְלֹא נִכָּלֵם לְעוֹלָם וָעֶד:

בשבת: **רְצֵה** וְהַחֲלִיצֵנוּ יְהוָֹה אֱלֹהֵינוּ בְּמִצְוֹתֶיךָ וּבְמִצְוַת יוֹם הַשְּׁבִיעִי
הַשַּׁבָּת הַגָּדוֹל וְהַקָּדוֹשׁ הַזֶּה כִּי יוֹם זֶה גָּדוֹל וְקָדוֹשׁ
הוּא לְפָנֶיךָ · לִשְׁבָּת־בּוֹ וְלָנוּחַ־בּוֹ בְּאַהֲבָה כְּמִצְוַת רְצוֹנֶךָ ·
וּבִרְצוֹנְךָ הָנִיחַ לָנוּ יְהוָֹה אֱלֹהֵינוּ שֶׁלֹּא תְהֵא צָרָה וְיָגוֹן וַאֲנָחָה
בְּיוֹם מְנוּחָתֵנוּ · וְהַרְאֵנוּ יְהוָֹה אֱלֹהֵינוּ בְּנֶחָמַת צִיּוֹן עִירֶךָ ·
וּבְבִנְיַן יְרוּשָׁלַיִם עִיר קָדְשֶׁךָ כִּי אַתָּה הוּא בַּעַל הַיְשׁוּעוֹת
וּבַעַל הַנֶּחָמוֹת:

בר״ח וביו״ט ובחוה״מ:
אֱלֹהֵינוּ וֵאלֹהֵי אֲבוֹתֵינוּ יַעֲלֶה וְיָבֹא · וְיַגִּיעַ וְיֵרָאֶה וְיֵרָצֶה · וְיִשָּׁמַע וְיִפָּקֵד
וְיִזָּכֵר · זִכְרוֹנֵנוּ וּפִקְדוֹנֵנוּ · וְזִכְרוֹן אֲבוֹתֵינוּ · וְזִכְרוֹן מָשִׁיחַ בֶּן־דָּוִד
עַבְדֶּךָ · וְזִכְרוֹן יְרוּשָׁלַיִם עִיר קָדְשֶׁךָ · וְזִכְרוֹן כָּל־עַמְּךָ בֵּית יִשְׂרָאֵל לְפָנֶיךָ
לִפְלֵיטָה לְטוֹבָה · לְחֵן וּלְחֶסֶד וּלְרַחֲמִים וּלְחַיִּים טוֹבִים וּלְשָׁלוֹם · בְּיוֹם
בר״ח רֹאשׁ הַחֹדֶשׁ הַזֶּה · בפסח חַג הַמַּצּוֹת הַזֶּה · בשבועות חַג הַשָּׁבֻעוֹת הַזֶּה ·
בסוכות חַג הַסֻּכּוֹת הַזֶּה · בשמ״ע שְׁמִינִי עֲצֶרֶת הַחַג הַזֶּה · בר״ה הַזִּכָּרוֹן הַזֶּה ·
בשלש רגלים (חוץ מחש״מ) ובר״ה בְּיוֹם טוֹב מִקְרָא קֹדֶשׁ הַזֶּה · זָכְרֵנוּ יְהוָֹה אֱלֹהֵינוּ
בּוֹ לְטוֹבָה · וּפָקְדֵנוּ בוֹ לִבְרָכָה וְהוֹשִׁיעֵנוּ בוֹ לְחַיִּים טוֹבִים: וּבִדְבַר יְשׁוּעָה
וְרַחֲמִים חוּס וְחָנֵּנוּ וְרַחֵם עָלֵינוּ וְהוֹשִׁיעֵנוּ כִּי אֵלֶיךָ עֵינֵינוּ · כִּי אֵל
מֶלֶךְ חַנּוּן וְרַחוּם אָתָּה:

וּבְנֵה יְרוּשָׁלַיִם עִיר הַקֹּדֶשׁ בִּמְהֵרָה בְיָמֵינוּ · בָּרוּךְ
אַתָּה יְהוָֹה בּוֹנֵה בְרַחֲמָיו יְרוּשָׁלָיִם · אָמֵן:

David Your anointed, and upon the great and holy House over which Your Name was proclaimed. Our God, our Father, tend us (*On Shabbat [and Festivals] substitute:* Our Shepherd), nourish us, sustain us, feed us and provide us with plenty, and speedily, Lord our God, grant us relief from all our afflictions. Lord our God, please do not make us dependent upon the gifts of mortal men nor upon their loans, but only upon Your full, open, holy and generous hand, that we may never be shamed or disgraced.

On Shabbat add:

רְצֵה May it please You, Lord our God, to strengthen us through Your mitzvot, and through the mitzvah of the Seventh Day, this great and holy Shabbat. For this day is great and holy before You, to refrain from work and to rest thereon with love, in accordance with the commandment of Your will. In Your good will, Lord our God, bestow upon us tranquility, that there shall be no distress, sadness or sorrow on the day of our rest. Lord our God, let us see the consolation of Zion Your city, and the rebuilding of Jerusalem Your holy city, for You are the Master of deliverance and the Master of consolation.

On Rosh Chodesh, Festivals and Chol HaMoed add:

אֱלֹהֵינוּ Our God and God of our fathers, may there ascend, come and reach, be seen, accepted, and heard, recalled and remembered before You, the remembrance and recollection of us, the remembrance of our fathers, the remembrance of Mashiach the son of David Your servant, the remembrance of Jerusalem Your holy city, and the remembrance of all Your people the House of Israel, for deliverance, well-being, grace, kindness, mercy, good life and peace, on this Day of

On Rosh Chodesh:	*On Pesach:*	*On Shavuot:*
Rosh Chodesh.	the Festival of Matzot.	the Festival of Shavuot.
On Sukkot:	*On Shemini Atzeret:*	*On Rosh HaShana:*
the Festival of Sukkot.	Shemini Atzeret, the Festival.	Remembrance.

On Pesach, Shavuot and Sukkot — except on Chol HaMoed — and on Rosh HaShanah add:

On this holy Festival day.

Remember us on this [day], Lord our God, for good; be mindful of us on this [day] for blessing; help us on this [day] for good life. With the promise of deliverance and compassion, spare us and be gracious to us; have mercy upon us and deliver us; for our eyes are directed to You, for You, God, are a gracious and merciful King.

וּבְנֵה And rebuild Jerusalem the holy city speedily in our days. Blessed are You Lord, who in His mercy rebuilds Jerusalem. Amen.

שכח ולא אמר רצה בשבת אפילו בסעודה שלישית אם הוא קודם שקיעת החמה ונזכר קודם ברכת הטוב והמטיב אומר:

בָּרוּךְ אַתָּה יְהוָֹה אֱלֹהֵינוּ מֶלֶךְ הָעוֹלָם שֶׁנָּתַן שַׁבָּתוֹת לִמְנוּחָה לְעַמּוֹ יִשְׂרָאֵל בְּאַהֲבָה לְאוֹת וְלִבְרִית• בָּרוּךְ אַתָּה יְהוָֹה מְקַדֵּשׁ הַשַּׁבָּת: ואם טעה ולא אמר יעלה ויבא ביו"ט אומר בָּרוּךְ אַתָּה יְהוָֹה אֱלֹהֵינוּ מֶלֶךְ הָעוֹלָם אֲשֶׁר נָתַן יָמִים טוֹבִים לְעַמּוֹ יִשְׂרָאֵל לְשָׂשׂוֹן וּלְשִׂמְחָה אֶת־יוֹם חַג (פלוני) הַזֶּה• בָּרוּךְ אַתָּה יְהוָֹה מְקַדֵּשׁ יִשְׂרָאֵל וְהַזְּמַנִּים: בר"ה אומר בָּרוּךְ אַתָּה יְהוָֹה אֱלֹהֵינוּ מֶלֶךְ הָעוֹלָם אֲשֶׁר נָתַן יָמִים טוֹבִים לְעַמּוֹ יִשְׂרָאֵל לְזִכָּרוֹן אֶת־יוֹם הַזִּכָּרוֹן הַזֶּה• בָּרוּךְ אַתָּה יְהוָֹה מְקַדֵּשׁ יִשְׂרָאֵל וְיוֹם הַזִּכָּרוֹן: בחש"מ אומר בָּרוּךְ אַתָּה יְהוָֹה אֱלֹהֵינוּ מֶלֶךְ הָעוֹלָם אֲשֶׁר נָתַן מוֹעֲדִים לְעַמּוֹ יִשְׂרָאֵל לְשָׂשׂוֹן וּלְשִׂמְחָה אֶת־יוֹם חַג (פלוני) הַזֶּה: (ואינו חותם) וכן בר"ח אומר בָּרוּךְ אַתָּה יְהוָֹה אֱלֹהֵינוּ מֶלֶךְ הָעוֹלָם שֶׁנָּתַן רָאשֵׁי חֳדָשִׁים לְעַמּוֹ יִשְׂרָאֵל לְזִכָּרוֹן: ואינו חותם: ואם חל יו"ט (או ר"ה או ר"ח) בשבת ולא הזכיר לא של שבת ולא של יו"ט (או ר"ה או ר"ח) כוללן יחד ואומר בָּרוּךְ אַתָּה יְהוָֹה אֱלֹהֵינוּ מֶלֶךְ הָעוֹלָם שֶׁנָּתַן שַׁבָּתוֹת לִמְנוּחָה לְעַמּוֹ יִשְׂרָאֵל בְּאַהֲבָה לְאוֹת וְלִבְרִית• וְיָמִים טוֹבִים (בחוה"מ וּמוֹעֲדִים) לְשָׂשׂוֹן וּלְשִׂמְחָה אֶת־יוֹם חַג (פלוני) הַזֶּה (בר"ה וְיָמִים טוֹבִים לְזִכָּרוֹן אֶת־יוֹם הַזִּכָּרוֹן הַזֶּה בר"ח וְרָאשֵׁי חֳדָשִׁים לְזִכָּרוֹן)• וחותם בָּרוּךְ אַתָּה יְהוָֹה מְקַדֵּשׁ הַשַּׁבָּת וְיִשְׂרָאֵל• וְהַזְּמַנִּים: בר"ה וְיוֹם הַזִּכָּרוֹן: בר"ח וְרָאשֵׁי חֳדָשִׁים:

וכל זה כשנזכר קודם שהתחיל ברכת הטוב והמטיב אבל אם נזכר אחר שהתחיל ברכת הטוב והמטיב אפילו לא אמר אלא תיבת ברוך בלבד צריך לחזור לראש. בד"א בשבת ויו"ט של שלש רגלים אבל בחש"מ ור"ח אם לא נזכר עד שהתחיל הטוב והמטיב אינו חוזר וכן בסעודה שלישית של שבת ויו"ט וכן בר"ה ביום אבל בליל ר"ה חוזר:

בָּרוּךְ אַתָּה יְהוָֹה אֱלֹהֵינוּ מֶלֶךְ הָעוֹלָם הָאֵל• אָבִינוּ מַלְכֵּנוּ• אַדִּירֵנוּ בּוֹרְאֵנוּ גֹּאֲלֵנוּ יוֹצְרֵנוּ• קְדוֹשֵׁנוּ קְדוֹשׁ יַעֲקֹב רוֹעֵנוּ רוֹעֵה יִשְׂרָאֵל הַמֶּלֶךְ הַטּוֹב וְהַמֵּטִיב לַכֹּל בְּכָל יוֹם וָיוֹם• הוּא הֵטִיב לָנוּ• הוּא מֵטִיב לָנוּ• הוּא יֵיטִיב לָנוּ• הוּא גְמָלָנוּ הוּא גוֹמְלֵנוּ הוּא יִגְמְלֵנוּ לָעַד• לְחֵן וּלְחֶסֶד וּלְרַחֲמִים• וּלְרֶוַח הַצָּלָה וְהַצְלָחָה•

If one forgot to say רצה *(May it please You . . .) on Shabbat — even at the Seudah Shelishit, if it is before sunset — and he became aware of it before the berachah of* הטוב והמטיב *(. . . who is good and does good . . .) that follows, he should say:*

בָּרוּךְ Blessed are You, Lord our God, King of the universe, who has given Sabbaths for rest to His people Israel, with love, as a sign and a covenant. Blessed are You Lord, who hallows the Shabbat.

If one forgot to say יעלה ויבא *(Our God . . . may there ascend) on a Festival, he should say:*

בָּרוּךְ Blessed are You, Lord our God, King of the universe, who has given festivals to His people Israel for joy and gladness, this day of the Festival of (Name the Festival). Blessed are You, who hallows Israel and the seasons.

On Rosh HaShanah: בָּרוּךְ Blessed are You, Lord our God, King of the universe, who has given festivals to His people Israel for a remembrance, this Day of Remembrance. Blessed are You Lord, who hallows Israel and the Day of Remembrance.

On Chol HaMoed: בָּרוּךְ Blessed are You, Lord our God, King of the universe, who has given festive days to His people Israel for joy and gladness, this day of the Festival of (*Name the Festival*) — *without a concluding blessing.*

On Rosh Chodesh: בָּרוּךְ Blessed are You, Lord our God, King of the universe, who has given the days of Rosh Chodesh to His people Israel for remembrance — *without a concluding blessing.*

If a Festival (or Rosh HaShanah or Rosh Chodesh) falls on Shabbat, and one omitted both of the appropriate prayers, he should combine them and say:

בָּרוּךְ Blessed are You, Lord our God, King of the universe, who has given Sabbaths for rest to His people Israel, with love, as a sign and a covenant, and festivals (*on Chol HaMoed substitute:* and festive days) for joy and gladness, this day of the Festival of (*Name the Festival*). (*On Rosh HaShanah substitute:* and festivals for remembrance, this Day of Remembrance. *On Rosh Chodesh, substitute:* and days of Rosh Chodesh for remembrance.) *and conclude:* Blessed are You Lord, who hallows the Shabbat and Israel and the [festive] seasons. *On Rosh HaShanah substitute:* and the Day of Remembrance. *On Rosh Chodesh substitute:* and days of Rosh Chodesh.

The above applies only if one realized his omission before he began the berachah הטוב והמטיב*, that follows. If he reminded himself after he had already begun the* berachah*, even if he only said the first word,* Baruch*, he must repeat the entire Blessing After a Meal from the beginning. This applies to Shabbat and the festival of Pesach, Shavuot, and Sukkot and the evening meal of Rosh HaShanah; however, on Chol HaMoed, Rosh Chodesh, the* Seudah Shelishit *of Shabbat or the daytime meal of Rosh HaShanah, if he did not remind himself until he had already begun* הטוב והמטיב*, he should not repeat it.*

בָּרוּךְ Blessed are You, Lord our God, King of the universe, benevolent God, our Father, our King, our Strength, our Creator, our Redeemer, our Maker, our Holy One, the Holy One of Jacob, our Shepherd, the Shepherd of Israel, the King who is good and does good to all, each and every day. He has done good for us, He does good for us, and He will do good for us; He has bestowed, He bestows, and He will forever bestow upon us grace, kindness and mercy, relief, salvation and success,

בְּרָכָה וִישׁוּעָה · נֶחָמָה פַּרְנָסָה וְכַלְכָּלָה וְרַחֲמִים וְחַיִּים
וְשָׁלוֹם וְכָל־טוֹב וּמִכָּל־טוּב לְעוֹלָם אַל יְחַסְּרֵנוּ :
הָרַחֲמָן הוּא יִמְלוֹךְ עָלֵינוּ לְעוֹלָם וָעֶד : הָרַחֲמָן הוּא
יִתְבָּרֵךְ בַּשָּׁמַיִם וּבָאָרֶץ : הָרַחֲמָן הוּא יִשְׁתַּבַּח לְדוֹר
דּוֹרִים וְיִתְפָּאַר בָּנוּ לָעַד וּלְנֵצַח נְצָחִים וְיִתְהַדַּר בָּנוּ
לָעַד וּלְעוֹלְמֵי עוֹלָמִים : הָרַחֲמָן הוּא יְפַרְנְסֵנוּ בְּכָבוֹד :
הָרַחֲמָן הוּא יִשְׁבּוֹר עוֹל גָּלוּת מֵעַל צַוָּארֵנוּ וְהוּא
יוֹלִיכֵנוּ קוֹמְמִיּוּת לְאַרְצֵנוּ : הָרַחֲמָן הוּא יִשְׁלַח בְּרָכָה
מְרֻבָּה בְּבַיִת זֶה וְעַל שֻׁלְחָן זֶה שֶׁאָכַלְנוּ עָלָיו : הָרַחֲמָן
הוּא יִשְׁלַח לָנוּ אֶת־אֵלִיָּהוּ הַנָּבִיא זָכוּר לַטּוֹב וִיבַשֶּׂר־
לָנוּ בְּשׂוֹרוֹת טוֹבוֹת יְשׁוּעוֹת וְנֶחָמוֹת : הָרַחֲמָן הוּא
יְבָרֵךְ אֶת־אָבִי מוֹרִי בַּעַל הַבַּיִת הַזֶּה וְאֶת־אִמִּי מוֹרָתִי
בַּעֲלַת הַבַּיִת הַזֶּה אוֹתָם וְאֶת־בֵּיתָם וְאֶת־זַרְעָם וְאֶת־
כָּל־אֲשֶׁר לָהֶם אוֹתָנוּ וְאֶת־כָּל־אֲשֶׁר לָנוּ : כְּמוֹ שֶׁבֵּרַךְ
אֶת־אֲבוֹתֵינוּ אַבְרָהָם יִצְחָק וְיַעֲקֹב בַּכֹּל מִכֹּל כֹּל כֵּן
יְבָרֵךְ אוֹתָנוּ (בני ברית) כֻּלָּנוּ יַחַד בִּבְרָכָה שְׁלֵמָה
וְנֹאמַר אָמֵן :

מִמָּרוֹם יְלַמְּדוּ עָלָיו וְעָלֵינוּ זְכוּת שֶׁתְּהֵא לְמִשְׁמֶרֶת שָׁלוֹם וְנִשָּׂא
בְרָכָה מֵאֵת יְהוָה וּצְדָקָה מֵאֱלֹהֵי יִשְׁעֵנוּ וְנִמְצָא חֵן וְשֵׂכֶל
טוֹב בְּעֵינֵי אֱלֹהִים וְאָדָם :

הרחמן לברית מילה תמצא לקמן ע' 54.

בשבת הָרַחֲמָן הוּא יַנְחִילֵנוּ לְיוֹם שֶׁכֻּלּוֹ שַׁבָּת וּמְנוּחָה לְחַיֵּי הָעוֹלָמִים :
בר"ח הָרַחֲמָן הוּא יְחַדֵּשׁ עָלֵינוּ אֶת־הַחֹדֶשׁ הַזֶּה לְטוֹבָה וְלִבְרָכָה :
ביו"ט הָרַחֲמָן הוּא יַנְחִילֵנוּ לְיוֹם שֶׁכֻּלּוֹ טוֹב :
בסוכות הָרַחֲמָן הוּא יָקִים לָנוּ אֶת־סֻכַּת דָּוִד הַנּוֹפֶלֶת :
בר"ה הָרַחֲמָן הוּא יְחַדֵּשׁ עָלֵינוּ אֶת הַשָּׁנָה הַזֹּאת לְטוֹבָה וְלִבְרָכָה :

blessing and deliverance, consolation, livelihood and sustenance, compassion, life, peace and all goodness; and may He never cause us to lack any good. May the Merciful One reign over us forever and ever. May the Merciful One be blessed in heaven and on earth. May the Merciful One be praised for all generations, and pride Himself in us forever and for eternity, and glorify Himself in us forever and ever. May the Merciful One provide our livelihood with honor. May the Merciful One break the yoke of exile from our neck and may He lead us upright to our land. May the Merciful One send abundant blessing into this house and upon this table at which we have eaten. May the Merciful One send us Elijah the prophet — may he be remembered for good — and let him bring us good tidings, deliverance and consolation. May the Merciful One bless my father, my teacher, the master of this house and my mother, my teacher, the mistress of this house; them, their household, their children, and all that is theirs; us, and all that is ours. Just as He blessed our forefathers, Abraham, Isaac and Jacob, "in all things," "by all things," with "all things[1]," so may He bless all of us together (the children of the Covenant) with a perfect blessing, and let us say, Amen.

מִמָּרוֹם From heaven, may there be invoked upon him and upon us such merit which will bring enduring peace. May we receive blessing from the Lord and kindness from God our deliverer, and may we find grace and good understanding in the eyes of God and man.

For "Additions to the Blessing after a Meal Following a Circumcision," see p. 54.

On Shabbat:

הָרַחֲמָן May the Merciful One let us inherit that day which will be all Shabbat, and rest for life everlasting.

On Rosh Chodesh:

הָרַחֲמָן May the Merciful One renew this month for us for good and for blessing.

On Festivals:

הָרַחֲמָן May the Merciful One let us inherit that day which is all good.

On Sukkot:

הָרַחֲמָן May the Merciful One restore for us the fallen sukkah of David.

On Rosh HaShanah:

הָרַחֲמָן May the Merciful One renew this year for us for good and for blessing.

1. Cf. Genesis 24:1; 27:33; 33:11; Bava Batra 17a.

הָרַחֲמָן הוּא יְזַכֵּנוּ לִימוֹת הַמָּשִׁיחַ וּלְחַיֵּי הָעוֹלָם הַבָּא׃ מַגְדִּיל[א] (בשבת ויו״ט ור״ח וחוה״מ מִגְדּוֹל[ב]) יְשׁוּעוֹת מַלְכּוֹ וְעֹשֶׂה חֶסֶד לִמְשִׁיחוֹ לְדָוִד וּלְזַרְעוֹ עַד עוֹלָם׃ עֹשֶׂה שָׁלוֹם בִּמְרוֹמָיו הוּא יַעֲשֶׂה שָׁלוֹם עָלֵינוּ וְעַל כָּל־יִשְׂרָאֵל וְאִמְרוּ אָמֵן׃

יְראוּ[ג] אֶת־יְהוָה קְדֹשָׁיו כִּי־אֵין מַחְסוֹר לִירֵאָיו׃ כְּפִירִים רָשׁוּ וְרָעֵבוּ וְדֹרְשֵׁי יְהוָה לֹא־יַחְסְרוּ כָל־טוֹב׃ הוֹדוּ לַיהוָה כִּי־טוֹב כִּי לְעוֹלָם חַסְדּוֹ׃ פּוֹתֵחַ אֶת־יָדֶךָ וּמַשְׂבִּיעַ לְכָל־חַי רָצוֹן׃ בָּרוּךְ הַגֶּבֶר אֲשֶׁר יִבְטַח בַּיהוָה וְהָיָה יְהוָה מִבְטַחוֹ׃

ומברך על הכוס:

בָּרוּךְ אַתָּה יְהוָה אֱלֹהֵינוּ מֶלֶךְ הָעוֹלָם בּוֹרֵא פְּרִי הַגָּפֶן׃

הרחמן לברית מילה

הָרַחֲמָן הוּא יְבָרֵךְ אֲבִי הַיֶּלֶד וְאִמּוֹ׃ וְיִזְכּוּ לְגַדְּלוֹ לְחַנְּכוֹ וּלְחַכְּמוֹ׃ מִיּוֹם הַשְּׁמִינִי וָהָלְאָה יֵרָצֶה דָמוֹ׃ וִיהִי יְהוָה אֱלֹהָיו עִמּוֹ׃

הָרַחֲמָן הוּא יְבָרֵךְ בַּעַל בְּרִית הַמִּילָה׃ אֲשֶׁר שָׂשׂ לַעֲשׂוֹת צֶדֶק בְּגִילָה׃ וִישַׁלֵּם פָּעֳלוֹ וּמַשְׂכֻּרְתּוֹ כְּפוּלָה׃ וְיִתְּנֵהוּ לְמַעְלָה לְמָעְלָה׃

הָרַחֲמָן הוּא יְבָרֵךְ רַךְ הַנִּמּוֹל לִשְׁמוֹנָה׃ וְיִהְיוּ יָדָיו וְלִבּוֹ לָאֵל אֱמוּנָה׃ וְיִזְכֶּה לִרְאוֹת פְּנֵי הַשְּׁכִינָה׃ שָׁלֹשׁ פְּעָמִים בַּשָּׁנָה׃

הָרַחֲמָן הוּא יְבָרֵךְ הַמָּל בְּשַׂר הָעָרְלָה׃ וּפָרַע וּמָצַץ דְּמֵי הַמִּילָה׃ אִישׁ הַיָּרֵא וְרַךְ הַלֵּבָב עֲבוֹדָתוֹ פְּסוּלָה׃ אִם שְׁלָשׁ אֵלֶּה לֹא יַעֲשֶׂה לָהּ׃

הָרַחֲמָן הוּא יִשְׁלַח לָנוּ מְשִׁיחוֹ הוֹלֵךְ תָּמִים׃ בִּזְכוּת חֲתַן לַמּוּלוֹת דָּמִים׃ לְבַשֵּׂר בְּשׂוֹרוֹת טוֹבוֹת וְנִחוּמִים׃ לְעַם אֶחָד מְפֻזָּר וּמְפוֹרָד בֵּין הָעַמִּים׃

הָרַחֲמָן הוּא יִשְׁלַח לָנוּ כֹּהֵן צֶדֶק אֲשֶׁר לֻקַּח לְעֵילוֹם׃ עַד הוּכַן כִּסְאוֹ כַּשֶּׁמֶשׁ וְיַהֲלוֹם׃ וַיָּלֶט פָּנָיו בְּאַדַּרְתּוֹ וַיִּגְלוֹם׃ בְּרִיתִי הָיְתָה אִתּוֹ הַחַיִּים וְהַשָּׁלוֹם׃

וגומרים ברכת המזון.

א) תהלים יח נא: ב) ש״ב כב נ: ג) תהלים לד י: ד) שם לד יא: ה) שם קלו א: ו) שם קמה טז: ז) ירמיה יז ז:

הָרַחֲמָן May the Merciful One grant us the privilege of reaching the days of the *Mashiach* and the life of the World to Come. He gives great deliverance (*On Shabbat, Festivals, Rosh Chodesh and Chol HaMoed substitute:* He is a tower of deliverance[1]) to His king, and bestows kindness upon His anointed, upon David and his descendants forever.[2] He who makes peace in His heavens, may He make peace for us and for all Israel; and say, Amen.

יְראוּ Fear the Lord, you His holy ones, for those who fear Him suffer no want. Young lions are in need and go hungry, but those who seek the Lord shall not lack any good.[3] Give thanks to the Lord for He is good, for His kindness is everlasting.[4] You open Your hand and satisfy the desire of every living thing.[5] Blessed is the man who trusts in the Lord, and the Lord will be his security.[6]

If the Blessing After a Meal was recited over a cup of wine, the following berachah *is said:*

בָּרוּךְ Blessed are You, Lord our God, King of the universe, who creates the fruit of the vine.

ADDITIONS TO THE BLESSING AFTER A MEAL FOLLOWING A CIRCUMCISION

The following is recited after the paragraph beginning במרום ילמדו *(From heaven . . .).*

הָרַחֲמָן May the Merciful One bless the father and mother of the child; may they merit to raise him, to train him, and to educate him to be a scholar. From the eighth day onward his blood is accepted; may the Lord his God be with him.

הָרַחֲמָן May the Merciful One bless the *sandek* at the circumcision, who happily performed this good deed in joy. May He reward his deed and double his recompense and exalt him higher and higher.

הָרַחֲמָן May the Merciful One bless the tender infant who has been circumcised on the eighth day; may his hands and heart be faithful to God; and may he merit to behold the Divine Presence three times a year.

הָרַחֲמָן May the Merciful One bless the *mohel* who performed the circumcision, the *periah* and *metzitzah*. If a timid or faint-hearted man fails to perform these three parts of the mitzvah, his service is invalid.

הָרַחֲמָן May the Merciful One send us, in the merit of the blood of circumcision, His Mashiach who walks in perfection, to bring good tidings and consolation to a unique people dispersed and scattered among the nations.

הָרַחֲמָן May the Merciful One send us [Elijah] the righteous priest, who was taken into concealment until his seat, resplendent as the sun and precious stones, is prepared for him; who covered his face with his mantle and enwrapped himself; with whom was made My covenant of life and peace.

On weekdays continue הרחמן *(May the Merciful One . . .), above; on Shabbat, Festivals, or Rosh Chodesh continue with the appropriate* הרחמן*,* *p. 53.*

1. II Samuel 22:51. 2. Psalms 18:51. 3. Ibid. 34:10-11. 4. Ibid. 136:1. 5. Ibid. 145:16. 6. Jeremiah 17:7.

נוסח ברכה אחרונה מעין שלש

על תבשיל של ה׳ מיני דגן ועל היין ועל פירות מז׳ המינים שהם גפן תאנה ורמון זית ותמרה ואם אכל פירות מז׳ המינים ומיני מזונות ושתה יין יכלול הכל בברכה אחת ויאמר כך על המחיה ועל הכלכלה ועל הגפן ועל פרי הגפן ועל העץ ועל פרי העץ ועל תנובת השדה ועל ארץ חמדה כו׳ וחותם ונודה לך על הארץ ועל המחיה ועל פרי הגפן ועל הפירות בא״י על הארץ ועל המחיה ועל פרי הגפן והפירות:

בָּרוּךְ אַתָּה יְהֹוָה אֱלֹהֵינוּ מֶלֶךְ הָעוֹלָם עַל

על ה׳ מיני דגן:	על היין:	על פירות מז׳ מינים:
הַמִּחְיָה וְעַל הַכַּלְכָּלָה	הַגֶּפֶן וְעַל פְּרִי הַגֶּפֶן	הָעֵץ וְעַל פְּרִי הָעֵץ

וְעַל תְּנוּבַת הַשָּׂדֶה וְעַל־אֶרֶץ חֶמְדָּה טוֹבָה וּרְחָבָה שֶׁרָצִיתָ וְהִנְחַלְתָּ לַאֲבוֹתֵינוּ לֶאֱכוֹל מִפִּרְיָהּ וְלִשְׂבּוֹעַ מִטּוּבָהּ רַחֵם נָא יְהֹוָה אֱלֹהֵינוּ עַל־יִשְׂרָאֵל עַמֶּךָ וְעַל־יְרוּשָׁלַיִם עִירֶךָ וְעַל־צִיּוֹן מִשְׁכַּן כְּבוֹדֶךָ וְעַל־מִזְבְּחֶךָ וְעַל־הֵיכָלֶךָ וּבְנֵה יְרוּשָׁלַיִם עִיר הַקֹּדֶשׁ בִּמְהֵרָה בְיָמֵינוּ וְהַעֲלֵנוּ לְתוֹכָהּ׃ וְשַׂמְּחֵנוּ בָהּ וּנְבָרֶכְךָ בִּקְדֻשָּׁה וּבְטָהֳרָה׃ בשבת וּרְצֵה וְהַחֲלִיצֵנוּ בְּיוֹם הַשַּׁבָּת הַזֶּה׃ בר״ח ויו״ט וחול המועד וְזָכְרֵנוּ לְטוֹבָה בר״ח בְּיוֹם רֹאשׁ הַחֹדֶשׁ הַזֶּה בר״ה בְּיוֹם הַזִּכָּרוֹן הַזֶּה בפסח בְּיוֹם חַג הַמַּצּוֹת הַזֶּה בשבועות בְּיוֹם חַג הַשָּׁבֻעוֹת הַזֶּה בסוכות בְּיוֹם חַג הַסֻּכּוֹת הַזֶּה בשמע״צ בְּיוֹם שְׁמִינִי עֲצֶרֶת הַחַג הַזֶּה׃ כִּי אַתָּה יְהֹוָה טוֹב וּמֵטִיב לַכֹּל וְנוֹדֶה לְךָ עַל הָאָרֶץ וְעַל

על ה׳ מיני דגן:	על היין:	על פירות מז׳ מינים:
הַמִּחְיָה׃ בָּרוּךְ אַתָּה יְהֹוָה עַל־הָאָרֶץ וְעַל־הַמִּחְיָה׃	פְּרִי־הַגֶּפֶן׃ בָּרוּךְ אַתָּה יְהֹוָה עַל־הָאָרֶץ וְעַל פְּרִי הַגֶּפֶן׃	הַפֵּרוֹת׃ בָּרוּךְ אַתָּה יְהֹוָה עַל־הָאָרֶץ וְעַל־הַפֵּרוֹת׃

ברכה אחרונה על שאר אוכלין ומשקין:

בָּרוּךְ אַתָּה יְהֹוָה אֱלֹהֵינוּ מֶלֶךְ הָעוֹלָם בּוֹרֵא נְפָשׁוֹת רַבּוֹת וְחֶסְרוֹנָן עַל כֹּל מַה־שֶּׁבָּרָאתָ לְהַחֲיוֹת בָּהֶם נֶפֶשׁ כָּל־חָי׃ בָּרוּךְ חֵי הָעוֹלָמִים׃

The following berachah *is said after eating cooked [or baked] food prepared from the five species of grain [wheat, barley, rye, oats or spelt], after wine, or after grapes, figs, pomegranates, olives or dates.*

If one ate any of these fruits and also cake, and drank wine, he should combine the three blessings into one and say the following:

Blessed are You... for the sustenance and the nourishment, for the vine and the fruit of the vine, for the tree and the fruit of the tree, for the produce of the field, and for the precious land... and we offer thanks to You for the land, for the sustenance, for the fruit of the vine and for the fruits. Blessed are You, Lord, for the land, for the sustenance, for the fruit of the vine and the fruits.

בָּרוּךְ Blessed are You, Lord our God, King of the universe for

After food prepared from the five kinds of grain:	*After wine:*	*After grapes, figs, pomegranates, olives or dates:*
the sustenance and the nourishment,	the vine and the fruit of the vine,	the tree and the fruit of the tree,

for the produce of the field, and for the precious, good and spacious land which You have graciously given as a heritage to our ancestors, to eat of its fruit and be satiated with its goodness. Have mercy, Lord our God, on Israel Your people, on Jerusalem Your city, on Zion the abode of Your glory, on Your altar and on Your Temple. Rebuild Jerusalem, the holy city, speedily in our days, and bring us up to it and make us rejoice in it, and we will bless You in holiness and purity.

On Shabbat:

May it please You to strengthen us on this Shabbat day.

On Rosh Chodesh, Yom Tov and Chol HaMoed:

Remember us for good on this day of

On Rosh Chodesh: Rosh Chodesh	*On Rosh HaShanah:* Remembrance.	*On Pesach:* the Festival of Matzot.
On Shavuot: the Festival of Shavuot	*On Sukkot:* the Festival of Sukkot	*On Shemini Atzeret:* Shemini Atzeret, the Festival

For You, Lord, are good and do good to all, and we offer thanks to You for the land and for

After food prepared from the five kinds of grain:	*After wine:*	*After grapes, figs, pomegranates, olives or dates:*
the sustenance. Blessed are You Lord, for the land and for the sustenance.	the fruit of the vine. Blessed are You Lord, for the land and for the fruit of the vine.	the fruits. Blessed are You Lord, for the land and for the fruits.

CONCLUDING BLESSING AFTER OTHER FOODS AND DRINKS

בָּרוּךְ Blessed are You, Lord our God, King of the universe, Creator of numerous living beings and their needs, for all the things You have created with which to sustain the soul of every living being. Blessed is He who is the Life of the worlds.

בָּרוּךְ אַתָּה יְהוָֹה אֱלֹהֵינוּ מֶלֶךְ הָעוֹלָם בּוֹרֵא פְּרִי הַגָּפֶן:

בָּרוּךְ אַתָּה יְהוָֹה אֱלֹהֵינוּ מֶלֶךְ הָעוֹלָם אֲשֶׁר קִדְּשָׁנוּ בְּמִצְוֹתָיו וְצִוָּנוּ עַל הָעֲרָיוֹת · וְאָסַר לָנוּ אֶת־הָאֲרוּסוֹת · וְהִתִּיר לָנוּ אֶת־הַנְּשׂוּאוֹת לָנוּ עַל־יְדֵי חֻפָּה וְקִדּוּשִׁין: בָּרוּךְ אַתָּה יְהוָֹה מְקַדֵּשׁ עַמּוֹ יִשְׂרָאֵל עַל־יְדֵי חֻפָּה וְקִדּוּשִׁין:

ישתה החתן והכלה ואח״כ מקדש החתן את הכלה בטבעת ואומר:

הֲרֵי אַתְּ מְקֻדֶּשֶׁת לִי בְּטַבַּעַת זוֹ כְּדַת משֶׁה וְיִשְׂרָאֵל:

וקורין הכתובה:

ויברך שנית על הכוס:

בָּרוּךְ אַתָּה יְהוָֹה אֱלֹהֵינוּ מֶלֶךְ הָעוֹלָם בּוֹרֵא פְּרִי הַגָּפֶן:

ואח״כ יאמר:

בָּרוּךְ אַתָּה יְהוָֹה אֱלֹהֵינוּ מֶלֶךְ הָעוֹלָם שֶׁהַכֹּל בָּרָא לִכְבוֹדוֹ:

בָּרוּךְ אַתָּה יְהוָֹה אֱלֹהֵינוּ מֶלֶךְ הָעוֹלָם יוֹצֵר הָאָדָם:

בָּרוּךְ אַתָּה יְהוָֹה אֱלֹהֵינוּ מֶלֶךְ הָעוֹלָם אֲשֶׁר יָצַר אֶת־הָאָדָם בְּצַלְמוֹ בְּצֶלֶם דְּמוּת תַּבְנִיתוֹ · וְהִתְקִין לוֹ מִמֶּנּוּ בִּנְיַן עֲדֵי עַד: בָּרוּךְ אַתָּה יְהוָֹה יוֹצֵר הָאָדָם:

שׂוֹשׂ תָּשִׂישׂ וְתָגֵל הָעֲקָרָה בְּקִבּוּץ בָּנֶיהָ לְתוֹכָהּ בְּשִׂמְחָה: בָּרוּךְ אַתָּה יְהוָֹה מְשַׂמֵּחַ צִיּוֹן בְּבָנֶיהָ:

שַׂמֵּחַ תְּשַׂמַּח רֵעִים הָאֲהוּבִים כְּשַׂמֵּחֲךָ יְצִירְךָ בְּגַן עֵדֶן מִקֶּדֶם: בָּרוּךְ אַתָּה יְהוָֹה מְשַׂמֵּחַ חָתָן וְכַלָּה:

בָּרוּךְ אַתָּה יְהוָֹה אֱלֹהֵינוּ מֶלֶךְ הָעוֹלָם אֲשֶׁר בָּרָא שָׂשׂוֹן וְשִׂמְחָה חָתָן וְכַלָּה · גִּילָה רִנָּה דִּיצָה וְחֶדְוָה · אַהֲבָה וְאַחֲוָה שָׁלוֹם וְרֵעוּת · מְהֵרָה יְהוָֹה אֱלֹהֵינוּ יִשָּׁמַע בְּעָרֵי יְהוּדָה · וּבְחוּצוֹת יְרוּשָׁלָיִם · קוֹל שָׂשׂוֹן וְקוֹל שִׂמְחָה · קוֹל חָתָן וְקוֹל כַּלָּה · קוֹל מִצְהֲלוֹת חֲתָנִים מֵחֻפָּתָם · וּנְעָרִים מִמִּשְׁתֵּה נְגִינָתָם: בָּרוּךְ אַתָּה יְהוָֹה מְשַׂמֵּחַ חָתָן עִם הַכַּלָּה:

ושותין החתן והכלה שנית:

בבהמ״ז אומר הברכות תחלה ואח״כ מברך על הכוס:

The following berachot *are recited over a cup of wine:*

בָּרוּךְ Blessed are You, Lord our God, King of the universe, who creates the fruit of the vine.

בָּרוּךְ Blessed are You, Lord our G-d, King of the universe, who has sanctified us with His commandments and commanded us concerning illicit marriages, forbidden to us the betrothed and permitted to us those who are married to us by the rite of *chupah* and *kiddushin* (consecration). Blessed are You Lord, who sanctifies His people Israel through *chupah* and *kiddushin*.

The groom drinks [of the wine], then the bride. The groom then betrothes the bride with a ring and says:

הֲרֵי With this ring, you are consecrated to me according to the law of Moses and Israel.

The Ketubah *(marriage contract) is read, the* berachah *over the wine is said again:*

בָּרוּךְ Blessed are You, Lord our God, King of the universe, who creates the fruit of the vine.

And then the following blessings are recited:

בָּרוּךְ Blessed are You, Lord our God, King of the universe, who has created all things for His glory.

בָּרוּךְ Blessed are You, Lord our God, King of the universe, Creator of man.

בָּרוּךְ Blessed are You, Lord our God, King of the universe, who created man in His image, in the image [of His] likeness [He fashioned] his form, and prepared for him from his own self an everlasting edifice. Blessed are You Lord, Creator of man.

שׂוֹשׂ May the barren one [Jerusalem] rejoice and be happy at the ingathering of her children to her midst in joy. Blessed are You Lord, who gladdens Zion with her children.

שַׂמַּח Grant abundant joy to these loving friends, as You bestowed gladness upon Your created being in the Garden of Eden of old. Blessed are You Lord, who gladdens the groom and bride.

בָּרוּךְ Blessed are You, Lord our God, King of the universe, who created joy and happiness, bride and groom, gladness, jubilation, cheer and delight, love, friendship, harmony and fellowship. Lord our God, let there speedily be heard in the cities of Judah and in the streets of Jerusalem the sound of joy and the sound of happiness, the sound of a bride and the sound of a groom, the sound of exultation of grooms from under their chupah, and youths from their joyous banquets. Blessed are You Lord, who gladdens the groom with the bride.

The groom and bride drink [from the wine] again. At the conclusion of the Blessing After a Meal, 49-54, the above [six] berachot *are recited, and then the* berachah *over wine [Sheva Berachot].*

אומרים הודו בכל ערב שבת קודם מנחה לבד כשחל יו״ט או חוה״מ בערב שבת א״א הודו:

א **הֹדוּ** לַיהוָה כִּי־טוֹב כִּי לְעוֹלָם חַסְדּוֹ: ב יֹאמְרוּ גְּאוּלֵי יְהוָה
אֲשֶׁר גְּאָלָם מִיַּד־צָר: ג וּמֵאֲרָצוֹת קִבְּצָם מִמִּזְרָח וּמִמַּעֲרָב
מִצָּפוֹן וּמִיָּם: ד תָּעוּ בַמִּדְבָּר בִּישִׁימוֹן דָּרֶךְ עִיר מוֹשָׁב לֹא מָצָאוּ:
ה רְעֵבִים גַּם־צְמֵאִים נַפְשָׁם בָּהֶם תִּתְעַטָּף: ו וַיִּצְעֲקוּ אֶל־יְהוָה
בַּצַּר לָהֶם מִמְּצוּקוֹתֵיהֶם יַצִּילֵם: ז וַיַּדְרִיכֵם בְּדֶרֶךְ יְשָׁרָה לָלֶכֶת
אֶל־עִיר מוֹשָׁב: ח יוֹדוּ לַיהוָה חַסְדּוֹ וְנִפְלְאוֹתָיו לִבְנֵי אָדָם: ט כִּי־
הִשְׂבִּיעַ נֶפֶשׁ שֹׁקֵקָה וְנֶפֶשׁ רְעֵבָה מִלֵּא־טוֹב: י יֹשְׁבֵי חֹשֶׁךְ
וְצַלְמָוֶת אֲסִירֵי עֳנִי וּבַרְזֶל: יא כִּי־הִמְרוּ אִמְרֵי־אֵל וַעֲצַת עֶלְיוֹן
נָאָצוּ: יב וַיַּכְנַע בֶּעָמָל לִבָּם כָּשְׁלוּ וְאֵין עֹזֵר: יג וַיִּזְעֲקוּ אֶל־יְהוָה
בַּצַּר לָהֶם מִמְּצוּקוֹתֵיהֶם יוֹשִׁיעֵם: יד יוֹצִיאֵם מֵחֹשֶׁךְ וְצַלְמָוֶת
וּמוֹסְרוֹתֵיהֶם יְנַתֵּק: טו יוֹדוּ לַיהוָה חַסְדּוֹ וְנִפְלְאוֹתָיו לִבְנֵי אָדָם:
טז כִּי־שִׁבַּר דַּלְתוֹת נְחֹשֶׁת וּבְרִיחֵי בַרְזֶל גִּדֵּעַ: יז אֱוִלִים מִדֶּרֶךְ
פִּשְׁעָם וּמֵעֲוֹנֹתֵיהֶם יִתְעַנּוּ: יח כָּל־אֹכֶל תְּתַעֵב נַפְשָׁם וַיַּגִּיעוּ עַד־
שַׁעֲרֵי־מָוֶת: יט וַיִּזְעֲקוּ אֶל־יְהוָה בַּצַּר לָהֶם מִמְּצֻקוֹתֵיהֶם
יוֹשִׁיעֵם: כ יִשְׁלַח דְּבָרוֹ וְיִרְפָּאֵם וִימַלֵּט מִשְּׁחִיתוֹתָם: כא יוֹדוּ
לַיהוָה חַסְדּוֹ וְנִפְלְאוֹתָיו לִבְנֵי אָדָם: כב וְיִזְבְּחוּ זִבְחֵי תוֹדָה וִיסַפְּרוּ
מַעֲשָׂיו בְּרִנָּה: כג יוֹרְדֵי הַיָּם בָּאֳנִיּוֹת עֹשֵׂי מְלָאכָה בְּמַיִם רַבִּים:
כד הֵמָּה רָאוּ מַעֲשֵׂי יְהוָה וְנִפְלְאוֹתָיו בִּמְצוּלָה: כה וַיֹּאמֶר וַיַּעֲמֵד
רוּחַ סְעָרָה וַתְּרוֹמֵם גַּלָּיו: כו יַעֲלוּ שָׁמַיִם יֵרְדוּ תְהוֹמוֹת נַפְשָׁם
בְּרָעָה תִתְמוֹגָג: כז יָחוֹגּוּ וְיָנוּעוּ כַּשִּׁכּוֹר וְכָל־חָכְמָתָם תִּתְבַּלָּע:
כח וַיִּצְעֲקוּ אֶל־יְהוָה בַּצַּר לָהֶם וּמִמְּצוּקֹתֵיהֶם יוֹצִיאֵם: כט יָקֵם
סְעָרָה לִדְמָמָה וַיֶּחֱשׁוּ גַּלֵּיהֶם: ל וַיִּשְׂמְחוּ כִי־יִשְׁתֹּקוּ וַיַּנְחֵם אֶל־
מְחוֹז חֶפְצָם: לא יוֹדוּ לַיהוָה חַסְדּוֹ וְנִפְלְאוֹתָיו לִבְנֵי אָדָם:
לב וִירוֹמְמוּהוּ בִּקְהַל עָם וּבְמוֹשַׁב זְקֵנִים יְהַלְלוּהוּ: לג יָשֵׂם נְהָרוֹת
לְמִדְבָּר וּמֹצָאֵי מַיִם לְצִמָּאוֹן: לד אֶרֶץ פְּרִי לִמְלֵחָה מֵרָעַת יוֹשְׁבֵי
בָהּ: לה יָשֵׂם מִדְבָּר לַאֲגַם־מַיִם וְאֶרֶץ צִיָּה לְמֹצָאֵי מָיִם: לו וַיּוֹשֶׁב
שָׁם רְעֵבִים וַיְכוֹנְנוּ עִיר מוֹשָׁב: לז וַיִּזְרְעוּ שָׂדוֹת וַיִּטְּעוּ כְרָמִים
וַיַּעֲשׂוּ פְּרִי תְבוּאָה: לח וַיְבָרְכֵם וַיִּרְבּוּ מְאֹד וּבְהֶמְתָּם לֹא יַמְעִיט:

The following psalm is said every Friday afternoon preceding the Minchah Prayer, except when a Festival or Chol HaMoed falls on Friday.

הודו Give thanks to the Lord for He is good, for His kindness is everlasting.

So shall say those redeemed by the Lord, those whom He redeemed from the hand of the oppressor. He gathered them from the lands — from east and from west, from north and from the sea. They lost their way in the wilderness, in the wasteland; they found no inhabited city. Both hungry and thirsty, their soul languished within them. They cried out to the Lord in their distress; He delivered them from their afflictions. He guided them in the right path to reach an inhabited city. Let them give thanks to the Lord, and [proclaim] His wonders to the children of man. For He has satiated a thirsting soul, and filled a hungry soul with goodness. Those who sit in darkness and the shadow of death, bound in misery and chains of iron, for they defied the words of God and spurned the counsel of the Most High — He humbled their heart through suffering; they stumbled and there was none to help. They cried out to the Lord in their distress; He saved them from their afflictions. He brought them out of darkness and the shadow of death, and sundered their bonds. Let them give thanks to the Lord for His kindness, and [proclaim] His wonders to the children of man. For He broke the brass gates and smashed the iron bars. Foolish sinners are afflicted because of their sinful ways and their wrongdoings. Their soul loathes all food, and they reach the gates of death. They cried out to the Lord in their distress; He saved them from their afflictions. He sent forth His command and healed them; He delivered them from their graves. Let them give thanks to the Lord for His kindness, and [proclaim] His wonders to the children of man. Let them offer sacrifices of thanksgiving, and joyfully recount His deeds. Those who go down to the sea in ships, who perform tasks in mighty waters, they saw the works of the Lord and His wonders in the deep. He spoke and caused the stormy wind to rise, and it lifted up the waves. They rise to the sky, plunge to the depths; their soul melts in distress. They reel and stagger like a drunkard, all their skill is to no avail. They cried out to the Lord in their distress, and He brought them out from their calamity. He transformed the storm into stillness, and the waves were quieted. They rejoiced when they were silenced, and He led them to their destination. Let them give thanks to the Lord for His kindness, and [proclaim] His wonders to the children of man. Let them exalt Him in the congregation of the people, and praise Him in the assembly of the elders. He turns rivers into desert, springs of water into parched land, a fruitful land into a salt-marsh, because of the wickedness of those who inhabit it. He turns a desert into a lake, arid land into springs of water. He settles the hungry there, and they establish a city of habitation. They sow fields and plant vineyards which yield fruit and wheat. He blesses them and they multiply greatly, and He does not decrease their

לט וַיִּמְעֲטוּ וַיָּשֹׁחוּ מֵעֹצֶר רָעָה וְיָגוֹן׃ מ שֹׁפֵךְ בּוּז עַל־נְדִיבִים
וַיַּתְעֵם בְּתֹהוּ לֹא־דָרֶךְ׃ מא וַיְשַׂגֵּב אֶבְיוֹן מֵעוֹנִי וַיָּשֶׂם כַּצֹּאן
מִשְׁפָּחוֹת׃ מב יִרְאוּ יְשָׁרִים וְיִשְׂמָחוּ וְכָל־עַוְלָה קָפְצָה פִּיהָ׃ מג מִי־
חָכָם וְיִשְׁמָר־אֵלֶּה וְיִתְבּוֹנְנוּ חַסְדֵי יְהוָה׃

פָּתַח אֵלִיָּהוּ וְאָמַר רִבּוֹן עָלְמִין דְּאַנְתְּ הוּא חָד וְלָא בְחֻשְׁבָּן אַנְתְּ הוּא עִלָּאָה עַל־כָּל־עִלָּאִין סְתִימָא עַל־כָּל־סְתִימִין לֵית מַחֲשָׁבָה תְּפִיסָא בָךְ כְּלָל׃ אַנְתְּ הוּא דְאַפִּיקַת עֲשַׂר תִּקּוּנִין וְקָרֵינָן לְהוֹן עֲשַׂר סְפִירָן לְאַנְהָגָא בְהוֹן עָלְמִין סְתִימִין דְּלָא אִתְגַּלְיָן וְעָלְמִין דְּאִתְגַּלְיָן וּבְהוֹן אִתְכְּסִיאַת מִבְּנֵי נָשָׁא וְאַנְתְּ הוּא דְקָשִׁיר לוֹן וּמְיַחֵד לוֹן וּבְגִין דְּאַנְתְּ מִלְּגָו כָּל־מָאן דְּאַפְרֵישׁ חַד מֵחַבְרֵיהּ מֵאִלֵּין עֲשַׂר סְפִירָן אִתְחַשֵׁב לֵיהּ כְּאִלּוּ אַפְרֵשׁ בָּךְ׃ וְאִלֵּין עֲשַׂר סְפִירָן אִנּוּן אָזְלִין כְּסִדְרָן חַד אֲרִיךְ וְחַד קְצִיר וְחַד בֵּינוּנִי׃ וְאַנְתְּ הוּא דְאַנְהִיג לוֹן וְלֵית מָאן דְּאַנְהִיג לָךְ לָא לְעֵלָּא וְלָא לְתַתָּא וְלָא מִכָּל־סִטְרָא׃ לְבוּשִׁין תְּקִינַת לוֹן דְּמִנַּיְהוּ פָּרְחִין נִשְׁמָתִין לִבְנֵי נָשָׁא׃ וְכַמָּה גוּפִין תְּקִינַת לוֹן דְּאִתְקְרִיאוּ גוּפִין לְגַבֵּי לְבוּשִׁין דִּמְכַסִּין עֲלֵיהוֹן וְאִתְקְרִיאוּ בְּתִקּוּנָא דָא׃ חֶסֶד דְּרוֹעָא יְמִינָא׃ גְּבוּרָה דְּרוֹעָא שְׂמָאלָא׃ תִּפְאֶרֶת גּוּפָא׃ נֶצַח וְהוֹד תְּרֵין שׁוֹקִין׃ יְסוֹד סִיּוּמָא דְגוּפָא אוֹת בְּרִית קֹדֶשׁ׃ מַלְכוּת פֶּה תּוֹרָה שֶׁבְּעַל פֶּה קָרֵינָן לָהּ׃ חָכְמָה מוֹחָא אִיהִי מַחֲשָׁבָה מִלְּגָו׃ בִּינָה לִבָּא וּבָהּ הַלֵּב מֵבִין וְעַל אִלֵּין תְּרֵין כְּתִיב הַנִּסְתָּרֹת לַיהוָה אֱלֹהֵינוּ׃ כֶּתֶר עֶלְיוֹן אִיהוּ כֶּתֶר מַלְכוּת וַעֲלֵיהּ אִתְּמַר מַגִּיד מֵרֵאשִׁית אַחֲרִית וְאִיהוּ קַרְקַפְתָּא דִּתְפִלִּין מִלְּגָו אִיהוּ שֵׁם מַה כזה יו"ד ה"א וא"ו ה"א דְּאִיהוּ אֹרַח אֲצִילוּת וְאִיהוּ שַׁקְיוּ דְּאִילָנָא בִּדְרוֹעוֹי וְעַנְפּוֹי כְּמַיָּא דְאַשְׁקֵי לְאִילָנָא וְאִתְרַבֵּי בְּהַהוּא שַׁקְיוּ׃ רִבּוֹן עָלְמִין אַנְתְּ הוּא עִלַּת הָעִלּוֹת וְסִבַּת הַסִּבּוֹת דְּאַשְׁקֵי לְאִילָנָא בְּהַהוּא נְבִיעוּ׃ וְהַהוּא נְבִיעוּ אִיהוּ כְּנִשְׁמָתָא לְגוּפָא דְאִיהִי חַיִּים לְגוּפָא׃ וּבָךְ לֵית דִּמְיוֹן וְדִיּוּקְנָא מִכָּל־מַה דִּלְגָו וּלְבַר׃ וּבְרָאתָ שְׁמַיָּא וְאַרְעָא וְאַפִּיקַת מִנְּהוֹן שִׁמְשָׁא וְסִיהֲרָא וְכוֹכְבַיָּא וּמַזָּלַיָּא׃ וּבְאַרְעָא אִילָנִין וְדִשְׁאִין וְגִנְתָּא דְעֵדֶן וְעִשְׂבִּין וְחֵיוָן וּבְעִירִין

*) ס"א דאיהו

cattle. [If they sin] they are diminished and cast down, through oppression, misery and sorrow. He pours contempt upon distinguished men, and causes them to stray in a pathless wilderness. He raises the needy from distress, and makes their families as numerous as flocks. The upright observe this and rejoice, and all the wicked close their mouth. Let him who is wise bear these in mind, and then the benevolent acts of the Lord will be understood.[1]

פָּתַח Elijah opened [his discourse] and said:[2] Master of the worlds, You are One but not in the numerical sense. You are exalted above all the exalted ones, hidden from all the hidden ones; no thought can grasp You at all. You are He who has brought forth ten "garments", and we call them ten *sefirot*, through which to direct hidden worlds which are not revealed and revealed worlds; and through them You conceal Yourself from man. You are He who binds them together and unites them; and inasmuch as You are within them, whoever separates one from another of these ten *sefirot*, it is considered as if he had effected a separation in You. These ten *sefirot* proceed according to their order: one long, one short, and one intermediate. You are He who directs them, but there is no one who directs You — neither above, nor below, nor from any side. You have made garments for them, from which souls issue forth to man. You have made for them a number of bodies which are called "bodies" in comparison with the garments which cover them; and they are described [anthropomorphically] in the following manner: *chesed* (kindness) — the right arm; *gevurah* (severity, power) — the left arm; *tiferet* (beauty) — the torso; *netzach* (eternity, victory) and *hod* (splendor) — the two thighs; *yesod* (foundation) — the end of the torso, the sign of the Holy Covenant; *malchut* (kingship) — the mouth, which we call the Oral Torah; *chochmah* (wisdom) — the brain, that is, the thought within; *binah* (understanding) — the heart, by means of which the heart understands; and concerning the latter two *[sefirot]* it is written, "The secrets belong to the Lord our God;"[3] supernal *keter* (crown) is the crown of kingship, concerning which it is said, "He declares the end from the beginning,"[4] and it is the skull [upon which the] *tefillin* [are placed]. Within them is the Name [whose numerical value is] forty-five (spelled thus: יו״ד ה״א ואו ה״א) which is the path of *atzilut* (emanation); and the watering of the Tree [of the *sefirot*] with its arms and branches just as water irrigates a tree and it grows by that irrigation. Master of the worlds, You are the cause of causes and producer of effects, who waters the Tree through that fountain; and that fountain is as the soul to the body, which is the life of the body. In You, however, there is no similitude or likeness to anything within or without. You have created heaven and earth and brought forth from them the sun, the moon, the stars and the planets; and on earth — the trees, the green herbage, the Garden of Eden, the grasses, the beasts, the cattle, the fowl, the fish, and

1. Psalm 107. 2. For a comprehensive exposition of this discourse, which contains many major Kabbalistic concepts, see R. Moshe Cordovero, *Pardes Harimonim*, Shaar 4, Ch. 5-6. 3. Deuteronomy 29:28. 4. Isaiah 46:10.

וְעוֹפִין וְנוּנִין וּבְנֵי נָשָׁא לְאִשְׁתְּמוֹדְעָא בְהוֹן עִלָּאִין וְאֵיךְ יִתְנַהֲגוּן עִלָּאִין וְתַתָּאִין וְאֵיךְ אִשְׁתְּמוֹדְעָן עִלָּאֵי מִתַּתָּאֵי וְלֵית דְּיָדַע בָּךְ כְּלָל: וּבַר מִנָּךְ לֵית יְחוּדָא בְּעִלָּאֵי וְתַתָּאֵי וְאַנְתְּ אִשְׁתְּמוֹדַע עִלַּת עַל־כֹּלָּא וְאָדוֹן עַל כֹּלָּא: וְכָל־סְפִירָא אִית לָהּ שֵׁם יְדִיעָא וּבְהוֹן אִתְקְרִיאוּ מַלְאָכַיָּא: וְאַנְתְּ לֵית לָךְ שֵׁם יְדִיעָא דְּאַנְתְּ הוּא מְמַלֵּא כָל־שְׁמָהָן: וְאַנְתְּ הוּא שְׁלִימוּ דְכֻלְּהוּ: וְכַד אַנְתְּ תִּסְתַּלֵּק מִנַּיְהוּ אִשְׁתָּאֲרוּ כֻּלְּהוּ שְׁמָהָן כְּגוּפָא בְּלָא נִשְׁמָתָא: אַנְתְּ הוּא חַכִּים וְלָא בְחָכְמָה יְדִיעָא אַנְתְּ הוּא מֵבִין וְלָא בְּבִינָה יְדִיעָא: לֵית לָךְ אֲתַר יְדִיעָא: אֶלָּא לְאִשְׁתְּמוֹדְעָא תּוּקְפָּךְ וְחֵילָךְ לִבְנֵי נָשָׁא וּלְאַחֲזָאָה לוֹן אֵיךְ מִתְנַהֵג עָלְמָא בְּדִינָא וּבְרַחֲמֵי דְּאִית צֶדֶק וּמִשְׁפָּט כְּפוּם עוֹבְדֵיהוֹן דִּבְנֵי נָשָׁא: דִּין אִיהוּ גְבוּרָה מִשְׁפָּט עַמּוּדָא דְאֶמְצָעִיתָא צֶדֶק מַלְכוּתָא קַדִּישָׁא מֹאזְנֵי צֶדֶק תְּרֵין סַמְכֵי קְשׁוֹט הִין צֶדֶק אוֹת בְּרִית קֹדֶשׁ כֹּלָּא לְאַחֲזָאָה אֵיךְ מִתְנַהֵג עָלְמָא אֲבָל לָאו דְּאִית לָךְ צֶדֶק יְדִיעָא דְּאִיהוּ דִין וְלָא מִשְׁפָּט יְדִיעָא דְּאִיהוּ רַחֲמֵי וְלָא מִכָּל אִלֵּין מִדּוֹת כְּלָל: בָּרוּךְ יְהֹוָה לְעוֹלָם אָמֵן וְאָמֵן:

יְדִיד נֶפֶשׁ אָב הָרַחֲמָן · מְשׁוֹךְ עַבְדְּךָ אֶל־רְצוֹנֶךָ · יָרוּץ עַבְדְּךָ כְּמוֹ אַיָּל · יִשְׁתַּחֲוֶה אֶל מוּל הֲדָרֶךָ · יֶעֱרַב לוֹ יְדִידוּתֶיךָ · מִנֹּפֶת צוּף וְכָל־טָעַם:

הָדוּר נָאֶה זִיו הָעוֹלָם · נַפְשִׁי חוֹלַת אַהֲבָתֶךָ · אָנָּא אֵל־נָא רְפָא נָא לָהּ · בְּהַרְאוֹת לָהּ נֹעַם זִיוֶךָ · אָז תִּתְחַזֵּק וְתִתְרַפֵּא · וְהָיְתָה לָהּ שִׂמְחַת עוֹלָם:

וָתִיק יֶהֱמוּ רַחֲמֶיךָ · וְחוּסָה נָּא עַל בֵּן אֹהֲבֶךָ · כִּי־זֶה כַּמָּה נִכְסוֹף נִכְסַפְתִּי לִרְאוֹת בְּתִפְאֶרֶת עֻזֶּךָ · אֵלֶּה חָמְדָה לִבִּי וְחוּסָה נָּא וְאַל תִּתְעַלָּם:

הִגָּלֶה נָא וּפְרוֹס חֲבִיבִי עָלַי אֶת־סֻכַּת שְׁלוֹמֶךָ · תָּאִיר אֶרֶץ מִכְּבוֹדֶךָ · נָגִילָה וְנִשְׂמְחָה בָּךְ · מַהֵר אָהוּב כִּי בָא מוֹעֵד · וְחָנֵּנוּ כִּימֵי עוֹלָם:

אח״כ מתפללים כל סדר תפלת מנחה לחול (ואין אומרים תחנון).

mankind; in order to make known through them the Supernal Realms, how the higher and lower worlds are conducted, and how the higher worlds may be known from the lower. However, there is none who can know You at all. Without You there is no unity in the higher or lower realms, and You are known as the Cause of all and the Master of all. Each *sefirah* has a specific Name by which the angels are also designated. You, however, have no specific Name, for You permeate all the Names, and You are the perfection of them all. When You remove Yourself from them, all the Names remain as a body without a soul. You are wise, but not with a knowable attribute of wisdom; You understand, but not with a knowable attribute of understanding; You have no specific place. [You clothed Yourself in the *sefirot*] only to make known to mankind Your power and strength and to show them how the world is conducted through law and mercy — for there is righteousness and justice which are dispensed according to the deeds of man. Law is *gevurah* (severity, power); justice is the middle column; righteousness is the holy *malchut* (kingship); the scales of righteousness are the two supports of truth; *hin* (measure) of righteousness is the sign of the Holy Covenant. All these are to show how the world is conducted, but not that You possess a knowable righteousness — which is law; nor a knowable justice — which is mercy; nor any of these attributes at all. Blessed is God forever. Amen, Amen.[1]

יְדִיד Beloved of [my] soul, merciful Father, draw Your servant to Your will. [Then] Your servant will run as swiftly as a deer; he will bow before Your splendor; Your acts of affection will be sweeter than the dripping of the honeycomb and every pleasant taste.

הָדוּר Glorious, resplendent One, Light of the world, my soul is lovesick for You; I beseech You, O God, pray heal it by showing it the sweetness of Your splendor. Then it will be strengthened and healed and will experience everlasting joy.

וָתִיק O pious One, may Your mercy be aroused; and have compassion upon Your beloved child. For it is long that I have been yearning to behold the glory of Your majesty. These my heart desires, so have pity and do not conceal Yourself.

הִגָּלֶה Reveal Yourself, my Beloved, and spread over me the shelter of Your peace. Let the earth be illuminated by Your glory; we will rejoice and exult in You. Hasten, Beloved, for the time has come; and be gracious unto us as in days of yore.

Continue Minchah for Weekdays, p. 1, excluding Tachnun.

1. Tikkune Zohar, Introduction II.

(שו"ע) (א) מצוה לרחוץ כל גופו לכתחלה בערב שבת בחמין מפני כבוד השבת ואם אי אפשר לו ירחץ פניו ידיו ורגליו בחמין כו׳ ומצוה לחוף הראש ולגלח הצפרנים בכל ערב שבת ואם היו שערות ראשו גדולות מצוה לגלחן כו׳ ונוהגין בקצת מקומות שלא להסתפר בראש חודש אפילו חל בערב שבת: (ב) השורף צפרנים חסיד. קוברן צדיק. זורקן רשע שמא תעבור עליהן אשה עוברה וכו׳. אבל מותר לזורקן בבית המדרש וכיוצא בו. מקום שאין נשים מצויות לעבור שם: (ג) סמוך לחשיכה קודם בין השמשות צריך אדם לשאול לאנשי ביתו אם הפרישו חלה כו׳ וצריך להזהירם קודם בין השמשות שידליקו את הנר ויפסקו מלעשות מלאכה וכשהוא שואלם ומזהירם על דברים אלו צריך שיאמר בלשון רכה כדי שיקבלו ממנו ולא ימהר להזכירם בעוד היום גדול שלא יפשעו ויאמרו עדיין יש שהות ואם אינו בביתו כשמגיע סמוך לחשיכה אלא בבית הכנסת או במקום אחר צריך לשלוח שליח לביתו להזכירם על דברים אלו:

בִּרְכּוֹת הַדְלָקַת הַנֵּרוֹת

ערב שבת — בָּרוּךְ אַתָּה יְהֹוָה אֱלֹהֵינוּ מֶלֶךְ הָעוֹלָם אֲשֶׁר קִדְּשָׁנוּ בְּמִצְוֹתָיו, וְצִוָּנוּ לְהַדְלִיק נֵר שֶׁל שַׁבָּת קֹדֶשׁ:

ערב יום טוב — בָּרוּךְ אַתָּה יְהֹוָה אֱלֹהֵינוּ מֶלֶךְ הָעוֹלָם אֲשֶׁר קִדְּשָׁנוּ בְּמִצְוֹתָיו, וְצִוָּנוּ לְהַדְלִיק נֵר שֶׁל יוֹם טוֹב: שהחיינו

ערב שבת ויו"ט — בָּרוּךְ אַתָּה יְהֹוָה אֱלֹהֵינוּ מֶלֶךְ הָעוֹלָם אֲשֶׁר קִדְּשָׁנוּ בְּמִצְוֹתָיו, וְצִוָּנוּ לְהַדְלִיק נֵר שֶׁל שַׁבָּת וְשֶׁל יוֹם טוֹב: שהחיינו

ערב ר"ה — בָּרוּךְ אַתָּה יְהֹוָה אֱלֹהֵינוּ מֶלֶךְ הָעוֹלָם אֲשֶׁר קִדְּשָׁנוּ בְּמִצְוֹתָיו, וְצִוָּנוּ לְהַדְלִיק נֵר שֶׁל יוֹם הַזִּכָּרוֹן: שהחיינו

ערב ר"ה שחל בשבת — בָּרוּךְ אַתָּה יְהֹוָה אֱלֹהֵינוּ מֶלֶךְ הָעוֹלָם אֲשֶׁר קִדְּשָׁנוּ בְּמִצְוֹתָיו, וְצִוָּנוּ לְהַדְלִיק נֵר שֶׁל שַׁבָּת וְשֶׁל יוֹם הַזִּכָּרוֹן: שהחיינו

ערב יום כפור — בָּרוּךְ אַתָּה יְהֹוָה אֱלֹהֵינוּ מֶלֶךְ הָעוֹלָם אֲשֶׁר קִדְּשָׁנוּ בְּמִצְוֹתָיו, וְצִוָּנוּ לְהַדְלִיק נֵר שֶׁל יוֹם הַכִּפּוּרִים: שהחיינו

ערב יום כפור שחל בשבת — בָּרוּךְ אַתָּה יְהֹוָה אֱלֹהֵינוּ מֶלֶךְ הָעוֹלָם אֲשֶׁר קִדְּשָׁנוּ בְּמִצְוֹתָיו, וְצִוָּנוּ לְהַדְלִיק נֵר שֶׁל שַׁבָּת וְשֶׁל יוֹם הַכִּפּוּרִים: שהחיינו

---

*) בָּרוּךְ אַתָּה יְהֹוָה אֱלֹהֵינוּ מֶלֶךְ הָעוֹלָם שֶׁהֶחֱיָנוּ וְקִיְּמָנוּ וְהִגִּיעָנוּ לַזְּמַן הַזֶּה:

---

*) אין מברכים שהחיינו בערב שביעי ואחרון של פסח

Shulchan Aruch HaRav:

1. On Friday, one should bathe his entire body in warm water, in honor of Shabbat. If he is unable to do so, he should at least wash his face, hands, and feet in warm water. One should wash his head and cut his nails every Friday. If his hair is long, he should take a haircut. In some places, it is customary not to cut one's hair on Rosh Chodesh, even if it falls on Friday.

2. One who burns his nails is considered a *chassid* [who does more than the letter of the law requires]; one who buries them is a *tzaddik*; while one who throws them away is a *rasha* (lest a pregnant woman step on them.) However, it is permissible to throw them in a *Bet Hamidrash* and the like, where woman are not commonly present.

3. Before sunset, the head of the household should inquire whether *challah* has been separated; and he should remind the women to light the Shabbat candles at the proper time and everyone to stop their weekday activities. He should ask gently so that his words will be accepted. He should not remind them too early lest his words will not be heeded and they will say that there is still a great deal of time. If one is not at home close to sunset, but is in the synagogue or elsewhere, he should send a messenger to his home to remind his household of these things.

BLESSINGS FOR CANDLE LIGHTING

On Erev Shabbat:

בָּרוּךְ Blessed are You, Lord our God, King of the universe, who has sanctified us with His commandments, and commanded us to kindle the light of the Holy Shabbat.

On Erev Yom Tov:

בָּרוּךְ Blessed are You, Lord our God, King of the universe, who has sanctified us with His commandments, and commanded us to kindle the Yom Tov light.

Blessed are You, Lord our God, King of the universe, who has granted us life, sustained us and enabled us to reach this occasion.

On Erev Shabbat and Yom Tov:

בָּרוּךְ Blessed are You, Lord our God, King of the universe, who has sanctified us with His commandments, and commanded us to kindle the Shabbat and Yom Tov light.

Blessed are You, Lord our God, King of the universe, who has granted us life, sustained us and enabled us to reach this occasion.

On Erev Rosh HaShanah and Rosh HaShanah:

בָּרוּךְ Blessed are You, Lord our God, King of the universe, who has sanctified us with His commandments, and commanded us to kindle the light of the Day of Remembrance.

Blessed are You, Lord our God, King of the universe, who has granted us life, sustained us and enabled us to reach this occasion.

On Erev Rosh HaShanah which falls on Shabbat:

בָּרוּךְ Blessed are You, Lord our God, King of the Universe, who has sanctified us with His commandments, and commanded us to kindle the light of Shabbat and the Day of Remembrance.

Blessed are You, Lord our God, King of the universe, who has granted us life, sustained us and enabled us to reach this occasion.

On Erev Yom Kippur:

בָּרוּךְ Blessed are You, Lord our God, King of the universe, who has sanctified us with His commandments, and commanded us to kindle the Yom Kippur light.

Blessed are You, Lord our God, King of the universe, who has granted us life, sustained us and enabled us to reach this occasion.

On Erev Yom Kippur which falls on Shabbat:

בָּרוּךְ Blessed are You, Lord our God, King of the universe, who has sanctified us with His commandments, and commanded us to kindle the light of Shabbat and Yom Kippur.

Blessed are You, Lord our God, King of the universe, who has granted us life, sustained us and enabled us to reach this occasion.

(בשבת ויו"ט א"א זה

רִבּוֹנוֹ שֶׁל־עוֹלָם הֲרֵינִי מוֹחֵל לְכָל־מִי שֶׁהִכְעִיס וְהִקְנִיט אוֹתִי אוֹ שֶׁחָטָא כְּנֶגְדִּי בֵּין בְּגוּפִי בֵּין בְּמָמוֹנִי בֵּין בִּכְבוֹדִי בֵּין בְּכָל־אֲשֶׁר לִי בֵּין בְּאוֹנֶס בֵּין בְּרָצוֹן בֵּין בְּשׁוֹגֵג בֵּין בְּמֵזִיד בֵּין בְּדִבּוּר בֵּין בְּמַעֲשֶׂה בֵּין בְּגִלְגּוּל זֶה בֵּין בְּגִלְגּוּל אַחֵר לְכָל־בַּר יִשְׂרָאֵל וְלֹא יֵעָנֵשׁ שׁוּם אָדָם בְּסִבָּתִי יְהִי רָצוֹן מִלְּפָנֶיךָ יְהֹוָה אֱלֹהַי וֵאלֹהֵי אֲבוֹתַי שֶׁלֹּא אֶחֱטָא עוֹד וְלֹא אֶחֱזוֹר בָּהֶם וְלֹא אָשׁוּב עוֹד לְהַכְעִיסְךָ וְלֹא אֶעֱשֶׂה הָרַע בְּעֵינֶיךָ וּמַה־שֶּׁחָטָאתִי מְחוֹק בְּרַחֲמֶיךָ הָרַבִּים וְלֹא עַל יְדֵי יִסּוּרִים וָחֳלָיִם רָעִים: יִהְיוּ לְרָצוֹן | אִמְרֵי־פִי וְהֶגְיוֹן לִבִּי לְפָנֶיךָ יְהֹוָה צוּרִי וְגֹאֲלִי: ע"כ)

הַשְׁכִּיבֵנוּ אָבִינוּ לְשָׁלוֹם וְהַעֲמִידֵנוּ מַלְכֵּנוּ לְחַיִּים טוֹבִים וּלְשָׁלוֹם וְתַקְּנֵנוּ בְּעֵצָה טוֹבָה מִלְּפָנֶיךָ וְהוֹשִׁיעֵנוּ מְהֵרָה לְמַעַן שְׁמֶךָ וּפְרוֹשׂ עָלֵינוּ סֻכַּת שְׁלוֹמֶךָ (בשבת ויו"ט א"א זה וְהָגֵן בַּעֲדֵנוּ וְהָסֵר מֵעָלֵינוּ אוֹיֵב דֶּבֶר וְחֶרֶב וְרָעָב וְיָגוֹן וְהָסֵר שָׂטָן מִלְּפָנֵינוּ וּמֵאַחֲרֵינוּ וּבְצֵל כְּנָפֶיךָ תַּסְתִּירֵנוּ׳ וּשְׁמוֹר צֵאתֵנוּ וּבוֹאֵנוּ לְחַיִּים טוֹבִים וּלְשָׁלוֹם מֵעַתָּה וְעַד עוֹלָם כִּי אֵל שׁוֹמְרֵנוּ וּמַצִּילֵנוּ אָתָּה: ע"כ)

שְׁמַע יִשְׂרָאֵל יְיָ אֱלֹהֵינוּ יְיָ | אֶחָד:

בָּרוּךְ שֵׁם כְּבוֹד מַלְכוּתוֹ לְעוֹלָם וָעֶד:

וְאָהַבְתָּ אֵת יְיָ אֱלֹהֶיךָ, בְּכָל לְבָבְךָ וּבְכָל נַפְשְׁךָ וּבְכָל מְאֹדֶךָ: וְהָיוּ הַדְּבָרִים הָאֵלֶּה, אֲשֶׁר אָנֹכִי מְצַוְּךָ הַיּוֹם עַל לְבָבֶךָ: וְשִׁנַּנְתָּם לְבָנֶיךָ

The following paragraph is omitted on Shabbat and Festivals.

רבונו Master of the universe! I hereby forgive anyone who has angered or vexed me, or sinned against me, either physically or financially, against my honor or anything else that is mine, whether accidentally or intentionally, inadvertently or deliberately, by speech or by deed, in this incarnation or in any other — any Israelite; may no man be punished on my account. May it be Your will, Lord my God and God of my fathers, that I shall sin no more nor repeat my sins, neither shall I again anger You nor do what is wrong in Your eyes. The sins I have committed, erase in Your abounding mercies, but not through suffering or severe illnesses. May the words of my mouth and the meditation of my heart be acceptable before You, Lord, my Strength and my Redeemer.[1]

הַשְׁכִּיבֵנוּ Our Father, let us lie down in peace; our King, raise us up to a good life and peace. Improve us with Your good counsel, help us speedily for the sake of Your Name, and spread over us the shelter of Your peace. *(On Shabbat and Festivals, omit the following until the end of the paragraph.)* Protect us and remove from us the enemy, pestilence, sword, famine and sorrow. Remove the adversary from before us and from behind us; shelter us in the shadow of Your wings; and guard our going out and our coming in for a good life and peace from now and for all time. For You, benevolent God, are our guardian and our deliverer.

שְׁמַע Hear, O Israel, the Lord is our God, the Lord is One.[2]

בָּרוּךְ Blessed be the name of the glory of His kingdom forever and ever.[3]

וְאָהַבְתָּ You shall love the Lord your God with all your heart, with all your soul, and with all your might. And these words which I command you today shall be upon your heart. You shall teach them thoroughly to your children, and you shall

1. Psalms 19:15. 2. Deuteronomy 6:4. 3. Pesachim 56a. Deuteronomy Rabbah 2:31, 35, 36.

וְדִבַּרְתָּ בָּם, בְּשִׁבְתְּךָ בְּבֵיתֶךָ וּבְלֶכְתְּךָ
בַדֶּרֶךְ וּבְשָׁכְבְּךָ וּבְקוּמֶךָ: וּקְשַׁרְתָּם
לְאוֹת עַל יָדֶךָ, וְהָיוּ לְטֹטָפֹת בֵּין עֵינֶיךָ:
וּכְתַבְתָּם עַל מְזֻזוֹת בֵּיתֶךָ וּבִשְׁעָרֶיךָ:

וְהָיָה, אִם שָׁמֹעַ תִּשְׁמְעוּ אֶל מִצְוֹתַי, אֲשֶׁר אָנֹכִי
מְצַוֶּה אֶתְכֶם הַיּוֹם, לְאַהֲבָה אֶת יְיָ אֱלֹהֵיכֶם
וּלְעָבְדוֹ, בְּכָל לְבַבְכֶם וּבְכָל נַפְשְׁכֶם: וְנָתַתִּי
מְטַר אַרְצְכֶם בְּעִתּוֹ יוֹרֶה וּמַלְקוֹשׁ, וְאָסַפְתָּ
דְגָנֶךָ וְתִירֹשְׁךָ וְיִצְהָרֶךָ: וְנָתַתִּי עֵשֶׂב בְּשָׂדְךָ
לִבְהֶמְתֶּךָ וְאָכַלְתָּ וְשָׂבָעְתָּ: הִשָּׁמְרוּ לָכֶם פֶּן
יִפְתֶּה לְבַבְכֶם, וְסַרְתֶּם וַעֲבַדְתֶּם אֱלֹהִים אֲחֵרִים
וְהִשְׁתַּחֲוִיתֶם לָהֶם: וְחָרָה, אַף יְיָ בָּכֶם וְעָצַר אֶת
הַשָּׁמַיִם וְלֹא יִהְיֶה מָטָר וְהָאֲדָמָה לֹא תִתֵּן אֶת
יְבוּלָהּ, וַאֲבַדְתֶּם מְהֵרָה מֵעַל הָאָרֶץ הַטֹּבָה
אֲשֶׁר יְיָ נֹתֵן לָכֶם: וְשַׂמְתֶּם אֶת דְּבָרַי אֵלֶּה עַל
לְבַבְכֶם וְעַל נַפְשְׁכֶם, וּקְשַׁרְתֶּם אֹתָם לְאוֹת עַל
יֶדְכֶם וְהָיוּ לְטוֹטָפֹת בֵּין עֵינֵיכֶם: וְלִמַּדְתֶּם אֹתָם
אֶת בְּנֵיכֶם לְדַבֵּר בָּם, בְּשִׁבְתְּךָ בְּבֵיתֶךָ וּבְלֶכְתְּךָ
בַדֶּרֶךְ וּבְשָׁכְבְּךָ וּבְקוּמֶךָ: וּכְתַבְתָּם עַל מְזוּזוֹת
בֵּיתֶךָ וּבִשְׁעָרֶיךָ: לְמַעַן יִרְבּוּ יְמֵיכֶם וִימֵי
בְנֵיכֶם עַל הָאֲדָמָה, אֲשֶׁר נִשְׁבַּע יְיָ לַאֲבֹתֵיכֶם
לָתֵת לָהֶם, כִּימֵי הַשָּׁמַיִם עַל הָאָרֶץ:

speak of them when you sit in your house and when you walk on the road, when you lie down and when you rise. You shall bind them as a sign upon your hand, and they shall be for a reminder between your eyes. And you shall write them upon the doorposts of your house and upon your gates.[1]

וְהָיָה And it will be, if you will diligently obey My commandments which I enjoin upon you this day, to love the Lord your God and to serve Him with all your heart and with all your soul, I will give rain for your land at the proper time, the early rain and the late rain, and you will gather in your grain, your wine and your oil. And I will give grass in your fields for your cattle, and you will eat and be sated. Take care lest your heart be lured away, and you turn astray and worship alien gods and bow down to them. For then the Lord's wrath will flare up against you, and He will close the heavens so that there will be no rain and the earth will not yield its produce, and you will swiftly perish from the good land which the Lord gives you. Therefore, place these words of Mine upon your heart and upon your soul, and bind them for a sign on your hand, and they shall be for a reminder between your eyes. You shall teach them to your children, to speak of them when you sit in your house and when you walk on the road, when you lie down and when you rise. And you shall inscribe them on the doorposts of your house and on your gates — so that your days and the days of your children may be prolonged on the land which the Lord swore to your fathers to give to them for as long as the heavens are above the earth.[2]

1. Deuteronomy 6:5-9. 2. Deuteronomy 11:13-21.

וַיֹּאמֶר יְיָ אֶל מֹשֶׁה לֵּאמֹר: דַּבֵּר אֶל בְּנֵי יִשְׂרָאֵל וְאָמַרְתָּ אֲלֵהֶם וְעָשׂוּ לָהֶם צִיצִת עַל כַּנְפֵי בִגְדֵיהֶם לְדֹרֹתָם, וְנָתְנוּ עַל צִיצִת הַכָּנָף פְּתִיל תְּכֵלֶת: וְהָיָה לָכֶם לְצִיצִת, וּרְאִיתֶם אֹתוֹ, וּזְכַרְתֶּם אֶת כָּל מִצְוֹת יְיָ, וַעֲשִׂיתֶם אֹתָם, וְלֹא תָתוּרוּ אַחֲרֵי לְבַבְכֶם וְאַחֲרֵי עֵינֵיכֶם אֲשֶׁר אַתֶּם זֹנִים אַחֲרֵיהֶם: לְמַעַן תִּזְכְּרוּ וַעֲשִׂיתֶם אֶת כָּל מִצְוֹתָי, וִהְיִיתֶם קְדֹשִׁים לֵאלֹהֵיכֶם: אֲנִי יְיָ אֱלֹהֵיכֶם אֲשֶׁר הוֹצֵאתִי אֶתְכֶם מֵאֶרֶץ מִצְרַיִם לִהְיוֹת לָכֶם לֵאלֹהִים, אֲנִי יְיָ אֱלֹהֵיכֶם: אֱמֶת.

יַעְלְזוּ חֲסִידִים בְּכָבוֹד יְרַנְּנוּ עַל מִשְׁכְּבוֹתָם: רוֹמְמוֹת אֵל בִּגְרוֹנָם, וְחֶרֶב פִּיפִיּוֹת בְּיָדָם: ג״פ הִנֵּה מִטָּתוֹ שֶׁלִּשְׁלֹמֹה שִׁשִּׁים גִּבֹּרִים סָבִיב לָהּ מִגִּבֹּרֵי יִשְׂרָאֵל: כֻּלָּם אֲחֻזֵי חֶרֶב מְלֻמְּדֵי מִלְחָמָה, אִישׁ חַרְבּוֹ עַל יְרֵכוֹ מִפַּחַד בַּלֵּילוֹת: ג״פ יְבָרֶכְךָ יְיָ וְיִשְׁמְרֶךָ: יָאֵר יְיָ פָּנָיו אֵלֶיךָ וִיחֻנֶּךָּ: יִשָּׂא יְיָ פָּנָיו אֵלֶיךָ וְיָשֵׂם לְךָ שָׁלוֹם:

יֹשֵׁב בְּסֵתֶר עֶלְיוֹן, בְּצֵל שַׁדַּי יִתְלוֹנָן: אֹמַר לַייָ מַחְסִי וּמְצוּדָתִי, אֱלֹהַי אֶבְטַח בּוֹ: כִּי הוּא יַצִּילְךָ מִפַּח יָקוּשׁ, מִדֶּבֶר הַוּוֹת: בְּאֶבְרָתוֹ יָסֶךְ לָךְ וְתַחַת כְּנָפָיו תֶּחְסֶה, צִנָּה וְסֹחֵרָה אֲמִתּוֹ: לֹא תִירָא מִפַּחַד לָיְלָה, מֵחֵץ יָעוּף יוֹמָם: מִדֶּבֶר בָּאֹפֶל יַהֲלֹךְ, מִקֶּטֶב יָשׁוּד צָהֳרָיִם: יִפֹּל מִצִּדְּךָ אֶלֶף וּרְבָבָה מִימִינֶךָ, אֵלֶיךָ לֹא יִגָּשׁ: רַק בְּעֵינֶיךָ תַבִּיט, וְשִׁלֻּמַת רְשָׁעִים תִּרְאֶה: כִּי אַתָּה יְיָ מַחְסִי, עֶלְיוֹן שַׂמְתָּ מְעוֹנֶךָ:

ביום שאין אומרים תחנון אין אומרים וידוי.

אֱלֹהֵינוּ וֵאלֹהֵי אֲבוֹתֵינוּ, תָּבֹא לְפָנֶיךָ תְּפִלָּתֵנוּ, וְאַל תִּתְעַלַּם מִתְּחִנָּתֵנוּ, שֶׁאֵין אָנוּ עַזֵּי פָנִים וּקְשֵׁי עֹרֶף, לוֹמַר לְפָנֶיךָ יְיָ אֱלֹהֵינוּ וֵאלֹהֵי אֲבוֹתֵינוּ, צַדִּיקִים אֲנַחְנוּ וְלֹא חָטָאנוּ, אֲבָל אֲנַחְנוּ וַאֲבוֹתֵינוּ חָטָאנוּ:

א) שה״ש ג ז: ב) שם ג ח:

וַיֹּאמֶר The Lord spoke to Moses, saying: Speak to the children of Israel and tell them to make for themselves fringes on the corners of their garments throughout their generations, and to attach a thread of blue on the fringe of each corner. They shall be to you as *tzitzit*, and you shall look upon them and remember all the commandments of the Lord and fulfill them, and you will not follow after your heart and after your eyes by which you go astray — so that you may remember and fulfill all My commandments and be holy to your God. I am the Lord your God who brought you out of the land of Egypt to be your God: I, the Lord, am your God.[1] *

יַעְלְזוּ Let the pious exult in glory; let them sing upon their beds. The exaltation of God is in their throats, and a double-edged sword in their hands.[2]

הִנֵּה Behold, around the bed of Solomon are sixty mighty men, of the valiant of Israel. All are armed with swords, trained in war, each with his sword upon his thigh, because of the fear of the night.[3] *Say three times.*

יְבָרֶכְךָ The Lord bless you and guard you. The Lord make His countenance shine upon you and be gracious to you. The Lord turn His countenance toward you and grant you peace.[4] *Say three times.*

יֹשֵׁב You who dwells in the shelter of the Most High, who abides in the shadow of the Omnipotent, I say [to you] of the Lord who is my refuge and my stronghold, my God in whom I trust, that He will save you from the ensnaring trap, from the destructive pestilence. He will cover you with His pinions and you will find refuge under His wings; His truth is a shield and an armor. You will not fear the terror of the night, nor the arrow that flies by day, the pestilence that prowls in the darkness, nor the destruction that ravages at noon. A thousand may fall at your [left] side, and ten thousand at your right, but it shall not reach you. You need only look with your eyes, and you will see the retribution of the wicked. Because you [have said,] "The Lord is my shelter," and you have made the Most High your haven.[5]

When Tachnun is not said,[6] Viduy (Confession), which follows, is omitted. Continue אָנָּא בְּכֹחַ *(We implore You...).*

אֱלֹהֵינוּ Our God and God of our fathers, may our prayers come before You, and do not turn away from our supplication, for we are not so impudent and obdurate as to declare before You, Lord our God and God of our fathers, that we are righteous and have not sinned. Indeed, we and our fathers have sinned.

* It is our custom to add the word אֱמֶת (True).

1. Numbers 15:37-41. 2. Psalms 149:5-6. 3. Song of Songs 3:7-8. 4. Numbers 6:24-26. 5. Psalms 91:1-9. 6. See Siddur p. 71.

אָשַׁמְנוּ, בָּגַדְנוּ, גָּזַלְנוּ, דִּבַּרְנוּ דֹפִי. הֶעֱוִינוּ, וְהִרְשַׁעְנוּ, זַדְנוּ, חָמַסְנוּ, טָפַלְנוּ שֶׁקֶר. יָעַצְנוּ רָע, כִּזַּבְנוּ, לַצְנוּ, מָרַדְנוּ, נִאַצְנוּ, סָרַרְנוּ, עָוִינוּ, פָּשַׁעְנוּ, צָרַרְנוּ, קִשִּׁינוּ עֹרֶף. רָשַׁעְנוּ, שִׁחַתְנוּ, תִּעַבְנוּ, תָּעִינוּ, תִּעְתָּעְנוּ: סַרְנוּ מִמִּצְוֹתֶיךָ וּמִמִּשְׁפָּטֶיךָ הַטּוֹבִים וְלֹא שָׁוָה לָנוּ. וְאַתָּה צַדִּיק עַל כָּל הַבָּא עָלֵינוּ כִּי אֱמֶת עָשִׂיתָ וַאֲנַחְנוּ הִרְשָׁעְנוּ:

מַה נֹּאמַר לְפָנֶיךָ יוֹשֵׁב מָרוֹם. וּמַה נְּסַפֵּר לְפָנֶיךָ שׁוֹכֵן שְׁחָקִים. הֲלֹא כָּל הַנִּסְתָּרוֹת וְהַנִּגְלוֹת אַתָּה יוֹדֵעַ:

אַתָּה יוֹדֵעַ רָזֵי עוֹלָם, וְתַעֲלֻמוֹת סִתְרֵי כָּל חָי: אַתָּה חוֹפֵשׂ כָּל חַדְרֵי בָטֶן וּבוֹחֵן כְּלָיוֹת וָלֵב. אֵין דָּבָר נֶעְלָם מִמֶּךָּ, וְאֵין נִסְתָּר מִנֶּגֶד עֵינֶיךָ: וּבְכֵן יְהִי רָצוֹן מִלְּפָנֶיךָ יְיָ אֱלֹהֵינוּ וֵאלֹהֵי אֲבוֹתֵינוּ, שֶׁתְּרַחֵם עָלֵינוּ וְתִמְחוֹל לָנוּ עַל כָּל חַטֹּאתֵינוּ, וּתְכַפֵּר לָנוּ עַל כָּל עֲוֹנוֹתֵינוּ, וְתִמְחוֹל וְתִסְלַח לָנוּ עַל כָּל פְּשָׁעֵינוּ:

ואם ירצה לומר על חטא ימצא בתפלת יום כפור:

יהי רצון מלפניך יהוה אלהינו ואלהי אבותינו שאם חטאתי עויתי פשעתי לפניך ופגמתי באות (י) של שמך הגדול (יהוה) בביטול ק״ש ובאות (א) של (אדני) ונתחייבתי בבית דינך הצדק סקילה או כיוצא בה הרי אני מקבל עלי סקילה והריני כאילו נסקלתי על ידי אות (א) של שם (אדני) בבית דין הגדול שבירושלים על דבר כבוד שמך:

ואם חטאתי עויתי פשעתי לפניך ופגמתי באות (ה) ראשונה של שמך הגדול (יהוה) בביטול תפילין ובאות (ד) של (אדני) ונתחייבתי בדינך הצדק שריפה או כיוצא בה הריני מקבל עלי שריפה והריני כאילו נשרפתי ע״י אות (ד) של (אדני) בבית דין הגדול שבירושלים על דבר כבוד שמך:

ואם חטאתי עויתי פשעתי לפניך ופגמתי באות (ו) של שמך הגדול (יהוה) בביטול ציצית ובאות (נ) של (אדני) ונתחייבתי לפניך בדינך הצדק הרג או כיוצא בו הריני מקבל עלי הרג והריני כאילו נהרגתי ע״י אות (נ) של (אדני) בבית דין הגדול שבירושלים על דבר כבוד שמך:

ואם חטאתי עויתי פשעתי לפניך ופגמתי באות (ה) אחרונה שבשמך הגדול (יהוה) בביטול תפלה ובאות (יוד) של (אדני) ונתחייבתי בדינך הצדק חנק או כיוצא בו הריני מקבל עלי חנק והריני כאילו נחנקתי ע״י אות (י) של (אדני) בבית דין הגדול שבירושלים על דבר כבוד שמך:

אָשַׁמְנוּ We have transgressed, we have acted perfidiously, we have robbed, we have slandered. We have acted perversely and wickedly, we have willfully sinned, we have done violence, we have imputed falsely. We have given evil counsel, we have lied, we have scoffed, we have rebelled, we have provoked, we have been disobedient, we have committed iniquity, we have wantonly transgressed, we have oppressed, we have been obstinate. We have committed evil, we have acted perniciously, we have acted abominably, we have gone astray, we have led others astray.

סַרְנוּ We have strayed from Your good precepts and ordinances, and it has not profited us. Indeed, You are just in all that has come upon us, for You have acted truthfully, and it is we who have acted wickedly.[1]

מַה What shall we say to You who dwells on high; what shall we relate to You who abides in the heavens? You surely know all the hidden and the revealed things.

אַתָּה You know the mysteries of the universe and the hidden secrets of every living being. You search all [our] innermost thoughts, and probe [our] mind and heart; nothing is hidden from You; nothing is concealed from Your sight. And so, may it be Your will, Lord our God and God of our fathers, to have mercy on us and forgive us all our sins, grant us atonement for all our iniquities, and forgive and pardon us for all our transgressions.

If one wishes to say על חטא *(for the sin...), it is to be found in the Siddur on p. 302.*

יְהִי May it be Your will, Lord our God and God of our fathers, that if I have erred, sinned, willfully transgressed before You, and caused a defect in the letter *yud* of Your great Name (יהוה) by neglecting *keriat shema*, and in the letter *aleph* of [the Name] (אדני), and I have incurred the penalty of lapidation and the like in Your righteous Court, I hereby accept lapidation; and I am as if I have been stoned, by means of the letter *aleph* of the Name (אדני) in the great court of Jerusalem for the sake of the glory of Your Name.

וְאִם And if I have erred, sinned, willfully transgressed before You, and caused a defect in the first letter *hai* of Your great Name (יהוה) by neglecting *tefillin*, and in the letter *dalet* of [the Name] (אדני), and I have incurred the penalty of burning and the like, according to Your righteous law, I hereby accept burning; and I am as if I have been burned, by means of the letter *dalet* of [the Name] (אדני) in the great court of Jerusalem for the sake of the glory of Your Name.

וְאִם And if I have erred, sinned, willfully transgressed before You, and caused a defect in the letter *vav* of Your great Name (יהוה) by neglecting *tzitzit*, and in the letter *nun* of Your Name (אדני) and I have incurred the penalty of decapitation and the like, according to Your righteous law, I hereby accept decapitation; and I am as if I have been decapitated, by means of the letter *nun* of [the Name] (אדני) in the great court of Jerusalem for the sake of the glory of Your Name.

וְאִם And if I have erred, sinned, willfully transgressed before You, and caused a defect in the last letter *hai* in Your great Name (יהוה) by neglecting prayer, and in the letter *yud* of [the Name] (אדני), and I have incurred the penalty of strangulation and the like, according to Your righteous law, I hereby accept strangulation; and I am as if I have been strangled, by means of the letter *yud* of [the Name] (אדני) in the great court of Jerusalem for the sake of the glory of Your Name.

1. Nechemia 9:33.

אָנָּא בְּכֹחַ גְּדֻלַּת יְמִינְךָ תַּתִּיר צְרוּרָה · אב"ג ית"ץ
קַבֵּל רִנַּת עַמְּךָ שַׂגְּבֵנוּ טַהֲרֵנוּ נוֹרָא · קר"ע שט"ן
נָא גִבּוֹר דּוֹרְשֵׁי יִחוּדְךָ כְּבָבַת שָׁמְרֵם · נג"ד יכ"ש
בָּרְכֵם טַהֲרֵם רַחֲמֵי צִדְקָתְךָ תָּמִיד גָּמְלֵם · בט"ר צת"ג
חֲסִין קָדוֹשׁ בְּרוֹב טוּבְךָ נַהֵל עֲדָתֶךָ · חק"ב טנ"ע
יָחִיד גֵּאֶה לְעַמְּךָ פְּנֵה זוֹכְרֵי קְדֻשָּׁתֶךָ · יג"ל פז"ק
שַׁוְעָתֵנוּ קַבֵּל וּשְׁמַע צַעֲקָתֵנוּ יוֹדֵעַ תַּעֲלוּמוֹת · שק"ו צי"ת
בָּרוּךְ שֵׁם כְּבוֹד מַלְכוּתוֹ לְעוֹלָם וָעֶד׃

בשבת ויו"ט א"א למנצח בבוא.

לַמְנַצֵּחַ[א] מִזְמוֹר לְדָוִד: בְּבוֹא אֵלָיו נָתָן הַנָּבִיא כַּאֲשֶׁר בָּא אֶל בַּת שָׁבַע: חָנֵּנִי אֱלֹהִים כְּחַסְדֶּךָ, כְּרֹב רַחֲמֶיךָ מְחֵה פְשָׁעָי: הֶרֶב כַּבְּסֵנִי מֵעֲוֺנִי, וּמֵחַטָּאתִי טַהֲרֵנִי: כִּי פְשָׁעַי אֲנִי אֵדָע, וְחַטָּאתִי נֶגְדִּי תָמִיד: לְךָ לְבַדְּךָ חָטָאתִי וְהָרַע בְּעֵינֶיךָ עָשִׂיתִי לְמַעַן תִּצְדַּק בְּדָבְרֶךָ תִּזְכֶּה בְשָׁפְטֶךָ: הֵן בְּעָוֺן חוֹלָלְתִּי, וּבְחֵטְא יֶחֱמַתְנִי אִמִּי: הֵן אֱמֶת חָפַצְתָּ בַטֻּחוֹת, וּבְסָתֻם חָכְמָה תוֹדִיעֵנִי: תְּחַטְּאֵנִי בְאֵזוֹב וְאֶטְהָר, תְּכַבְּסֵנִי וּמִשֶּׁלֶג אַלְבִּין: תַּשְׁמִיעֵנִי שָׂשׂוֹן וְשִׂמְחָה, תָּגֵלְנָה עֲצָמוֹת דִּכִּיתָ: הַסְתֵּר פָּנֶיךָ מֵחֲטָאָי, וְכָל עֲוֺנֹתַי מְחֵה: לֵב טָהוֹר בְּרָא לִי אֱלֹהִים, וְרוּחַ נָכוֹן חַדֵּשׁ בְּקִרְבִּי: אַל תַּשְׁלִיכֵנִי מִלְּפָנֶיךָ, וְרוּחַ קָדְשְׁךָ אַל תִּקַּח מִמֶּנִּי: הָשִׁיבָה לִּי שְׂשׂוֹן יִשְׁעֶךָ, וְרוּחַ נְדִיבָה תִסְמְכֵנִי: אֲלַמְּדָה פֹשְׁעִים דְּרָכֶיךָ, וְחַטָּאִים אֵלֶיךָ יָשׁוּבוּ: הַצִּילֵנִי מִדָּמִים אֱלֹהִים אֱלֹהֵי תְּשׁוּעָתִי, תְּרַנֵּן לְשׁוֹנִי צִדְקָתֶךָ: אֲדֹנָי שְׂפָתַי תִּפְתָּח, וּפִי יַגִּיד תְּהִלָּתֶךָ: כִּי לֹא תַחְפֹּץ זֶבַח וְאֶתֵּנָה, עוֹלָה לֹא תִרְצֶה: זִבְחֵי אֱלֹהִים רוּחַ נִשְׁבָּרָה לֵב נִשְׁבָּר וְנִדְכֶּה,

א) תהלים נא:

אָנָּא We implore You, by the great power of Your right hand, release the captive. Accept the prayer of Your people; strengthen us, purify us, Awesome One. Mighty One, we beseech You, guard as the apple of the eye those who seek Your Oneness. Bless them, cleanse them; bestow upon them forever Your merciful righteousness. Powerful, Holy One, in Your abounding goodness, guide Your congregation. Only and Exalted One, turn to Your people who are mindful of Your holiness. Accept our supplication and hear our cry, You who knows secret thoughts.

Blessed be the name of the glory of His kingdom forever and ever.

On Shabbat or Festivals omit the following Psalm.

לַמְנַצֵּחַ For the Choirmaster; a psalm by David, when Nathan the prophet came to him after he had gone to Bat-sheva. Be gracious to me, O God, in keeping with Your kindness; in accordance with Your abounding compassion, erase my transgressions. Cleanse me thoroughly of my wrongdoing, and purify me of my sin. For I acknowledge my transgressions, and my sin is always before me. Against You alone have I sinned, and done that which is evil in Your eyes; [forgive me] so that You will be justified in Your verdict, vindicated in Your judgment. Indeed, I was begotten in sin, and in sin did my mother conceive me. Indeed, You desire truth in the innermost parts; teach me the wisdom of concealed things. Purge me with hyssop and I shall be pure; cleanse me and I shall be whiter than snow. Let me hear [tidings of] joy and gladness; then the bones which You have shattered will rejoice. Hide Your face from my sins, and erase all my trespasses. Create in me a pure heart, O God, and renew within me an upright spirit. Do not cast me out of Your presence, and do not take Your Spirit of Holiness away from me. Restore to me the joy of Your deliverance, and uphold me with a spirit of magnanimity. I will teach transgressors Your ways, and sinners will return to You. Save me from bloodguilt, O God, God of my deliverance; my tongue will sing Your righteousness. My Lord, open my lips, and my mouth shall declare Your praise. For You do not desire that I bring sacrifices, nor do You wish burnt offerings. The offering [desirable] to God is a contrite spirit; a contrite and broken heart,

אֱלֹהִים לֹא תִבְזֶה: הֵיטִיבָה בִרְצוֹנְךָ אֶת צִיּוֹן, תִּבְנֶה
חוֹמוֹת יְרוּשָׁלָיִם: אָז תַּחְפֹּץ זִבְחֵי צֶדֶק עוֹלָה וְכָלִיל,
אָז יַעֲלוּ עַל מִזְבַּחֲךָ פָרִים:

א שִׁיר לַמַּעֲלוֹת אֶשָּׂא עֵינַי אֶל־הֶהָרִים מֵאַיִן יָבֹא עֶזְרִי: ב עֶזְרִי
מֵעִם יְהוָה עֹשֵׂה שָׁמַיִם וָאָרֶץ: ג אַל־יִתֵּן לַמּוֹט רַגְלֶךָ אַל־
יָנוּם שֹׁמְרֶךָ: ד הִנֵּה לֹא יָנוּם וְלֹא יִישָׁן שׁוֹמֵר יִשְׂרָאֵל: ה יְהוָה
שֹׁמְרֶךָ יְהוָה צִלְּךָ עַל־יַד יְמִינֶךָ: ו יוֹמָם הַשֶּׁמֶשׁ לֹא־יַכֶּכָּה וְיָרֵחַ
בַּלָּיְלָה: ז יְהוָה יִשְׁמָרְךָ מִכָּל־רָע יִשְׁמֹר אֶת־נַפְשֶׁךָ: ח יְהוָה יִשְׁמָר־
צֵאתְךָ וּבוֹאֶךָ מֵעַתָּה וְעַד־עוֹלָם:

גָּד גְּדוּד יְגוּדֶנּוּ, וְהוּא יָגֻד עָקֵב: עָקֵב יָגֻד וְהוּא
יְגוּדֶנּוּ גְּדוּד גָּד ג״פ: אִם תִּשְׁכַּב לֹא תִפְחָד,
וְשָׁכַבְתָּ וְעָרְבָה שְׁנָתֶךָ ג״פ: בַּטּוֹב אָלִין אָקִיץ
בְּרַחֲמִים ג״פ: לִישׁוּעָתְךָ קִוִּיתִי יְיָ ג״פ: אַתָּה
סֵתֶר לִי מִצַּר תִּצְּרֵנִי רָנֵּי פַלֵּט תְּסוֹבְבֵנִי סֶלָה ג״פ:
תּוֹדִיעֵנִי אֹרַח חַיִּים שֹׂבַע שְׂמָחוֹת אֶת פָּנֶיךָ
נְעִמוֹת בִּימִינְךָ נֶצַח ג״פ: אַתָּה תָקוּם תְּרַחֵם
צִיּוֹן, כִּי עֵת לְחֶנְנָהּ כִּי בָא מוֹעֵד: כִּדְנָה תֵּאמְרוּן
לְהוֹם אֱלָהַיָּא דִּי שְׁמַיָּא וְאַרְקָא לָא עֲבַדוּ יֵאבַדוּ
מֵאַרְעָא וּמִן תְּחוֹת שְׁמַיָּא אֵלֶּה: בְּיָדְךָ אַפְקִיד
רוּחִי, פָּדִיתָה אוֹתִי יְיָ אֵל אֱמֶת:

רבון העולמים אתה בראת עולמך ברצונך הטוב כפי מה שעלה במחשבתך הקדומה ובראת השמים וכל צבאם והארץ וכל אשר עליה ואדם עליה בראת ונפחת באפו נשמת חיים למען יכיר גדלך ותפארתך ואתה מחיה את כלם כי אתה נשמה לכל הנשמות וחיות לכל חי ואתה הוא (יהוה אלהי) הנה אפקיד

א) תהלים קכא: ב) בראשית מט יט: ג) משלי ג כד: ד) בראשית מט יח: ה) תהלים לב ז: ו) שם טז יא: ז) שם קב יד:
ח) ירמיה י יא: ט) תהלים לא ו:

God, You do not disdain. In Your goodwill, bestow goodness upon Zion; rebuild the walls of Jerusalem. Then will You desire sacrifices [offered in] righteousness, *olah* and burnt offerings; then they will offer bullocks upon Your altar.[1]

שִׁיר A Song of Ascents. I lift my eyes to the mountains — from where will my help come? My help will come from the Lord, Maker of heaven and earth. He will not let your foot falter; your guardian does not slumber. Indeed, the Guardian of Israel neither slumbers nor sleeps. The Lord is your guardian; the Lord is your protective shade at your right hand. The sun will not harm you by day, nor the moon by night. The Lord will guard you from all evil; He will guard your soul. The Lord will guard your going and your coming from now and for all time.[2]

גָּד Gad will be surrounded by troops, but he will turn them back on their heels.[3] On their heels he will turn them back, the troops that will surround Gad. *Say three times.*

אִם When you lie down, you will not be afraid; you will lie down, and your sleep will be sweet.[4] *Say three times.*

בְּטוֹב May I sleep well; may I awake in mercy. *Say three times.*

לִישׁוּעָתְךָ For Your salvation I hope, O Lord.[5] *Say three times.*

אַתָּה You are a refuge for me; protect me from distress; surround me with songs of deliverance forever.[6] *Say three times.*

תּוֹדִיעֵנִי Make known to me the path of life, that I may be satiated with the joy of Your presence, with the bliss of Your right hand forever.[7] *Say three times.*

אַתָּה Arise and have mercy on Zion, for it is time to be gracious to her; the appointed time has come.[8] Thus shall you say to them: The gods that have not made the heavens and the earth shall perish from the earth and from under these heavens.[9] I entrust my spirit into Your hand; You will redeem me, Lord, God of truth.[10]

רִבּוֹן Master of the worlds! You have created Your world in Your good will, as it has arisen in Your primordial thought; and You have created the heavens and all their hosts, and the earth and everything that is on it; You have created man upon it, and have blown into his nostrils a living soul so that he may recognize Your greatness and glory; and You give life to them all, for You are the Soul of all souls and the Life-force of all living things. And You, Lord my

1. Psalm 51. 2. Ibid. 121. 3. Genesis 49:19. 4. Proverbs 2:24. 5. Genesis 49:18. 6. Psalms 32:7. 7. Ibid. 16:11. 8. Ibid. 102:14. 9. Jeremiah 10:11. 10. Psalms 31:6.

נפשי ורוחי ונשמתי בידך הטהורה והנאמנה ואתה הוא (יהוה אלהי) תטהר אותם מכל טומאה וחלאה שנדבק בהם ע״י מעשי הרעים ותחזירם לי בנחת והשקט ובבטח ועשה יהו״ה אלה״י שיעיר אותי בחצות הלילה ממש לקום על משמרתי להתפלל לפניך יהו״ה אלה״י וללמוד תורתך כי אתה הוא יהו״ה אלה״י סייעני וחזקני במצוה הזאת שאקום בכל לילה בחצות ממש ואל יארע לי שום חולי ראש ושום צער ונזק מזה כי אתה שומע תפלת עמך ישראל ברחמים. ברוך שומע תפלה: עורה כבודי עורה הנבל וכנור אעירה שחר: תורה צוה לנו משה מורשה קהלת יעקב:

יש לומר קודם הזווג כדי לפרות. מזמור לדוד ה׳ רועי וכו׳. צריך ליזהר בנטילת ידים קודם הזווג ולאחר הזווג גם לשפוך מים אצל המטה אחר התשמיש. וכתוב בזוהר לומר זה הלחש:

עטיפא בקיטפא אזדמנת שרי שרי לא תיעול ולא תינפוק לא דידך ולא בעדבך תוב תוב ימא ארגישת גלגלוי לך קראן בחולקא קדישא אחידנא בקדושא דמלכא אתעטפנא. (ולחפיא ליה לרישיה ולאתתיה עד שעתה חדא):

בָּרוּךְ אַתָּה יְיָ אֱלֹהֵינוּ מֶלֶךְ הָעוֹלָם, הַמַּפִּיל חֶבְלֵי שֵׁנָה עַל עֵינָי, וּתְנוּמָה עַל עַפְעַפָּי, וּמֵאִיר לְאִישׁוֹן בַּת עָיִן. וִיהִי רָצוֹן מִלְּפָנֶיךָ יְיָ אֱלֹהַי וֵאלֹהֵי אֲבוֹתַי, שֶׁתַּשְׁכִּיבֵנִי לְשָׁלוֹם, וְתַעֲמִידֵנִי לְחַיִּים טוֹבִים וּלְשָׁלוֹם, וְאַל יְבַהֲלוּנִי רַעְיוֹנַי וַחֲלוֹמוֹת רָעִים וְהִרְהוּרִים רָעִים. וּתְהֵא מִטָּתִי שְׁלֵמָה לְפָנֶיךָ, וְהָאֵר עֵינַי פֶּן אִישַׁן הַמָּוֶת. בָּרוּךְ אַתָּה יְיָ, הַמֵּאִיר לָעוֹלָם כֻּלּוֹ בִּכְבוֹדוֹ:

God — I entrust my *nefesh*, *ruach* and *neshamah* into Your pure and faithful hand, and You, Lord my God, will cleanse them of every impurity and malady that has become attached to them through my wrongdoings, and return them to me in peace, tranquility and security ... for You hear the prayer of Your people Israel in mercy. Blessed is He who hears prayer. Awake, O my soul! Awaken [me], O harp and lyre! I will wake the dawn.[1] The Torah which Moses commanded us is the heritage of the congregation of Jacob.[2]

בָּרוּךְ Blessed are You, Lord our God, King of the universe, who causes the bonds of sleep to fall upon my eyes and slumber upon my eyelids, and who gives light to the apple of the eye. May it be Your will, Lord my God and God of my fathers, to let me lie down in peace and raise me up to a good life and peace. Let my thoughts not trouble me, nor bad dreams, nor sinful fancies, and may my bed be perfect[3] before You. Give light to my eyes, lest I sleep the sleep of death. Blessed are You Lord, who in His glory gives light to the whole world.

1. Psalms 59:9. 2. Deuteronomy 33:4. 3. For an understanding of this expression, see Rashi, Berachot 60b; Genesis 47:31. Siddur Otzar HaTefillot, Vol. 1, p. 563. Siddur R. Yaakov Emden, P. 131a.

דיני וסדר הדלקת נרות של חנוכה

יברך בכל לילה להדליק נר חנוכה ושעשה נסים ולילה הראשון יברך ג״כ שהחיינו ואין להדליק עד שיגמור כל הברכות. המנהג הנכון לדבק הנרות או לתלות המנורה בעובי המזוזה בחלל הפתח ויתחיל להדליק בליל ראשון נר הימין ומליל שני ואילך יברך על הנוסף וילך משמאל לימין:

בָּרוּךְ אַתָּה יְיָ, אֱלֹהֵינוּ מֶלֶךְ הָעוֹלָם, אֲשֶׁר
קִדְּשָׁנוּ בְּמִצְוֹתָיו, וְצִוָּנוּ: לְהַדְלִיק
נֵר, חֲנֻכָּה.

בָּרוּךְ אַתָּה יְיָ, אֱלֹהֵינוּ מֶלֶךְ הָעוֹלָם, שֶׁעָשָׂה
נִסִּים לַאֲבוֹתֵינוּ, בַּיָּמִים הָהֵם בַּזְּמַן הַזֶּה.

בָּרוּךְ אַתָּה יְיָ אֱלֹהֵינוּ מֶלֶךְ הָעוֹלָם, שֶׁהֶחֱיָנוּ
וְקִיְּמָנוּ וְהִגִּיעָנוּ לַזְּמַן הַזֶּה:

ואחר שידליק הנרות יאמר זה:

הַנֵּרוֹת הַלָּלוּ אָנוּ מַדְלִיקִין, עַל הַתְּשׁוּעוֹת,
וְעַל הַנִּסִּים, וְעַל הַנִּפְלָאוֹת, שֶׁעָשִׂיתָ
לַאֲבוֹתֵינוּ בַּיָּמִים הָהֵם בַּזְּמַן הַזֶּה, עַל יְדֵי כֹּהֲנֶיךָ
הַקְּדוֹשִׁים. וְכָל שְׁמוֹנַת יְמֵי חֲנֻכָּה, הַנֵּרוֹת הַלָּלוּ קֹדֶשׁ
הֵם, וְאֵין לָנוּ רְשׁוּת לְהִשְׁתַּמֵּשׁ בָּהֵן, אֶלָּא לִרְאוֹתָן
בִּלְבָד, כְּדֵי לְהוֹדוֹת וּלְהַלֵּל לְשִׁמְךָ הַגָּדוֹל, עַל נִסֶּיךָ
וְעַל נִפְלְאוֹתֶיךָ, וְעַל יְשׁוּעוֹתֶיךָ:

On the first night the three following blessings are recited; on the subsequent seven nights, the third blessing, שהחינו *(who has granted us life...) is omitted. The lights are kindled only after all the blessings are recited. The proper custom is to attach the candles to, or hang the Chanukah* menorah[1] *on, the doorpost opposite the* mezuzah. *On the first night of Chanukah, one light is kindled at the extreme right of the* menorah. *Each night, thereafter, one light is added to the immediate left of that of the preceding night; the one that is newly added is kindled first, and the kindling proceeds towards the right.*

בָּרוּךְ Blessed are You, Lord our God, King of the universe, who has sanctified us with His commandments, and commanded us to kindle the Chanukah light.

בָּרוּךְ Blessed are You, Lord our God, King of the universe, who performed miracles for our forefathers in those days, at this time.

בָּרוּךְ Blessed are You, Lord our God, King of the universe, who has granted us life, sustained us, and enabled us to reach this occasion.

After kindling the lights, say the following:

הַנֵּרוֹת We kindle these lights [to commemorate] the saving acts, miracles and wonders which You have performed for our forefathers, in those days at this time, through Your holy *Kohanim*. Throughout the eight days of Chanukah these lights are sacred, and we are not permitted to make use of them, but only to look at them, in order to offer thanks and praise to Your great Name for Your miracles, for Your wonders and for Your salvations.

1. It is our custom to place the *menorah* on a chair or the like.

חייב אדם לקרות המגלה בלילה ולשנותה ביום וצריך לפשוט המגלה כאגרת ומברכין עליה שלש ברכות הללו. אך אין מברכין שהחינו אלא בלילה ולא ביום. ונוהגין לומר בלילה קדיש שלם אחר תפלת י״ח קודם קריאת המגלה:

אנו מברכים שהחינו גם ביום.

ברכות קודם המגילה

בָּרוּךְ אַתָּה יְיָ, אֱלֹהֵינוּ מֶלֶךְ הָעוֹלָם, אֲשֶׁר קִדְּשָׁנוּ בְּמִצְוֹתָיו, וְצִוָּנוּ: עַל מִקְרָא מְגִלָּה.

בָּרוּךְ אַתָּה יְיָ, אֱלֹהֵינוּ מֶלֶךְ הָעוֹלָם, שֶׁעָשָׂה נִסִּים לַאֲבוֹתֵינוּ, בַּיָּמִים הָהֵם בַּזְּמַן הַזֶּה:

בָּרוּךְ אַתָּה יְיָ, אֱלֹהֵינוּ מֶלֶךְ הָעוֹלָם, שֶׁהֶחֱיָנוּ וְקִיְּמָנוּ וְהִגִּיעָנוּ לַזְּמַן הַזֶּה.

כשקורין המגילה בצבור מברכין לאחריה ברכה זו אבל לא ביחיד:

בָּרוּךְ אַתָּה יְיָ, אֱלֹהֵינוּ מֶלֶךְ הָעוֹלָם, הָרָב אֶת רִיבֵנוּ, וְהַדָּן אֶת דִּינֵנוּ, וְהַנּוֹקֵם אֶת נִקְמָתֵנוּ, וְהַנִּפְרָע לָנוּ מִצָּרֵינוּ, וְהַמְשַׁלֵּם גְּמוּל לְכָל אוֹיְבֵי נַפְשֵׁנוּ. בָּרוּךְ אַתָּה יְיָ, הַנִּפְרָע לְעַמּוֹ יִשְׂרָאֵל מִכָּל צָרֵיהֶם, הָאֵל הַמּוֹשִׁיעַ:

שׁוֹשַׁנַּת יַעֲקֹב צָהֲלָה וְשָׂמֵחָה, בִּרְאוֹתָם יַחַד תְּכֵלֶת מָרְדְּכָי, תְּשׁוּעָתָם הָיִיתָ לָנֶצַח, וְתִקְוָתָם בְּכָל דּוֹר וָדוֹר. לְהוֹדִיעַ שֶׁכָּל קֹוֶיךָ לֹא יֵבֹשׁוּ וְלֹא יִכָּלְמוּ לָנֶצַח כָּל הַחוֹסִים בָּךְ. אָרוּר הָמָן אֲשֶׁר בִּקֵּשׁ לְאַבְּדִי, בָּרוּךְ מָרְדְּכַי הַיְּהוּדִי. אֲרוּרָה זֶרֶשׁ אֵשֶׁת מַפְחִידִי, בְּרוּכָה אֶסְתֵּר בַּעֲדִי, אֲרוּרִים כָּל הָרְשָׁעִים, בְּרוּכִים כָּל הַצַּדִּיקִים, וְגַם חַרְבוֹנָה זָכוּר לַטּוֹב:

ואחר כך אומרים ואתה קדוש וכו׳, קדיש שלם בלא תתקבל. ובמוצאי שבת אומרים ויהי נועם ואתה קדוש. קדיש שלם. עלינו. קדיש יתום:

בשחרית אחר שמונה עשרה חצי קדיש וקורין ג׳ גברי בפ׳ ויבא עמלק ומחזירין* הספר תורה וקורין המגילה. אין לחלוץ התפילין עד אחר המגילה. אחר המגילה אומרים אשרי ובא לציון. קדיש שלם:

---

*) מנהגנו – קורין המגילה. אחר המגילה אומרים אשרי ובא לציון. קדיש שלם. ואח״כ מחזירין הס״ת להיכל.

Every one is obliged to read [or hear the reading of] the Megillah *at night and again the next day. The* Megillah *should be unrolled and folded like a letter. The three blessings which follow are recited, but* שהחינו *(who has granted us life...) is omitted during the daytime. [It is our custom to say* שהחינו *during the day also]. Complete Kaddish is recited after the* Amidah *of the Maariv Prayer, before reading the* Megillah.

BLESSINGS FOR THE READING OF THE MEGILLAH

בָּרוּךְ Blessed are You, Lord our God, King of the universe, who has sanctified us with His commandments, and commanded us concerning the reading of the *Megillah.*

בָּרוּךְ Blessed are You, Lord our God, King of the universe, who performed miracles for our forefathers in those days, at this time.

בָּרוּךְ Blessed are You, Lord our God, King of the universe, who has granted us life, sustained us, and enabled us to reach this occasion.

The following berachah *is recited after the Reading of the* Megillah *only if a quorum [of ten] is present.*

בָּרוּךְ Blessed are You, Lord our God, King of the universe, who wages our battles, defends our rights, avenges the wrong done to us, punishes our oppressors in our behalf, and brings retribution upon all our mortal enemies. Blessed are You Lord, who exacts payment in behalf of His people Israel from all their oppressors; God of deliverance.

שׁוֹשַׁנַּת The rose[1] of Jacob thrilled with joy and exulted when they beheld Mordechai garbed in royal blue. You have always been their salvation, their hope in every generation, to make known that all who place their hope in You shall not be put to shame, nor shall all those who trust in You be disgraced forever. Cursed be Haman who sought to destroy me; blessed be Mordechai the Jew. Cursed be Zeresh the wife of [Haman] who terrified me; blessed be Esther who [interceded] on my behalf. Cursed be all the wicked; blessed be all the righteous; and may Charvonah[2] also be remembered favorably.

Continue: ואתה קדוש *(And You, holy One...) p. 32; Complete Kaddish without* תתקבל *(May the prayer ... be accepted) p. 31. On* Motza'ei Shabbat *say:* ויהי נעם *(May the pleasantness...),* ואתה קדוש*, Complete Kaddish,* עלינו *(It is incumbent...), Mourner's Kaddish, p. 31-34.*

In the Shacharit Prayer, after the Amidah*, Half Kaddish, p. 4, is recited. Three men are called up to the Torah, the section "And Amalek came..." (Exodus 17:8-16), in the Siddur, p. 372, is read, the Scroll is returned to the Ark, and the* Megillah *is read.*[3] *The* tefillin *should not be removed before the reading of the* Megillah*. After the reading,* אשרי *(Happy...)* ובא לציון *(And a redeemer shall come to Zion...) and Complete Kaddish, p. 13, are said.*

1. See Songs 2:1-2. שושנה, "rose", is a reference to Shushan, ". . . the city of Shushan rejoiced and exulted" (Esther 8:15). 2. Esther 7:9. 3. It is our custom to return the Torah scroll to the Ark after the reading of the *Megillah* and saying אשרי (Happy...) ובא לציון (And a redeemer...), and Complete Kaddish, p. 71-75, in the Siddur.

סדר הלמוד על אביו ועל אמו כל י"ב חדש וביום שמת בו אביו או אמו שקורין יארצייט מסוגל ללמוד משניות טהרות · והפרק כ"ד מן מסכת כלים שלשה תריסין הם מסוגל יותר מפני שיש בו י"ז משניות וכל משנה ומשנה מסתיימת טהור מכלום או טהורה מכלום וסוף הפרק בין מבפנים בין מבחוץ טהור · כך שמעתי בשם הרה"ק מק"ק רוזין ז"ל זי"ע · ומי שיש לו פנאי ילמוד הפרקים המתחילים באותיות שם הנפטר · ומשניות המתחילים באותיות נשמה הם לקמן בפרק ז' דמקואות :

ר"ע מברטנורה | כלים פרק כד | לקוטים מתוי"ט

פרק כד **שלשה** תריסין הם · תרים הכפוף · טמא מדרס · ושמשחקין בו בקונפון · טמא טמא מת · ודיצת הערביין טהורה מכלום : **ב** שלש עגלות הם (ב) · העשויה כקתדרא טמאה מדרס · כמטה טמאה טמא מת · ושל אבנים טהורה מכלום : **ג** שלש עריבות הן · עריבה משני לוגין עד תשעה קבין שנסדקה טמאה מדרס · שלימה טמאה טמא מת והבאה במדה · טהורה מכלום : **ד** שלש תיבות הן · תיבה שפתחה מצדה · טמאה מדרס · מלמעלן · טמאה טמא מת · והבאה במדה · טהורה מכלום : **ה** שלשה תרבוסין הן · של ספרין טמא מדרס · שאוכלין עליו טמא טמא מת · ושל זיתים טהור מכלום : **ו** שלש בססיות הן · שלפני המטה · ושלפני סופרים · טמאה מדרס · ושל דלפקי ·

פרק כד **שלשה** תריסין הן · ג' דינים חלוקים זה מזה יש בתריסין דהיינו מגינים : **תרים הכפוף** · המלוין אלנו שמקיפים את האדם משלש רוחות : **טמא מדרס** · דעשוי לשכיבה שרוכבים עליו במלחמה וכ"ש שטמא טמא מת · דקיי"ל כל הטמא מדרס · טמא טמא מת : **שמשחקים בו בקומפון** · בשדה של עמק המלך באים שנים כל אחד תרסו בידו · ותרים קטן עגול שאינו כפוף בידו המאלית ולמדין להגן כל אחד במגינו שלא יכהו חבירו וקורין לו אשגרימ"ר 1) בלע"ז: **טמא טמא מת** · וה"ה שטמא טומאת ערך ונבלה (א) ובאר טומאות כלן · חוץ ממדרס שאינו נעשה אב הטומאה אם שכב עליו הזב או ישב אלא להגין כמגנו של זב : **ודיצת הערביין** · תרים קטן ביותר שהערביים עושי' לדילה ולשמחה ולשחוק ואינו כלי של תשמיש : **ב כקתדרא** · שהיא קלרה ומוקפת משלש רוחות : **טמאה מדרס** · דמיוחדת לישיבה : **כמטה** · שהיא ארוכה ומיוחדת להניח בה פרקמטיא · והשוכב בו אומרים לו עמוד ונעשה מלאכתנו : **ושל אבנים** · העשויים להוליך בה אבנים : **טהורה מכלום** · לפי שפרולה מתחתיה נקבים גדולים כמוליא כמון : **ג שנסדקה טמאה מדרס** · דכיון שנסדקה ואינה ראוי' ללישה · מיחדין אותה לישיבה : **טמאה טמא מת** · דכלי תשמיש היא : **הבאה במדה** · שמחזקת ארבעים סאה (ג) בלא שכן כוליים ביבש : **טהורה מכלום** · שמפני כבדה וגדלה אינה מיטלטלת מלאה · והכן דומיא דשק בעינן דמיטלטל מלא וריקן : **ד תיבה שפתחה מצדה** · משמשת ישיבה עם מלאכתה שיטולים להשתמש בה כשהוא יושב בזמן שפתחה מלדה משא"כ כשפתחה מלמעלן : **והבאה במדה** · דתנינן במתני' שהיא טהורה מכלום · שאינה מיוחדת למדרס קאי דהטמאה מדרס אפי' באה במדה לעולם היא טמאה (ד): **ה תרבוסים** · כלים של עור כמין קערות . **של ספרים** · מקיזים דם : **טמא מדרס** · גדול הוא ומזי לישיבה או למזגא עליה (ה) : **שאוכלים עליו** · כלי תשמיש הוא (ו) : **ושל זיתים** · שבוטשין בו הזיתים (ז) לא חשיב כלי של משמשי אדם : **ו בסיסאות** · ואת כנו מתרגמינן וית בסיסיה : **ושל דלפקי** · כלי עץ שמשימים בו כלומים והכוסות והכלים ומשקים וממנו נוטלים ונותנים על השלחן והכנים שלפני אינו לישיבה (ח) אבל תורת כלי

פרק כד (א) והא דנקט טמא מת משום דאב הטומאה הוא וה"ק אב הטומאה ע"י מת ולא ע"י זב . רש"י : (ב) **שלש עגלות** כו' · והא דלא חשיב עגלה של קטן דאין חושבין כאן כ"א למטה ג' עגלו' שיש להם ג' מינין ואינו יורד למנות כל העגלות · הר"ש : (ג) ל' מהר"מ שהיא גדול' ביותר שמחזקת מ' סאה כמו אגפי מדות : (ד) וי"ל דה"ש דכרלו"יש למדרס לא מיירי דאותן טמאין בכל בין במדרס בין במת דכל הטמא מדרס כו' והא דהפ"ך צ"ל דכיון דהיו ראויין לשאר טומאות ונתקלקלו יצאו מזה הכלל ונשארו רק בטומאת מדרס ועי' תוס' יו"ט : (ה) הכאים להקיז : (ו) ואומרים לו עמוד ונעשה מלאכתנו · כ"מ : (ז) והר"מ פי' שבוטשין עליו כזיתים : (ח) אלא להניח עליו תפלים

1) אשגרימ"ר . שכלשטין ·

Throughout the twelve months following the passing away of one's father or mother and on the anniversary of their passing, known as Yahrzeit, it is appropriate to learn Mishnayot *of the order* Taharot, *especially the twenty-fourth chapter of the tractate* Kelim, *having seventeen* mishnayot, *each one concluding with the phrase "altogether clean," and the entire chapter concluding "whether on the inside or on the outside it is clean." (This was taught in the name of the holy Sage of Ruzhin.) One who has the time should learn also those chapters whose initial letters make up the name of the deceased. Mishnayot whose initial letters spell out* נשמה *(soul) are found in the seventh chapter of* Mikvaot *(see p. 74-75).*

KELIM CHAPTER 24

1. There are three kinds of shields [which differ with respect to the laws of cleanness and uncleanness]: The bent shield [which surrounds the warrior on three sides, and which in time of war he also uses to lie upon] is subject to *midras*[1] uncleanness; a shield used by swordsmen in their sword-play is subject to uncleanness by a corpse;[2] and the small shield used by the Arabs [in festivities and in sports, is not subject to any uncleanness, but] remains altogether clean.[3]

2. There are three kinds of wagons [which differ with respect to the laws of cleanness and uncleanness]: One that is shaped like a chair with three sides is subject to *midras* uncleanness; one shaped like a bed is subject to uncleanness by a corpse; and one [made for carrying] stones remains altogether clean.

3. There are three kinds of kneading-troughs [which differ with respect to the laws of cleanness and uncleanness]: A kneading-trough with a capacity of two *log* to nine *kab* which was cracked [hence unusable as a kneading-trough] is subject to *midras* uncleanness; if it was whole it is subject to uncleanness by a corpse; and one that holds a large quantity [forty *se'ah* liquid or sixty *se'ah* dry measure] remains altogether clean.

4. There are three kinds of boxes [which differ with respect to the laws of cleanness and uncleanness]: A box whose opening is at its side is subject to *midras* uncleanness; one that has its opening at the top is subject to uncleanness by a corpse; and one that holds a large quantity[4] remains altogether clean.

5. There are three kinds of leather chests [which differ with respect to the laws of cleanness and uncleanness]: That of barbers is subject to *midras* uncleanness; that at which people eat is subject to uncleanness by a corpse; and that for [pressing] olives remains altogether clean.

6. There are three kinds of stands [which differ with respect to the laws of cleanness and uncleanness]: That which lies before a bed or before scribes is subject to *midras* uncleanness; that of a service table

1. Uncleanness transmitted to an object suitable for use as, and used as, a seat, couch, etc. by one of those mentioned in *Leviticus* 12:2, 15:2, 25, by sitting, lying, treading upon, etc. 2. But is not subject to *midras* uncleanness since it is not used for lying, sitting, etc. 3. It is not considered a *kli tashmish* (an article of service) — in this case because of its small size — and hence is not subject to uncleanness. These aforementioned three principles are the underlying reasons for the laws throughout this chapter. 4. See *Mishnah* 3.

כלי עץ : ושל מגדל · אוכל של עץ אכמרא"ז 1) בלע"ז : טהורה מכלום · דלאו כלי הוא וטלתו מוכחת עליו : ז שלש פנקסיות הן · העשוין לכתוב בהן כמו חנוני על פנקסו : אפיפורין · לוח שמניחים עליו אבק של עפר (ט) וכותבים בו חשבונות וגדול הוא וחזי לישיבה : שיש לה בית קבול שעוה · לוח שטחין פניו בדונג וכותבין על הדונג בחרט . וחלקה · שאין בה שעוה וכותבים עליה בדיו ואין לה בית קבול : ח של זגגים · שמניחים עליה כלי זכוכית : (י) סרגין · עושי המרכבות בערבי קולין למרכב סורג · וי"מ שמסרגים את המטות ושהורה מכלום לפני שאינה מתשמשי אדם : ט משפלו' · קופות עשויות להוציא בהם זבלים לשדות : של זבל טמאה מדרס · לפי שראוי' לישיבה : והפוחלץ · עשוי כמין סבכה מעשה רשת (יא) והנקבים שלו רחבים יותר מחשפלת של תבן ואינה ראויה אפילו לקבל תבן שנקביה רחבים ביותר וגם אינה ראויה לישיבה שחבלים שלה קשים ואין ראוין לישב עליהן הלכך טהורה מכלום : י מפצים · כמין מחצלאות (יב) עשויות מחילף ומסיב וקנ' ונומא וגמי וכיוצא בהן : ושל צבעים · שהצבעים נותנים עליהם הבגדים : טמא טמא מת · שאינם מיוחדים לישיבה אבל תורת כלים יש להן : ושל גתות · שעשויות לכסות בהן ענבים וזיתים (יג) : יא החמתות · נאדות של עור : תורמלין · כיסין גדולים של עור שהרועה מניח חפציו לתוכן . המקבלים כשיעור · המפורש למעלה בריש פרק כ' כיס התחתון של שבעת קבים והתורמל של חמשת קבין · וכ"ש אם מחזיקים יותר דלא מתשמשים ישיבה עם מלאכתן אבל פחות מכאן לא : ושל עור הדג טהורים

חפצים · מהר"מ : (ט) ובפס"ז פירש כמו של פרקים והערוך פי' כרסיא קטן לפני תיבת ס"ת ח"ל הר"מ פנקסיות הן כל ב' לוחות מדוגים יהיו לסופר או לזולתן ובה פנקס על האמת אמנם הוא לסופר ואפיפורין הוא כמו של פרקים כאשר יתפשט יהיו ב' לוחות וישב הסופר עליו וכאשר יתקבץ ישוב לוח א' : (י) וקצה מ"ש מתרגמין דמיה דטהורה מכלו' מפני שאינה משמשי אדם : (יא) יעתיקו אותו על הגמלים הר"ת · ומהר"מ פי' שהוא כלי מעור גמלים ומחזיק מ' סאה ואינו מיוחד לישיבה ולכן טהור: (יב) ואין המהן בכלל כלים ואף על פי כן טמא הוא במדרס דכתיב כל המשכב וכן במת ובשאר טומאות מדבריהן ככל פשוטי כלי עץ וזה הכלל גדול כל המטמא מדרס כו' הר"מ : (יג) ולא ידענא זיתים מאי שייכי הכא דהא לא תנן אלא גתות . (יד) של ספרין כו' · אינה מטמאה מדרס שאין משמש לשכיבה וטמא טמא מת בשעמים שעושין אותו כמין היק ונותנו בתיקו ומשתמש בה כמו שאמרו לענין כלאי' : (טו) והר"מ גרס ליה ופי' הכריך הכריכי המת : (טז) כדלעיל פט"ו מ"א ·

טמאה טמא מת · ושל מגדל טהורה מכלום : ז שלש פנקסיות הן · האפיפורין טמאה מדרס · ושיש בה בית קבול שעוה · טמאה טמא מת · וחלקה טהורה מכלום : ח שלש מטות הן · העשויה לשכיבה טמאה מדרס · של זגגין טמאה טמא מת · ושל סרגין טהורה מכלום : ט שלש משפלות הן · של זבל טמאה מדרס · של תבן טמאה טמא מת · והפוחלץ של גמלים · טהור מכלום : י שלש מפצים הן · העשויה לישיבה · טמאה מדרס · של צבעין · טמא טמא מת · ושל גתות · טהור מכלום : יא שלש חמתות · ושלש תורמלין הן · המקבלים כשעור · טמאין מדרס · ושאינן מקבלים כשעור · טמאין טמא מת · ושל עור הדג · טהור מכלום : יב ג' עורות הן · העשוי לשטיח · טמא מדרס · להתריך הכלים · טמא טמא מת · ושל רצועות · ושל סנדלים · טהורה מכלום : יג ג' סדינין הן · העשוי לשכיבה טמא מדרס · לוילון טמא טמא מת · ושל צורות טהור מכלום : יד שלש מטפחות הן · של ידים טמא' מדרס · של ספרין טמאה טמא מת · ושל תכריך [א](ושל) נבלי בני לוי טהורה מכלום : טו שלש פרקלינין הן · של צידי חיה ועוף טמא מדרס ·

[א] פ"א נ"ג .

מכלום · דכל הנך מכריות שנים פסול : יב לשטיח · לשטוח באהל לישב עליו : להתריך הכלים · לכרוך בו את הכלים כגון סכינים ומספרים ומחטים כדי לשמרן : ושל רצועות ושל סנדלים · עור העומד לחתוך ממנו רצועות וסנדלים טהור מכלום דמחוסר מלאכה הוא · אבל רצועות המתוקנין כבר שמאות כדתנן במס' נגעים פרק י"א : יג לוילון טמא טמא מת · העשוי לתכן לפני הפתח טמא · לפי שמשמש מתעטף בשוליו לפעמים ומתחמם בו : של צורות · בגד שהוא ביד רוקם ובו מיני צורות כדי לראות בו לעשות כמותו בבגד אחר : יד של ידים טמאה מדרס · לפי שפעמים נותנה על הכסת וישן עליה : ושל תכריך נבלי בני לוי · שהיו הלוים כורכים כלי השיר שלהן במטפחת ודרך שאר בנ"א לעשות לכן היק של עור ואף כן טהורים (טז): טו פרקלינין · צורת יד של עור שנותנים ציידי עופות כשתופסים בידיהן העוף בקורין אשפרווי"ר ובו יואחים לצוד חיה או עוף טמא מדרס · לפי שנשען עליו :

1) ארבר"א"ז · טרחנק קאסטכן ·

ועל

is subject to uncleanness by a corpse; and that of a cupboard remains altogether clean.

7. There are three kinds of writing-tablets [which differ with respect to the laws of cleanness and uncleanness]: One that is spread over with sand is subject to *midras* uncleanness; one that has a receptacle for wax is subject to uncleanness by a corpse; and one that is smooth remains altogether clean.

8. There are three kinds of beds [which differ with respect to the laws of cleanness and uncleanness]: That which is used for lying upon is subject to *midras* uncleanness; that which is used by glass-makers [to put their wares on] is subject to uncleanness by a corpse; and that which is used by net weavers remains altogether clean.

9. There are three kinds of baskets [which differ with respect to the laws of cleanness and uncleanness]: That which is used for manure [to be carried to the field] is subject to *midras* uncleanness; that which is used for straw is subject to uncleanness by a corpse; and that of rope mesh used on camels remains altogether clean.

10. There are three kinds of mats [which differ with respect to the laws of cleanness and uncleanness]: That which is used for sitting is subject to *midras* uncleanness; that which is used by dyers [to spread garments on] is subject to uncleanness by a corpse; and that which is used in wine-presses [to cover the grapes] remains altogether clean.

11. There are three kinds of skin flasks and three kinds of shepherds' skin bags [which differ with respect to the laws of cleanness and uncleanness]: Those holding the standard quantity [seven *kab* for the flask and five for the bag] are subject to *midras* uncleanness; those holding less than the standard quantity are subject to uncleanness by a corpse; and those made of fish-skin remain altogether clean.

12. There are three kinds of hides [which differ with respect to the laws of cleanness and uncleanness]: That which is used as a rug [to sit on] is subject to *midras* uncleanness; that which is used as a wrapper for utensils is subject to uncleanness by a corpse; and that which is prepared for making straps and sandals remains altogether clean.

13. There are three kinds of sheets [which differ with respect to the laws of cleanness and uncleanness]: That which is made for lying upon is subject to *midras* uncleanness; that which is used as a door-curtain is subject to uncleanness by a corpse; and that which has designs [used as a pattern] remains altogether clean.

14. There are three kinds of cloths [which differ with respect to the laws of cleanness and uncleanness]: Towels for the hands are subject to *midras* uncleanness; coverings for books are subject to uncleanness by a corpse; and shrouds[1] and covers for the musical instruments of the *Levi'im* remain altogether clean.

15. There are three kinds of leather gloves [which differ with respect to the laws of cleanness and uncleanness]: Those used by hunters of animals and birds are subject to *midras* uncleanness;

1. According to some texts [V. Bartenuro] the *Mishnah* reads only: and covers for the musical instruments of the Levi'im.

ושל חגבים · שהולכים לצוד חגבים ונותנים אותן בו : ושל קוצים · שלקט קוצים ואית דגרסי של קייצים המייבשים פירות הקיץ · כגון שעושים גרוגרות וצמוקים בשדה : ט״ז סבכות · כפה שמטפחות הנשים על ראשן עשויה כמין רשת שיש בה נקבים דקין : של ילדה · ראוי לישיבה הלכך טמאה מדרס : של זקנה · מעשיה מוכיחים עליה שאינה ראויה לישיבה · ובתוספתא תניא של זקנה טמאה מדרס שאינה מקפדת עליה ופעמים יושבת עליה (יז) : ושל ילדה · שמקפדת על כליה אינה יושבת עליה ולכך טמאה טמא מת : ושל יוצאת החוץ · סודר שעושות הנשים על ראשן כשיוצאות לחוץ · וי״מ יוצאות החוץ · תרגום זונה נפקת ברא · כלומר סבכות של זונות : טהורות · לפי שאינן חשובות כלי פ״א סבכות שנקרעו ורוב שער האשה יוצא לחוץ שאינן מקבלות רוב שער ראשה של אשה : י״ז מהוהה · בגד ישן ובלוי : שטלייה · כמו שטלאה מלשון טלאי על גבי טלאי · כלומר שיש הימנה טלאי על החדשה : הולכים אחר הבריאה · דנין אותה כדין הבריאה · אם טמאה טמאה · ואם טהורה טהורה (יט) : קטנה על הגדולה · בין שתיהן מהוהות · בין שתיהן בריאות : הולכים אחר הגדולה · ואם הגדולה נקובה כמוציא רמון · שבשבירה כבר נטהרה גם הקטנה המחוברת עמה טהורה אע״פ שהיא שלימה · ואם הגדולה שלימה · והרי היא מקבלת טומאה אף הקטנה המחוברת עמה טמאה אע״פ שהיא נקובה כמוציא רמון: הולכים אחר הפנימית · אם טמאה הפנימית טמאה החיצונה · ואם הפנימית טהורה · החיצונה נמי טהורה: רש״א כף מאזנים · לפרושי מלתא דת״ק קאתי · ובכף מאזנים של מתכות טמאה איירי (כ) דאם טלאה בתחתית המיחם בפנים טמא המיחם · ואם טלאה מבחוץ טהור המיחם: טלייה על צידה · שהדביק הטלאי על דפנת המיחם לא בתחתיתו בין מבחוץ בין מפנים טהור · ותסקנא דכולה פרקין · דטמא דכולהו טמא מדרס וטמא טמא מת וטהור מכלום האמורים כאן הוא דכל דבר הראוי לשכיבה והוא שהיה עשוי לשכיבה או לישיבה או להשען עליו טמא מדרס לבד אם הוא כלי חרס · דאינו מטמא מדרס · דהכי ילפינן מקרא דכתיב (ויקרא טו) ואיש אשר יגע במשכבו מקיש משכבו לו מה הוא שיש לו טהרה במקוה אף משכבו שיש לו טהרה במקוה · יצא כלי חרס שאין לו טהרה במקוה והמפץ העשוי לשכיבה אע״פ שאין לו טהרה במקוה מדכתיב (שם יא) כל כלי אשר יעשה מלאכה בהם במים יובא ואפי׳ לאו כלי הוא מכל מקום טמא מדרס דמרבינן ליה מקרא דכתיב כל המשכב כל לרבות את המפץ ואין לו טהרה עד שיחתך ויפחות ממנו פחות משפה על שפה · וכלי אבנים וכלי גללים וכלי אדמה טהורים מכלום וכן דבר הבא מן הים טהור · וכלי כן הבא במדה במחזיק ארבעים סאה בלח שהם כוריים ביבש נמי טהור מכלום · לפי שאינו מיטלטל מלא · וכן דבר שאין עליו תורת כלי · או שיש לו תורת כלי · ואינו מתשמישי אדם · אלא מתשמישי תשמישיו טהור . כגון תרבוסין של זיתים ומפץ של גתות וסדין של לוחות דאמרינן במתני׳ שהן טהורים מכלום · דלא חשיבי כלים של תשמישי אדם :

של חגבים טמא מת · ושל קייצין[א] טהור מכלום : טז שלש סבכות הן · של ילדה טמאה טומאת מדרס · של זקנה טמאה טמא מת · ושל יוצאה לחוץ טהורה מכלום : יז שלש קופות הן · (יח) מהוהה שטלייה על הבריאה · הולכין אחר הבריאה · קטנה על הגדולה הולכין אחר הגדולה · היו שוות · הולכין אחר הפנימית · רש״א כף מאזנים שטלייה על שולי המיחם · מבפנים טמא · מבחוץ טהור · טליה על צדה · בין מבפנים בין מבחוץ טהור :

[א] נ״א קוצין ·

הר״ש · וצ״ל דל״ד להכריך הכלים דמי״ב : (יז) וכ״ה לקמן פרק כ״ח מ״ט · הר״ש : (יח) מהוהה · מל׳ תוהו ובוהו · ר״ל דבר שאין בו ממש · מהר״מ: (יט) עירוב פירושים כאן שפי׳ הא׳ והב׳ הוא מהר״ש ופי׳ הג׳ הוא מהר״מ · ועי׳ תוס׳ יו״ט . (כ) ותימה דת״ק בבגד איירי ואתי ר״ש ומיירי לפרושי בשל מתכות והר״מ בהל׳ סיים ואין הלכה כר״ש · ועי׳ תוס׳ יו״ט :

למוד לאבל וליאר צייט

בספר עלי עדן ומעשה אורג מהרה״ק דק״ק קאמארנע שנדפס בק״ק לבוב בגליון המשניות כתוב בזה״ל קבלנו מרבותינו שקבלו מרבן ורבן מאליהו ז״ל שבפרק זה פרק ז׳ דמקואות מעלין הנשמה של הנפטר למקומה · לכן האבל כל י״ב חדש · ילמוד בו לתקן נשמות אביו ואמו וקרוביו ואוהביו · ביאר צייט וכיוצא : וראשי תיבות של שלשה משניות הראשונות אי״ה · יש · אלו · הדיח · וראשי תיבות של ארבעה משניות האחרונות נ׳ש׳מ׳ה׳ · נפל · שלשה · מקוה הטביל ויכוין בלימוד משניות אלו להעלות הנשמה למזל עליון הנקרא אי״ה (ע״ד איה מקום כבודו ור״ת של תיבת אי״ה · הארת יסוד אבא · כ״ה בספר קהלת יעקב) (וע״ש בספר מעשה אורג שהאריך

בם

those used by catchers of locusts are subject to uncleanness by a corpse; and those used by driers of summer fruit remain altogether clean.

16. There are three kinds of hair-nets [which differ with respect to the laws of cleanness and uncleanness]: That of a girl is subject to *midras* uncleanness; that of an old woman is subject to uncleanness by a corpse; and that of a woman when she goes outside remains altogether clean.

17. There are three kinds of receptacles [which differ with respect to the laws of cleanness and uncleanness]: If a worn-out receptacle was placed over a sound one as a patch [to make it stronger, the cleanness or uncleanness of the combined receptacle] is determined by the sound one; if a small receptacle was placed over a large one [and both are either sound or worn out, the cleanness or uncleanness of the combined receptacle] is determined by the large one; if both were equal [in size and both are either sound or worn out, the cleanness or uncleanness] is determined by the inner one. Rabbi Shimon said: If an [unclean] pan of a balance was patched onto the bottom of a [clean] boiler on the inside, it becomes unclean, but if on the outside, it is clean; if it was patched on to its side, whether on the inside or on the outside, it is clean.

שם ע"ד הקבלה) וכמשנה הרביעית נפל כו' שהוא ר"ת סור נתן לאביונים יפריש לדקה להעלות נשמת הנפטר מנפילתו · ע"י הלדקה · ועל אביו ועל אמו ילמוד זה הפרק בכל מולאי שבת אחר הבדלה · בכל י"ב חדש · וביאר צייט ובערב שבת קודם מנחה לעת הלורך להחיות נפש כל חי אמן · עכ"ל:

לקוטים מתוי"ט   מקואות פרק ז   ר"ע מברטנורה

פרק ז **יש** מעלין את המקוה ולא פוסלין (א) · פוסלין ולא מעלין · לא מעלין ולא פוסלין · אלו מעלין ולא פוסלין · השלג והברד והכפור · והגליד · והמלח · והטיט הנרוק (ב) · אמר ר' עקיבא היה ר' ישמעאל דן כנגדי · לומר השלג אינו מעלה את המקוה · והעידו אנשי מידבא משמו (ג) · שאמר להם צאו והביאו שלג ועשו מקוה בתחילה · ר' יוחנן בן נורי אומר אבן הברד כמים · כיצד מעלין ולא פוסלין · מקוה שיש בו מ' סאה חסר אחת · נפל מהם סאה לתוכו והעלהו · נמצאו מעלין ולא פוסלין : **ב** אלו פוסלין ולא מעלין · המים בין טמאים · בין טהורים · ומי כבשים · ומי שלקות · והתמד עד שלא החמיץ · כיצד פוסלין ולא מעלין · מקוה שיש בו מ' סאה חסר קרטוב · ונפל מהם קרטוב לתוכו · [א]לא העלהו · ופוסלו בשלשה לוגין · אבל שאר המשקין · ומי פירות · והציר · והמורייס · והתמד משהחמיץ · פעמים מעלין · ופעמים שאינן מעלין · כיצד מקוה שיש בו מ' סאה חסר אחת · נפל לתוכו סאה מהם [ב]לא העלהו · היו בו מ' סאה · נתן סאה ונטל סאה · ה"ז כשר : **ג** הדיח בו סלי זיתים · וסלי ענבים · ושנו את מראיו כשר (ז) ר' יוסי אומר מי הצבע · פוסלין אותו בג' לוגין · ואינן פוסלין אותו בשנוי מראה · נפל לתוכו יין · ומוחל (ח) · ושנו את מראיו · פסול · (ט) כיצד יעשה · ימתין לו עד שירדו גשמים · ויחזרו מראיהן

פרק ז **יש מעלין** · משלימין למ' סאה : **ולא פוסלין** · בג' לוגין שאובין וכלהו מפרש כילד : **הכפור** · גשמים היורדין נקפים : **גליד** · מים שקפאו על פני הארץ · או על פני המים : **טיט הנרוק** · טיט רך ורקיק שנעשה כמו רוק : **אבן הברד כמים**. · כמים שאובים דאמרינן לקמן פוסלים ולא מעלים ואין הלכה כרבי יוחנן בן נורי · והלכה כעדותן של אנשי מידבא שעושין מקוה מן השלג אפי' לכתחלה: **נמצאו מעלין** · שהשלימוהו : **ולא פוסלין** · בג' לוגין שאובין שהרי סאה היא הרבה יותר מג' לוגין ולא נפסל המקוה בכך : **ב המים** · שאובין בין טמאין בין טהורים : **מי כבשים** · מים שכבשו בהן זיתים · או מיני ירקות: **ומי שלקות** · מים ששלקו בהן שלקות (ר): **והתמד** · שנותני' זגים או שמרים ונותן עליהן מים : **עד שלא החמיץ** · דאם החמיץ נדון כמי פירו': **קרטוב** · א' מס"ד בלוג : **פעמים מעלין** · כדמפרש שיש במקוה מ' סאה מים כשרי' ונתן בו סאה מי פירות ואח"כ נטל סאה ממנו מים ומי פירות מעורבין יחד הרי כל הסאה של מי פירות שנשארה במקוה משלימי' את המקוה (ה) : **פעמים אין מעלין** · כדקתני במקוה שיש בו מ' סאה חסר אחת : **ג ושנו את מראיו כשר** · דהדחת כלים לא חשיבא שינוי מראה : **ואין פוסלים אותו בשנוי מראה** · משו' דלבעא לית ביה ממשא: **מוחל** · מים היוצאים מן הזיתי': **ימתין עד שירדו גשמים** · דלמלאות בכתף א"א (י) דנחסר נסקינן שהוא

פרק ז (א) ולא פוסלין · פי' וא"ל שאין פוסלין וא"ת כיון דחשיב להו מיא דמעלין מ"ט לא פסלי בשאובין · י"ל דמקוה מים הוא דאתקש למעין מה מעין בידי שמים אף מקוה כו' אבל שאר משקין לא אתקיש · הר"א : (ב) הנרוק · אפילו נרוק אינו פוסל · טור : (ג) והעידו כו' · ואמנם מה שהיה חולק על ר"ע הוא במשא ומתן של הדין ועל זה הויכוח · לא שיסבור כך · הר"מ בנא"י : (ד) הר"מ· ועדיין לא פירשו מהו שלקות · וכתב הר"ש מי כו' שנכבשו בהן פירות וירקות או נשלקו : (ה) ולא נחסר ממנו כ"א א' ממאה לפי חשבון ובס"פ הערל אמרינן דבטל עד רובו אבל ביותר מרובו לא כיון דלא חזי לטבילה כלל דמקוה מים כתיב אבל מים אפילו ביותר מרובו · הר"ש והרא"ש : (ו) והרי המים כשרים כשהיו והיינו דתני בר"פ יש דברים דלא מעלין ולא פוסלין · הר"מ : (ז) כשר · מפני שאין בהם מגוף הדבר המשנה את מראיו · הר"א : (ח) ומוחל · ואפילו למ"ד דאינו משקה · דכל שאין עושין הימנו מקוה פוסל בשינוי מראה · גמ' : (ט) פסול · משום דמתחזי כמקוה של שאר משקין ומקוה מים כתיב · הר"א : (י) וק' הא אפשר בהמשכה לר"י בפ"ב מ"ז וי"ל דמתני' איירי אליבא

[א]גמ' ולא . [ב]גמ' ולא

MIKVAOT CHAPTER 7

1. There are things [which when added to or falling into a *mikveh* of less than the prescribed measure of forty *se'ah*] serve to raise the *mikveh* [to its prescribed measure] and do not render it unfit [for ritual immersion]; some make it unfit and do not serve to raise it; and some neither raise it nor make it unfit. The following raise it [to the prescribed measure] and do not make it unfit: Snow, hail, frost, ice, salt and soft mud. Rabbi Akiva said: Rabbi Yishmael took issue with me, saying that snow does not serve to raise the *mikveh* [to its prescribed measure]. But the men of Medeva testified in his name that he told them: Go and bring snow and make with it [even] a completely new *mikveh*. Rabbi Yochanan ben Nuri said: Hailstones are like [drawn] water [which disqualifies the *mikveh*.] How do the [aforementioned] serve to raise [the *mikveh* to its required measure] and not render it unfit? If into a *mikveh* of forty *se'ah* less one fell, a *se'ah* of any of these and increased it [to forty] — it is thereby raised [to its prescribed measure] and not rendered unfit.

2. These render a *mikveh* unfit and do not serve to raise it [to the prescribed measure]: Drawn water, whether [ritually] clean or unclean, water that has been used for pickling or cooking, and wine made from grape-skin, pip or lees before it ferments. How do they render it unfit and not serve to raise it? If into a *mikveh* of forty *se'ah* less one *kartov* fell a *kartov* of any of them, it does not serve to raise [the *mikveh* to forty *se'ah*]; but it is rendered unfit by three *logs* of any of them. Other liquids,[1] however, and fruit juices, fish brine, liquid of pickled fish, and wine made from grape-skin, pip or lees that has fermented, at times serve to raise it [to the prescribed measure] and at times do not serve to raise it. How? If into a *mikveh* of forty *se'ah* less one fell a *se'ah* of any of them, it has not raised [the *mikveh* to its prescribed measure]; but if it contained forty *se'ah*, and a *se'ah* of any of them was put in and then one *se'ah* removed, the *mikveh* remains *kasher*.

3. If one rinsed in a *mikveh* baskets of olives or baskets of grapes and they changed its color, it remains *kasher*. Rabbi Yosai said: Dye-water renders it unfit by a quantity of three *logs*, but not merely by the change of color. If wine or olive sap fell into it and changed its color, it makes it unfit. What should one do [to render it *kasher* again if it contains less than forty *se'ah*]? He should wait until it rains and its color returns

1. Such as wine, oil, milk, etc. V. *Mishnah Machshirin* 6:4.

למראה המים · היו בו מ' סאה · ממלא בכתף · ונותן לתוכו עד שיחזרו מראיהן למראה המים: ד נפל לתוכו יין · או מוחל ושנו מקצת מראיו · אם אין בו מראה מים מ' סאה · הרי זה לא יטבול בו: ה שלשה לוגין מים ונפל לתוכן קרטוב יין · והרי מראיהן כמראה היין · ונפלו למקוה · לא פסלוהו (יא) שלשה לוגין מים חסר קרטוב · ונפל לתוכן קרטוב חלב · והרי מראיהן כמראה המים · ונפלו למקוה · לא פסלוהו · רבי יוחנן בן נורי אומר הכל הולך אחר המראה: ו מקוה שיש בו ארבעים סאה מכוונות · ירדו ב' וטבלו זה אחר זה · הראשון טהור · והשני טמא · ר' יהודה אומר אם היו רגליו של ראשון נוגעות במים אף השני טהור · הטביל בו את הסגום והעלהו · מקצתו נוגע במים · טהור · הכר והכסת של עור · כיון שהגביה שפתותיהם מן המים · המים שבתוכן שאובין (יג) · כיצד יעשה · מטבילן · ומעלה אותם דרך שוליהם: ז הטביל בו את המטה · אף על פי שרגליה שוקעות בטיט העבה · טהורה · מפני שהמים מקדמין · מקוה שמימיו מרודדין כובש אפילו חבילי עצים אפילו חבילי קנים כדי

שהוא נפסל בג' לוגין: ממלא בכתף · דמקוה שלם אין השאובים פוסלין אותו לעולם: ד אם אין בו מראה מים מ' סאה · אם אין במקוה מ' סאה שיש בהן מראה מים לא יטבול באותו מקוה אפי' באותו צד שיש בו מראה מים · ואם טבל לא עלתה לו טבילה: ה ונפלו למקוה לא פסלוהו · הואיל והן נראין כיין · ומי פירות אין פוסלין בג' לוגין: הכל הולך אחר המראה · אע"פ שאין החלב פוסל המקוה ואין במים שיעור ג' לוגין לפסול · מ"מ כיון שיש כאן ג' לוגין שנראין כמים · חשבינן להו כאילו כולן מים ופוסלין · ואין הלכה כר' יוחנן בן נורי: ו השני טמא · דודאי חסר שיעור המקוה בטבילתו של ראשון: אף השני טהור · דאמרינן גוד אחית · והוי כאילו המים שהעלה הראשון בגופו הן מחוברין למי מקוה · ולא נחסר משיעורו כלום · ופליגא בגמ' דחגיגה (דף יט) דלא טיהר ר' יהודה אלא במעלות דרבנן כגון שהיה טהור לחולין וטבל להיות טהור למעשר · או שהיה טהור למעשר · וטבל להיות טהור לתרומה · אבל נטמא טומאה גמורה לטהרה · דברי הכל טמא · ואין הלכה כרבי יהודה. סגום · בגד צמר עב · וקורין לו בלע"ז אלבורנ"ס · ובולע מים הרבה: מקצתו נוגע במים טהור · ובמקוה שיש בו ארבעים סאה מצומצמות איירי וטבל בו אדם לאחר שהטביל בו את הסגום: טהור · האיש הטובל · אע"פ שנחסר שיעו' מקוה בטבילת הסגום · מאחר שמקצת הסגום נוגע במים · ור"י היא דס"ל אמרי' גוד אחית (יב): המים שבתוכן שאובים · חוזרים ופוסלים את המקוה בשלשה לוגים · שהרי לא היו בו אלא ארבעים סאה מכוונות · ונתחסר כשהגביה שפתותיהן מן המים: ומעלה אותם דרך שוליהם · כדי שלא יפלו המים שבתוכן למקוה ויפסלו כל מימיו (יד): ז הטביל בו את המטה שרגליה גבוהות · ואי אפשר להטבילה כלה כאחת במקוה קטן כזה ששיעורו מצומצם · אא"כ רגלים שוקעות בטיט: העבה · שאינו נרוק ואין מטבילין בו: (טו) שהמים מקדמין · להטביל הרגלים קודם שיבקשו בטיט (טז) · והמים הועכבו: שמימיו מרודדים · שאין המים עמוקים מחמת שהמקוה רחב · והמים מתפשטים בכולו ואע"פ שיש בו מ' סאה · אין כל גופו מתכסה במים בבת אחת (יז): כובש · לצד אחד של מקוה: אפילו חבילי עצים וקנים · ואע"ג דנראה כמקוה שנחלק · אפילו הכי הואיל והמים נכנסין ביניהן (יח) לא הוי חלוק · ובהא דנקט מפני שהעצים והקנים צפים על פני המים · וצריך לכבוש עליהם

אליבא דכ"ע נסבה · ועתוי"ט · (יא) לא פסלוהו והוא שלא שינו מראה המקוה · הרא"ש: (יב) כלומר ואין הלכה כמותו והר"מ פסק להך דסגום: (יג) שאובין · שהרי צריך שיבואו בכח המים: (יד) לפי שכשהכלי במקוה לא נשאבו וכשהעלהו ונתפסק דרך שוליו תו לא מיקרי מים שבתוכו שאינן מתקבלין בתוכו: (טו) כלומר בטיט לבדו אבל כשהמים צפים ע"ג מטבילין בו: (טז) וקשה דמ"מ מאי מהני הא אז לא היתה המטה כולה במים ואנן כולה בבת אחת בעינן ולשון הרא"ש קדמו המים ונגעו ברגלי ס' ואותן המים מחוברים למקוה הלכך לא הוי חציצה כדתנן ספ"ח הלוחש באדם כו' אם הדיח ידיו טהורים: (יז) כדילפינן בספרא · ועתיו"ט: (יח) וקשה דא"כ מאי אפילו הא דוקא עצים וקנים אבל לשון הר"ש לא מיבעיא אבנים אלא אפילו עצים וקנים · שהמים ביניהם לא חשיב הפסק ומצטרפין המים שביניהם למ' סאה ובלבד שלא יחלקו כל המקוה באע"פ שהמים שבין הנגריה מחברן אין זה

to the color of water. If, however, it already contained forty *se'ah*, he may fill [buckets of water], carry them on his shoulder and pour it into the *mikveh* until its color returns to the color of water.

4. If wine or olive sap fell into a *mikveh* and discolored a part of the water, if it does not contain forty *se'ah* which has the color of water, one may not immerse himself in it.

5. If a *kartov* of wine fell into three *logs* of [drawn] water and its color became like the color of wine, and it then fell into a *mikveh* [of less than forty *se'ah*], it does not render the *mikveh* unfit. If a *kartov* of milk fell into three *logs* less a *kartov* of [drawn] water, and its color remained like the color of water, and then it fell into a *mikveh* [of less than forty *se'ah*], it does not render the *mikveh* unfit. Rabbi Yochanan ben Nuri said: Everything depends upon the color.

6. If two people went down and immersed themselves, one after the other, in a *mikveh* which contains exactly forty *se'ah*, the first becomes [ritually] clean but the second remains [ritually] unclean. Rabbi Yehudah said: If the feet of the first were still touching the water [while the second immersed himself], even the second becomes clean. If one immersed a thick mantle in a *mikveh* [of exactly forty *se'ah*], and took it out leaving part of it still touching the water, [if another person immersed himself then] he becomes ritually clean. If a leather pillow or cushion [was immersed in a *mikveh* of exactly forty *se'ah*], when it is taken out of the water by its open end the water within it becomes drawn water [and if three *logs* of it flow back into the *mikveh* they will render it — having now less than forty *se'ah* — unfit]. How is one to remove them [without making the *mikveh* unfit]? He should immerse them and take them out by their closed ends.

7. If one immersed a bed [that is too tall to be immersed all at one time in a *mikveh* of forty *se'ah*], even if its legs sank into the thick mud, it nevertheless becomes ritually clean because the water touched them before [they sank into the mud]. A *mikveh* whose water is too shallow [for proper immersion], one may press down even bundles of sticks, even bundles of reeds, so

שיתפחו (יט) המים ויורד וטובל · מטה שהיא נתונה על מעלת המערה · היה מוליך ומביא במים · כיון שעבר עליה הגל טהורה :

זה תנור כו' (וכל שכן באבנים) ופי' הגה' יום טוב : (יט) שיתפחו · כלומר שיעלו כמין תפוח ויהיו עמוקים מצד א' וטובל בהם · הר"ש : (כ) ולא הוי כמאה מקוה ע"י דבר המקבל טומאה דמידי דהוה אטובל את הכלי בידיו בתוך המקוה שאם הידים טהורים דס"ל עיקר המקוה במקומו והגל לא נתלש לגמרי · ועיין תוס' יום טוב :

עליהם אבנים כדי שיכבשו תחת המים : היה מוליך ומביא במים · ומגביה המים בידיו : (כ) כיון שעבר הגל · של מים על המעלה של מקוה שהמטה מונח בה ולפו מי הגל על המטה : טהורה · ולפי שהמטה דקה וקטנה ויכלה פן תפול במים · לכך נסתבלה כן :

רַבִּי חֲנַנְיָה בֶּן־עֲקַשְׁיָא אוֹמֵר רָצָה הַקָּדוֹשׁ בָּרוּךְ הוּא לְזַכּוֹת אֶת־יִשְׂרָאֵל לְפִיכָךְ הִרְבָּה לָהֶם תּוֹרָה וּמִצְוֹת שֶׁנֶּאֱמַר יְהֹוָה חָפֵץ לְמַעַן צִדְקוֹ יַגְדִּיל תּוֹרָה וְיַאְדִּיר :

קדיש דרבנן:

יִתְגַּדַּל וְיִתְקַדַּשׁ שְׁמֵהּ רַבָּא. אמן בְּעָלְמָא דִּי בְרָא כִרְעוּתֵהּ וְיַמְלִיךְ מַלְכוּתֵהּ, וְיַצְמַח פּוּרְקָנֵהּ וִיקָרֵב מְשִׁיחֵהּ. אמן בְּחַיֵּיכוֹן וּבְיוֹמֵיכוֹן וּבְחַיֵּי דְכָל בֵּית יִשְׂרָאֵל, בַּעֲגָלָא וּבִזְמַן קָרִיב וְאִמְרוּ אָמֵן: יְהֵא שְׁמֵהּ רַבָּא מְבָרַךְ לְעָלַם וּלְעָלְמֵי עָלְמַיָּא. יִתְבָּרַךְ וְיִשְׁתַּבַּח, וְיִתְפָּאַר וְיִתְרוֹמַם, וְיִתְנַשֵּׂא, וְיִתְהַדָּר וְיִתְעַלֶּה וְיִתְהַלָּל, שְׁמֵהּ דְּקֻדְשָׁא בְּרִיךְ הוּא. אמן לְעֵלָּא מִן כָּל בִּרְכָתָא וְשִׁירָתָא, תֻּשְׁבְּחָתָא, וְנֶחֱמָתָא, דַּאֲמִירָן בְּעָלְמָא, וְאִמְרוּ אָמֵן:

עַל יִשְׂרָאֵל וְעַל רַבָּנָן, וְעַל תַּלְמִידֵיהוֹן וְעַל כָּל־תַּלְמִידֵי תַלְמִידֵיהוֹן, וְעַל כָּל מָאן דְּעָסְקִין בְּאוֹרַיְתָא, דִּי בְאַתְרָא הָדֵין וְדִי בְכָל־אֲתַר וַאֲתַר, יְהֵא לְהוֹן וּלְכוֹן שְׁלָמָא רַבָּא חִנָּא וְחִסְדָּא וְרַחֲמִין וְחַיִּין אֲרִיכִין וּמְזוֹנָא רְוִיחָא וּפוּרְקָנָא, מִן קֳדָם אֲבוּהוֹן דְּבִשְׁמַיָּא וְאִמְרוּ אָמֵן:

יְהֵא שְׁלָמָא רַבָּא מִן שְׁמַיָּא וְחַיִּים טוֹבִים עָלֵינוּ וְעַל כָּל יִשְׂרָאֵל וְאִמְרוּ אָמֵן: עֹשֶׂה שָׁלוֹם (בעשי"ת הַשָּׁלוֹם) בִּמְרוֹמָיו, הוּא יַעֲשֶׂה שָׁלוֹם עָלֵינוּ וְעַל כָּל יִשְׂרָאֵל וְאִמְרוּ אָמֵן:

תפלת הדרך

צריך לאומרה משהחזיק בדרך חוץ לעיר ביום ראשון כשנוסע מביתו וטוב לומר מעומד אם אפשר בקל. ובשאר הימים שמתעכב בדרך עד שובו לביתו יאמר אותה בכל בוקר אפילו במלון ויחתום ברוך אתה שומע תפלה בלי הזכרת השם:

יְהִי רָצוֹן מִלְּפָנֶיךָ יְהֹוָה אֱלֹהֵינוּ וֵאלֹהֵי אֲבוֹתֵינוּ שֶׁתּוֹלִיכֵנוּ לְשָׁלוֹם וְתַצְעִידֵנוּ לְשָׁלוֹם וְתַדְרִיכֵנוּ לְשָׁלוֹם וְתִסְמְכֵנוּ לְשָׁלוֹם וְתַגִּיעֵנוּ לִמְחוֹז חֶפְצֵנוּ לְחַיִּים וּלְשִׂמְחָה וּלְשָׁלוֹם (ואם דעתו לחזור מיד אומר וְתַחֲזִירֵנוּ לְשָׁלוֹם) וְתַצִּילֵנוּ מִכַּף כָּל־אוֹיֵב וְאוֹרֵב וְלִסְטִים וְחַיּוֹת רָעוֹת בַּדֶּרֶךְ וּמִכָּל פּוּרְעָנִיּוֹת הַמִּתְרַגְּשׁוֹת וּבָאוֹת לָעוֹלָם וְתִשְׁלַח בְּרָכָה בְּכָל־מַעֲשֵׂה יָדֵינוּ וְתִתְּנֵנִי* לְחֵן וּלְחֶסֶד וּלְרַחֲמִים בְּעֵינֶיךָ וּבְעֵינֵי כָל־רוֹאֵינוּ וְתִגְמְלֵנוּ חֲסָדִים טוֹבִים וְתִשְׁמַע קוֹל תְּפִלָּתֵנוּ כִּי אַתָּה שׁוֹמֵעַ תְּפִלַּת כָּל־פֶּה: בָּרוּךְ אַתָּה יְהֹוָה שׁוֹמֵעַ תְּפִלָּה:

*) בל' יחיד.

that the level of the water is raised and then he may go down and immerse himself. A needle which is placed on the step [leading down to a *mikveh*] in a cave, and the water is moved back and forth, as soon as a wave has passed over it, it becomes ritually clean.

רַבִּי Rabbi Chananyah ben Akashya said: The Holy One, blessed be He, wished to make the people of Israel meritorious; therefore, He gave them Torah and *mitzvot* in abundant measure, as it is written: The Lord desired, for the sake of his [Israel's] righteousness, to make the Torah great and glorious.

KADDISH D'RABBANAN*

Yisgaddal v'yiskaddash shmay rabboh b'olmoh dee v'roh chirusay; v'yamlich malchusay, v'yatsmach purkonay veekorayv m'shichay, b'chayaychone uvyo-maychone, uvcha-yay d'chol bais yisro-el, ba-agoloh uvizman koreev; v'imru Omayn.

Y'hay shmay rabboh m'vorach l'olam ul'olmay olmah-yoh.

Yisboraych v'yishtabach, v'yispo-ayr v'yisromom, v'yisnassay v'yis-hador, v'yis-alleh v'yis-hallol shmay d'kudshoh, b'reech hu, l'ayloh min kol birchosoh v'shirosoh, tush-b'chosoh v'nechemosoh, da-ameeron b'olmoh; v'imru Omayn.

Al yisro-eyl v'al rabbonon v'al talmidayhon, v'al kol talmiday salmidayhon, v'al kol mon d'oskin b'orah'yesoh, dee b'asroh hodayn, v'dee b'chol asar va'asar, y'hay l'hon ul'chon sh'lomoh rabboh, chinnoh v-chisdoh v'rachamin, v'cha'yin arichin, um'zonoh r'vichoh, u'furkonoh min kodom avuhon d'v'shmah'yoh; v'imru Omayn.

Y'hay shlomoh rabboh min sh'mah-yoh, v'cha-yim tovim, olaynu v'al kol yisro-el; v'imru Omayn.

O-seh shalom (*During the Ten Days of Penitence substitute:* ha-sholom.) bimromov, hu ya-aseh sholom olaynu v'al kol yisro-el; v'imru Omayn.

*For Mourner's Kaddish, omit paragraph "Al yisro-el...Omayn."

PRAYER FOR TRAVELERS

This prayer is to be said, standing if possible, outside the city on the first day of one's journey. On subsequent days of the journey, until reaching home again, the prayer should be recited every morning, whether on the road or at a hotel. It should be concluded thus: ברוך אתה שומע תפלה *(Blessed are You who hears prayer), without mentioning the Lord's name.*

יְהִי May it be Your will, Lord our God and God of our fathers, to lead us in peace and direct our steps in peace; to guide us in peace, to support us in peace and to bring us to our destination in life, joy and peace. (*One who intends to return immediately says:* and return us in peace.) Deliver us from the hands of every enemy and lurking foe, from robbers and wild beasts on the journey, and from all kinds of calamities that may come to and afflict the world; and bestow blessing upon all our actions. Grant me* grace, kindness, and mercy, in Your eyes and in the eyes of all who behold us, and bestow bountiful kindness upon us. Hear the voice of our prayer, for You hear everyone's prayer. Blessed are You Lord, who hears prayer.

* In the singular [V. Shulchan Aruch HaRav, *Orach Chayim*, 110:4].

הוספה

י"ב פסוקים ומאמרי חז"ל

1. תּוֹרָה צִוָּה לָנוּ מֹשֶׁה מוֹרָשָׁה קְהִלַּת יַעֲקֹב (דברים לג, ד)

2. שְׁמַע יִשְׂרָאֵל יְיָ אֱלֹהֵינוּ יְיָ אֶחָד (דברים ו, ד)

3. בְּכָל דּוֹר וָדוֹר חַיָּב אָדָם לִרְאוֹת אֶת עַצְמוֹ כְּאִלּוּ הוּא יָצָא מִמִּצְרָיִם (פסחים קטז, ב)

4. כָּל יִשְׂרָאֵל יֵשׁ לָהֶם חֵלֶק לָעוֹלָם הַבָּא שֶׁנֶּאֱמַר וְעַמֵּךְ כּוּלָּם צַדִּיקִים לְעוֹלָם יִירְשׁוּ אָרֶץ נֵצֶר מַטָּעַי מַעֲשֵׂה יָדַי לְהִתְפָּאֵר (סנהדרין צ, א)

5. כִּי קָרוֹב אֵלֶיךָ הַדָּבָר מְאֹד בְּפִיךָ וּבִלְבָבְךָ לַעֲשׂוֹתוֹ (דברים ל, יד)
(ומבואר בתניא איך הוא קרוב מאוד)

6. וְהִנֵּה ה' נִצָּב עָלָיו וּמְלֹא כָל הָאָרֶץ כְּבוֹדוֹ וּמַבִּיט עָלָיו וּבוֹחֵן כְּלָיוֹת וָלֵב אִם עוֹבְדוֹ כָּרָאוּי (תניא פמ"א)

7. בְּרֵאשִׁית בָּרָא אֱלֹהִים אֵת הַשָּׁמַיִם וְאֵת הָאָרֶץ (בראשית א, א)

8. וְשִׁנַּנְתָּם לְבָנֶיךָ וְדִבַּרְתָּ בָּם, בְּשִׁבְתְּךָ בְּבֵיתֶךָ וּבְלֶכְתְּךָ בַדֶּרֶךְ וּבְשָׁכְבְּךָ וּבְקוּמֶךָ (דברים ו, ז)

9. יָגַעְתִּי וְלֹא מָצָאתִי אַל תַּאֲמִין לֹא יָגַעְתִּי וּמָצָאתִי אַל תַּאֲמִין יָגַעְתִּי וּמָצָאתִי תַּאֲמִין (מגילה ו, ב)

10. וְאָהַבְתָּ לְרֵעֲךָ כָּמוֹךָ – רַבִּי עֲקִיבָא אוֹמֵר זֶה כְּלָל גָּדוֹל בַּתּוֹרָה (ויקרא יט, יח – תו"כ עה"פ)

11. וְזֶה כָּל הָאָדָם וְתַכְלִית בְּרִיאָתוֹ וּבְרִיאַת כָּל הָעוֹלָמוֹת עֶלְיוֹנִים וְתַחְתּוֹנִים לִהְיוֹת לוֹ דִירָה זוֹ בַּתַּחְתּוֹנִים (תניא פל"ג)

12. יִשְׂמַח יִשְׂרָאֵל בְּעוֹשָׂיו פֵּירוּשׁ שֶׁכָּל מִי שֶׁהוּא מִזֶּרַע יִשְׂרָאֵל יֵשׁ לוֹ לִשְׂמוֹחַ בְּשִׂמְחַת ה' אֲשֶׁר שָׂשׂ וְשָׂמֵחַ בְּדִירָתוֹ בַּתַּחְתּוֹנִים (תניא פל"ג)

Twelve Torah Passages

1. The Torah that Moshe commanded us is the heritage of the congregation of Jacob. *(Deut. 33:4)*

2. Hear O Israel, G-d is our Lord, G-d is One. *(Deut. 6:4)*

3. In every generation one must look upon himself as if he personally had gone out of Egypt. *(Pesachim 116b)*

4. All Israel have a share in the World to Come, as it is stated (Isaiah 60:21): 'And your people are all tzadikim (righteous).' They shall inherit the land forever. They are the branch of My planting, the work of My hands, in which I take pride. *(Sanhedrin 90a)*

5. It is within your close reach to follow the Torah in speech, feeling and deed. *(Deut. 30:14 as explained in Tanya)*

6. G-d stands over him, and the whole earth is full of His glory, and He searches his mind and heart (to see) if he is serving Him as is fitting. *(Tanya, ch. 41)*

7. In the beginning G-d created the heavens and the earth. *(Genesis 1:1)*

8. And you shall teach the Torah to your children, and you should speak about it when you are home and when you travel, before you lie down to sleep and when you wake up. *(Deut. 6:7)*

9. If someone says: "I have worked hard but I have not been successful," don't believe him. If someone says: "I have not worked hard and have been successful," don't believe him. If someone says: "I have worked hard and have been successful," believe him! *(Megilla, 6b)*

10. Rabbi Akiva says that "to love your fellow as yourself" is a basic principle of the Torah. *(Lev. 19:18, Midrash)*

11. The purpose of the creation of every Jew and of all the worlds is to make a dwelling place for G-d in this world. *(Tanya ch. 33)*

12. The Jews should rejoice in their Maker. Every Jew should share in G-d's joy, Who rejoices and is happy in His dwelling in this world. *(Tanya ch. 33)*